# ポールプリンセス!!

POLE PRINCESS!!

## 設定資料集

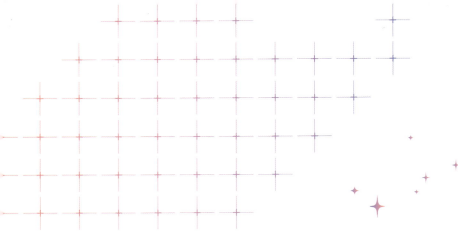

# ポールプリンセス!!

POLE PRINCESS!!

設定資料集

# CONTENTS



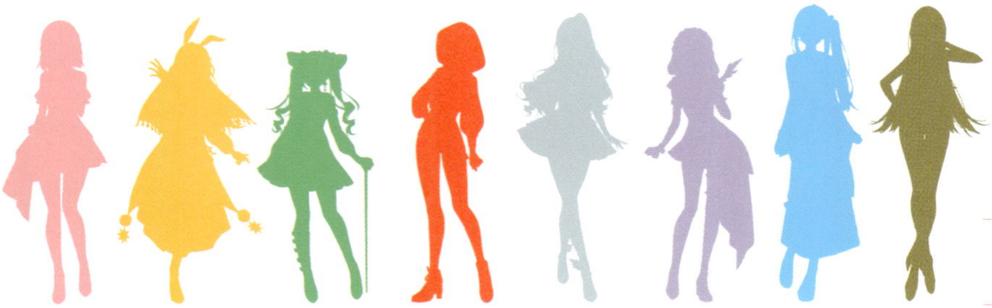

# Story Of The Web Dramas
－WEBドラマ－

## ポールダンスに魅せられた少女たちの輝き

星北ヒナノは、祖母が経営するプラネタリウムの客足が遠のき閉鎖の危機を迎えていると知り、悩んでいたとき、ポールダンスに出会う。ヒナノは、幼馴染みの西条リリアと共に、東坂ミオ、南曜スバルという仲間を集め、プラネタリウムでポールダンスショーを開催！　見事成功させ、プラネタリウムを救うのだった。

「星空の下であんなふうに
踊ってみるのはどうかな？」
（ヒナノ）

「みんな、もっとポールダンスやりたいんでしょ」（アズミ）

エンディングテーマ　comment by [作詞] マイクスギヤマ

## 『Starlight challenge』

『ポルプリ』で最初に書いた曲。声優さんのオーディションもこの曲で行われたとか。歌詞はヒナノたちのひたむきな想いをストレートに表現。歌詞の中に「バタフライ」「レイバック」「キューピット」「ギャラクシー」等、技名や用語などを散りばめています。この Ver. はギャラプリ４人歌唱。無謀な夢に挑戦する美しさがさらに増して感じられるような気がします。

# Story Of The Movie

-劇場版-

## ポールダンスの頂点を目指し 切磋琢磨するヒナノたち

次の目標はポールダンスジャパンカップ。ヒナノたちはチーム・ギャラクシープリンセスで出場することに！　大会に向け、練習に励むヒナノたちは、確実にチームとして成長していく。一方で、大会4連覇中のチーム・エルダンジュも、静かに闘志を燃やしていた。

「ギャラクシープリンセスって いうのはどう？」（ヒナノ）

「鬼ですー。鬼がいますー」（ミオ）

「なんか前よりグッとポールと
仲良くなれたような」
（スバル）

「私たちなら大丈夫だよ」（ノア）

「大丈夫、私がついているから！」（リリア）

## 過去を乗り越え、未来へ羽ばたく ヒナノたちが魅せるポールダンス

大会当日、エルダンジュは貫禄のパフォーマンスで観客を圧倒する。ヒナノたちも、練習の成果を存分に発揮した素晴らしいポールダンスを見せる。大会はエルダンジュの優勝で幕を閉じたが、ヒナノたちはこれからもポールを掴み、未来を切り拓いていく！

「行くわよ、サナ」（ユカリ）

「はい、ユカリ様」（サナ）

「私のポールダンス、見せつけてあげるわ」（ユカリ）

「ポールダンスからはなにがあっても逃げませんから」（ヒナノ）

comment by ［作詞］マイクスギヤマ　エンディングテーマ

### 『Starlight challenge』

主要キャスト７人全員で歌う完成版 -Allstar Ver.-。WEBドラマと同じ歌詞。しかし劇場版のストーリーとも相まって、いろんなキャラクターの関係性が垣間見えるので、WEB版と違った趣がありますね。青春群像劇の応援歌としてすごくエモい曲になったのではないでしょうか。

STAGE 01

# CHARACTER

ステージ 01

## キャラクター紹介

ポールダンスに魅せられた星北ヒナノたちを紹介します。キャストたちのインタビュー＆コメントに、ギャラクシープリンセスの４人を演じたキャストたちの特別グラビアも掲載。

♍

Hoshikita Hinano

# 星北ヒナノ

CV. 土屋李央

自己表現は苦手な性格だが、何事にも一生懸命な頑張り屋の少女。祖母が経営するプラネタリウムを盛り上げる方法を模索していたときに、ポールダンスに出会う。幼い頃からバレエを習っており、その柔軟さはポールダンスにも活かされている。

✦PROFILE

イメージカラー さくら色
所属 GALAXY PRINCESS
学年 高校2年生　身長 157cm
誕生日 9月12日
星座 おとめ座　血液型 A型
好きな食べ物 苺ミルクティー
好きな動物 犬(ゴールデンレトリバー系)

★Hinano★

★ヒナノサイン

## ✦FACE Variation

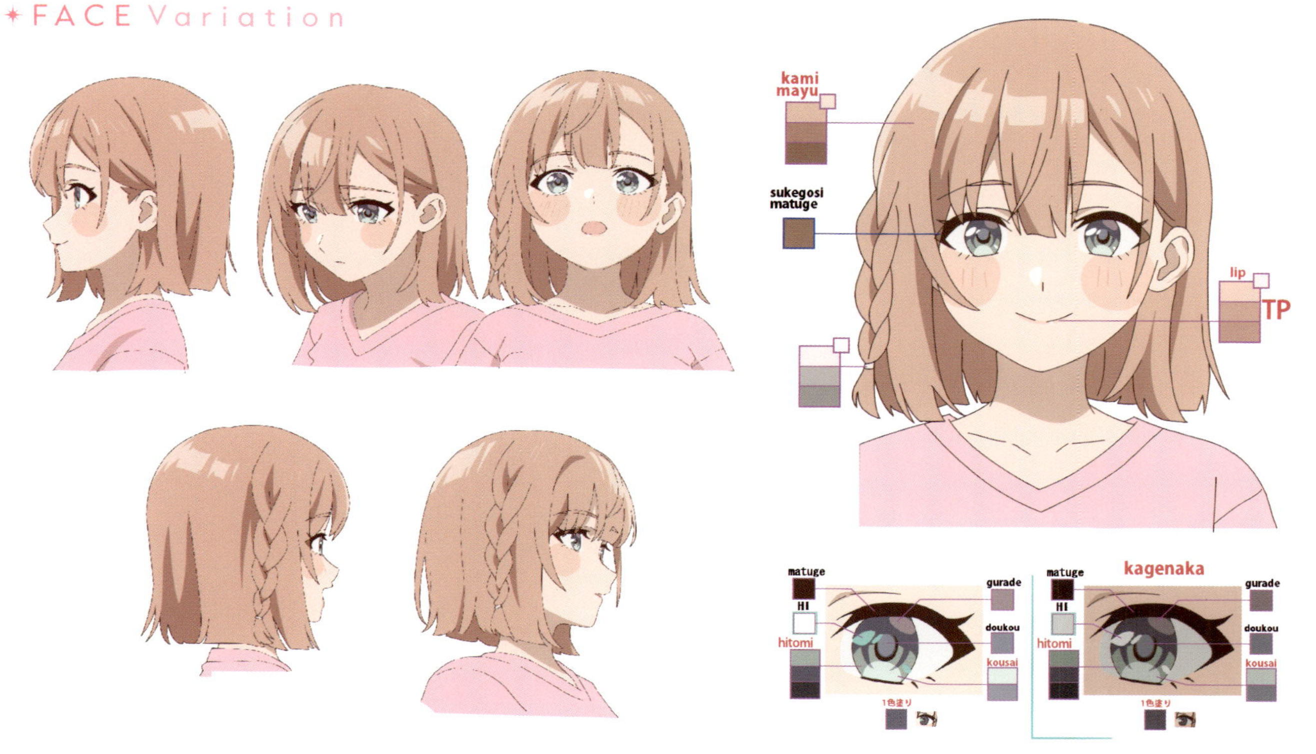


## ✦FASHION Color Model

Hoshikita Hinano

# CAST INTERVIEW

星北ヒナノ役

# 土屋李央

Tsuchiya Rio

✦ CAST INTERVIEW ✦

# Tsuchiya Rio

✦PROFILE

つちや・りお／8月19日生まれ。大沢事務所所属。
おもな出演作に、『ＣＵＥ！』（遠見 鳴）、『アイドルマスター　シャイニーカラーズ』（樋口円香）、『しかのこのこのここしたんたん』（狸小路 絹）などがある。

## ヒナノたちを見て気づいた格好良さ

――最初に企画を聞いたときの作品の印象はどのようなものでしたか？

ポールダンスを題材にするアニメができるのは珍しいなと思いました。私はあまりポールダンスについて詳しくなかったんですが、昔クラシックバレエをやっていたこともあり、ただ可愛い女の子たちが出ているだけじゃない、スポ根みたいな熱い作品になるんじゃないかと予想していました。クラシックバレエは美しいけど、練習はすごく大変だったので、ポールダンスもきっとそうなんじゃないかと思って。オーディションでも、このことをアヒルに例えて語った記憶があります。「アヒルなどの水鳥は優雅に泳いでいるように見えるけど、水の下では必死に足を動かしてるんです！」って（笑）。自分がやっていたクラシックバレエも、ポールダンスも実はかなり努力が必要なスポーツだと伝えたかったんです。よくわからないことを言っちゃったかなってオーディションの帰り道に反省したんですけど、無事受かって良かったです（笑）。

――ヒナノと同じく、土屋さんもクラシックバレエの経験があったんですね。

そうなんですよ。でもオーディションを受けた段階では知らなくて。あとで知って、ヒナノと思わぬ共通点があって嬉しかったです。

――WEBドラマ、劇場版と演じられて、ポールダンスへの印象は変わりましたか？

ポールダンスをあまり知らなかった頃はセクシーな大人のイメージがありましたが、『ポルプリ』をきっかけにネットで調べたり、ポールダンス監修のKAORI先生のスタジオで実際にポールダンスを体験したりして、印象は変わりました。可愛かったり、ポップだったりと、ポールダンスにもいろいろな表現方法があるんだなって。ポールを使うことによって地上以外でも踊れるから、表現の幅が広くなるんだという発見もありました。その分難易度も高いですが……。ポールダンサーの皆さんは筋肉がしっかりついていて、これだけ鍛えてないとできないなと思いますし、やっぱり格好良いですね。

――KAORI先生のもとでポールダンスを体験されてみていかがでしたか？

全身筋肉痛でした（笑）。終わった瞬間から身体中が痛かったですけど、すごく楽しかったです。小学生の頃に鉄棒で逆上がりしたことはありましたけど、縦の棒……ポールを使って空中で回るのは不思議な体験でした。遠心力を利用して回るんですけど、それがいままで体験したことのない体の使い方だったし、見たことのない景色が見えるんですよ。ポールに足で掴まるのも楽しくて。どうやって掴まるんだろうと思ったら、筋肉だけじゃなく肌との摩擦を利用するんですよね。ここだと止まる、みたいな場所があるんですよ。「ここだ！　見つけた！　止まる場所！」みたいな感覚があったりとか、発見がいっぱいあって面白かったですし、機会があったらまた体験したいです。

――ヒナノの第一印象と、彼女を演じてみて印象が変わったところなどありましたら教えてください。

初めにいただいた資料を読んだときは、繊細で一歩踏み出せない弱さがある子なのかなと思いました。私も新しいことにチャレンジするときになかなか一歩踏み出せない性格で、それこそライブで歌うときも、緊張してない顔して意外と手の震えが止まらなかったり……（笑）。結構心配性なんです。だから、なにかをするときに「大丈夫かな？」って思っちゃうところはヒナノと共感できる部分ですね。でも、ヒナノは一度決めたことは曲げずに最後までやり遂げる芯の強さを持っていて、足踏みしてもちゃんと前に一歩踏み出すところを見せてくれる。だからこそ彼女を見ていると勇気をもらえるんです。役者はキャラクターと向き合う時間が長いので、役から影響を受ける部分もあって、ヒナノに出会えたから頑張れている部分もあります。それと、私はいままで努力よりも結果がすべてだと思っていたんです。どんなに努力しても、オーディションに受からなければ意味がないし、自分の仕事を皆さんの前に届けられなかったら意味がないと思っていて。どちらかというと「努力」に目を向けてきた人生じゃなかったんですけど、ヒナノたちを見ていくうちに、頑張るって格好良いし素敵だと思うようになりました。

――ヒナノを演じるにあたって意識したことはありますか。

繊細さを表現するあまり、声が暗くならないように意識しました。ヒナノはWEBドラマでも劇場版でもナレーションを兼ねたモノローグが多かったんですが、ヒナノの不安な気持ちを乗せすぎると暗くなってしまうので。それこそおばあちゃんのプラネタリウムの話をするときも暗くなりすぎないように……。でも、明るい話題でもないのでバランスに気をつけつつ、ヒナノの繊細な部分もちゃんと声に乗せられるように演じました。あとは、ヒナノが悩みを人には知られたくないので隠しているけれど、幼馴染みのリリアの前では隠している部分が滲み出てしまう、みたいな心の揺れを表現するのが難しかったです。

# ヒナノたちを見ていくうちに、頑張るって格好良いし素敵だと思うようになりました。

――KAORI先生のスタジオでポールダンスを経験したことで、演技に活かせた部分などはありましたか？

ヒナノたちがポールダンスの練習や筋トレをしているシーンがありましたが、セリフだけではなく踏ん張っているときの声も出しているので、体のどの部分に力を入れて声を出しているのか参考になりました。これはポールダンスを体験しなければわからなかったことですね。私たち声優はポールに掴まりながら話すわけではないですが、ポールに掴まったときにどういう筋肉を使ってどういう声が出るのか理解するのは大事だと思いました。

――ギャラクシープリンセスのメンバーに対する印象を教えてください。

先ほどヒナノには強さがあると言いましたが、ヒナノがいろいろなことに挑戦したり頑張れるようになったきっかけって、絶対リリアにあると思うんですよ。リリアってとりあえず新しいことに飛び込んでいくじゃないですか。それってヒナノにも私にもないものだから、リリアを見ているとすごく元気をもらえるんです。なんでもやってみよう、やらなきゃはじまらないっていう精神はすごく大事だし、私にもこんな幼馴染みがいたらいいなって思います。

――ミオはいかがでしょう。

ミオは魔法少女に憧れて自分のために可愛い衣装を作っていたけど、ギャラクシープリンセスみんなの分の衣装も作ってくれるんですよね。大変なことだから、劇場版でヒナノは「言ってくれれば私も手伝うのに」って言うんですけど、ミオは「こんな楽しいこと誰にもさせません」と答えるんですよね。大変なことを楽しいと思ってやれるのも素敵だし、ヒナノにも気を遣わせない言葉選びで、ミオのいいところが詰まっているセリフだと思いました。ただ可愛いだけじゃないんです、彼女は（笑）。可愛いものが好きだからこそ自分の見せ方もよくわかっていて、そういう部分がポールダンスショーにもよく表れているなと思いました。

――スバルはいかがですか。

スバルは熱い女ですよ（笑）。彼女のストイックな部分、情熱的な部分はキャストの日向（未南）さんにも通じるところだと思っています。真面目なんですよ、スバルも日向さんも。スバルは人に厳しいかもしれないけど、自分にはもっと厳しくて、できなければ自分はダメだと考えてしまう子。過去にたくさん努力をしてきたから目標がとても高くて、そこにすぐに到達できないと自分を追い詰めてしまう。もともと「できる子」なのにさらに高みを目指そうとする姿勢は格好良くて憧れますが、同じギャラクシープリンセスのメンバーとしては、もうちょっと肩の力を抜いてほしいし、みんなを頼ってほしいです。でもそういう不器用

CAST INTERVIEW

# Tsuchiya Rio

なところもまた、スバルの魅力だと思います。

——完成したWEBドラマや劇場版をご覧になった感想を教えてください。また、お気に入りのシーンはどこですか？

WEBドラマはまだ映像がなかった状態のときに私たちの声に合わせて動きを作っていただいたので、初めて映像を見たときに「動いてるー！」って思いました（笑）。しかも、座り方ひとつとってもそれぞれのキャラクターらしい動きをしていて、細かく丁寧に作られていて感動しました。劇場版の映像は作画が中心で、ヒナノたちの表情もさらに豊かになってアニメならではの良さがありますよね。CGも作画もどちらも好きです。お気に入りのシーンは、劇場版でヒナノが決勝戦のポールダンスの途中で「逃げない！」って言うところです。ヒナノはユカリに見つめられて、子どもの頃の失敗を思い出して一瞬動けなくなってしまうんですが、みんなの声援で力を取り戻すんです。そこからの「逃げない！」はヒナノの決意が込められていて、地上に下りずに踊り続ける彼女がめちゃめちゃ格好良かったです。アフレコでもこだわって、このセリフを何度か録らせていただきました。

——ポールダンスシーンの印象を教えてください。

私、『ポルプリ』の3DCGのポールダンスシーンが本当に好きなんです。3DCGってアニメとの絵のバランスが変わってしまったりして作るのは難しいと思うんですけど、『ポルプリ』のポールダンスシーンではトマリ先生の立ち絵のままの可愛いヒナノが動いていて、すごいと思いました。ヒナノはもともとバレエをやっていたので、『Wish upon a polestar』はバレエの振り付けも入っていたりとか、そういう細かい部分でもヒナノ要素を取り入れてくださって。指先から爪先に至るまで動きもなめらかで表現力が素晴らしかったです。WEBドラマのポールダンスシーンがあまりにもすごすぎたので、劇場版はどうなるんだろうと思ったら、ステージが豪華になるだけじゃなくて、カメラワークや、人物の表情、衣装のひらひらした動きにまで、たくさんこだわりが詰まっていて驚かされました。ポールダンスシーンを見るためだけでも絶対劇場に行ったほうがいいってオススメしたくなるぐらい、全部良かったです。

——次はヒナノの楽曲の印象や、歌ってみた感想などお聞かせください。

WEBドラマの『Wish upon a polestar』は、まさにヒナノを表した楽曲という印象です。ヒナノの繊細な部分が曲でも歌詞でも表現されていたので、声でも繊細さを表したいと思って歌わせていただきました。ヒナノの声は結構ウィスパーボイスなところがあるんですが、そういった声の空気成分も含めて大事に音作りしていただき、完成されたときに一層ヒナノらしい曲になっていて嬉しかったです。劇場版の『Making Shine!』は、プラネタリウムでの発表会を経たヒナノが一歩前進したことがよくわかる曲だと思いました。ヒナノの成長が楽曲でも表現されていて感動しましたし、『Wish upon a polestar』とはまた違う明るい曲調なのにヒナノらしさもあり、ヒナノを理解しているからこその曲だなと。作曲家の東大路（憲太）さんはレコーディングのときもいらしてくださり、「こう歌ったほうがもっとヒナノらしいかも？」とか、話し合いをしながら丁寧にレコーディングを進めていただきました。コーラスが多かったこともあり、ちょっと時間オーバーして録らせてもらったのですが、本当に愛とこだわりがたくさん詰まった楽曲になったと思います。

——『Wish upon a polestar』も『Making Shine!』もヒナノの声のコーラスが入っていますね。

はい。東大路さんが「いろんな方向からヒナノちゃんの声に囲まれたかったので、コーラスもいっぱいにした」っておっしゃっていました（笑）。聞いていると本当に、ヒナノの声が空間いっぱいに広がります。

——主題歌の『Starlight challenge』の印象もお聞かせください。

オーディションの課題曲として聞いたときからずっと大好きな曲です。この曲を歌うためにオーディションに受かりたいと思ったくらい（笑）。これからなにかすごいことが始まる、っていうワクワクした気持ちを感じられて、『ポルプリ』にぴったりの曲だと思います。登場人物それぞれのソロバージョンも聞いてみたいですね。

——もし『ポールプリンセス!!』の続編があるならば、どんなシーンが見たいですか？

ギャラクシープリンセスがエルダンジュを超えるためには、もっといろいろな壁を乗り越えていかなきゃいけないと思うので、ヒナノたちがチーム全体でぶつかったりしながらも、成長していくお話が見てみたいですね。ポールダンサーとしてまた一歩前進していく彼女たちが見たいです。

——最後に読者にメッセージをお願いします。

ヒナノたちはこれからもどんどん成長していくので、彼女たちを今後も見守っていただけたら嬉しいです。設定資料集を最後まで読んで、『ポルプリ』のことをもっと好きになってください！　よろしくお願いします。

Saijo Lilia

# 西条リリア

CV. 鈴木杏奈

ヒナノの幼馴染みで、元気で明るい性格。ギャラクシープリンセスのムードメーカー。ヒナノと共にポールダンスに魅せられ、アズミのスタジオに通う。スポーツ経験はないが運動神経は抜群で、ポールダンスでもその才能を発揮している。

## ✦PROFILE

| | |
|---|---|
| イメージカラー | やまぶき色 |
| 所属 | GALAXY PRINCESS |
| 学年 | 高校2年生 |
| 身長 | 157cm |
| 誕生日 | 7月25日 |
| 星座 | しし座 |
| 血液型 | AB型 |
| 好きな食べ物 | ハンバーガー |
| 好きな動物 | ライオン |

★ Lilia ★

★リリアサイン

## FACE Variation

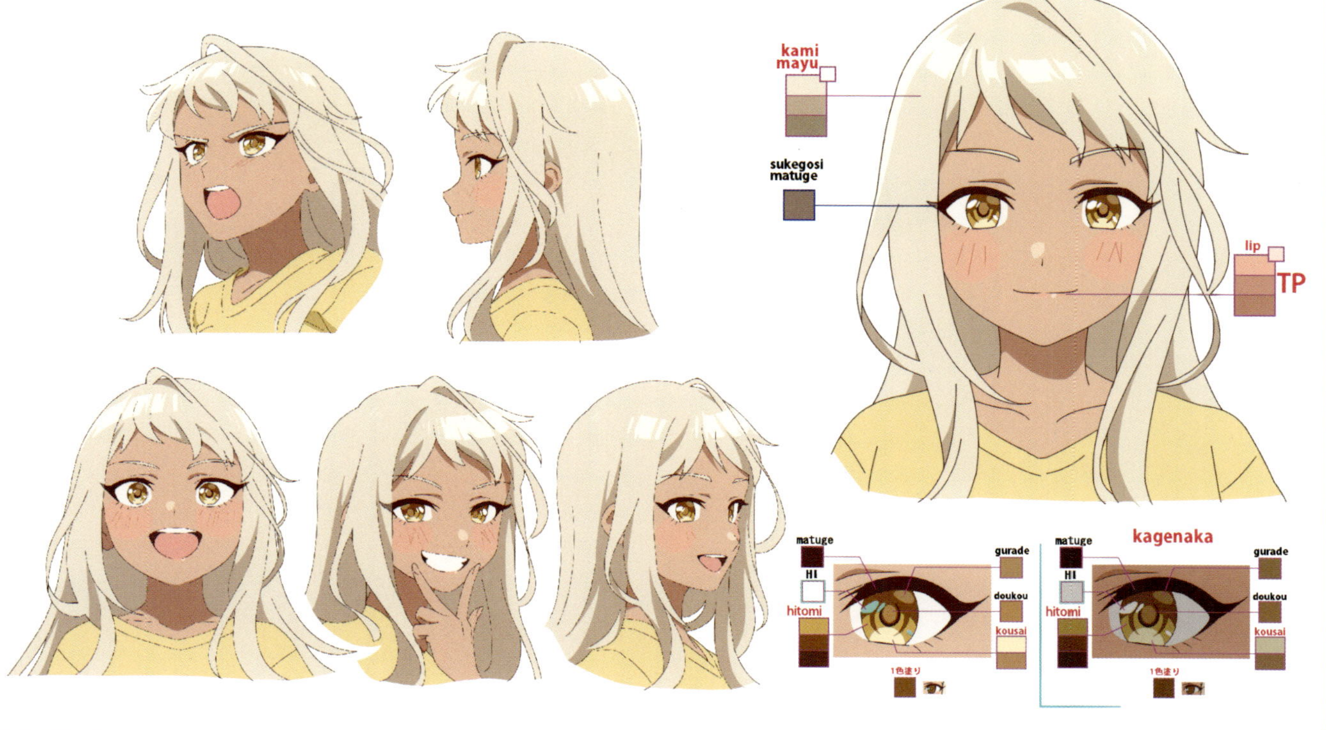


## FASHION Color Model

Saijo Lilia

# CAST INTERVIEW

西条リリア役

# 鈴木杏奈

Suzuki Anna

CAST INTERVIEW

# Suzuki Anna

PROFILE

すずき・あんな／12月5日生まれ。エイベックス・ピクチャーズ所属。
おもな出演作に、『ひみつのアイプリ』(二階堂タマキ)、『ワッチャプリマジ！』(心愛れもん)、
『MFゴースト』(沢村まりえ)などがある。

## 可愛さよりも元気をプラスして演じた

——最初に本作の企画を聞いたときの印象はどのようなものでしたか？

ポールダンスのアニメが生まれることに対して、まずすごくびっくりしました。キャラクターデザインを拝見したときに、この子たちが頑張って成長していくお話なのかな、応援したいなと思っていたんですが、そこにポールダンスという要素が加わり、「本当に新しいことがはじまるんだ！　早く見たい！」ってすごく楽しみな気持ちになりましたね。タツノコプロさんが手がけるということもあり、「ポールダンスってどうなるんだろう？」みたいな心配はまったくなくて、絶対面白いし可愛い作品になる！　と思っていました。

——ポールダンスにはどんなイメージを持たれていましたか？

もちろん存在は知っていたんですが、ほとんど触れてこなかったこともあり、クールでセクシーなお姉さんが踊っている、というイメージでした。でも『ポールプリンセス!!』を見たときに、「ポールダンスってこんなにたくさんの表現があるんだ、すごい」って理解が深まったというか。セクシーなだけじゃなくて元気とか、和風なポールダンスがあったりとか、いろいろなことができるんだなって知れました。そういえば、KAORI先生のスタジオでポールダンスの体験をさせていただいたんですが、めっちゃ難しくて！(笑)。映像みたいに、あんな軽やかに動けなかったです。くるくる回れないですし、体を宙に浮かせてポールに掴まるのも大変で、腕や足の筋肉がすごく疲れるんです。なのにポールダンサーさんは疲れてるとか痛いとか一切表情に出さず、涼しげな顔で踊ってらっしゃるので、何年訓練を積んだらこうなれるのかなって思いました。本当にポールダンサーさんを尊敬しています。

——オーディションで印象に残っていることがありましたら教えてください。

初めはテープオーディションで、そのときに課題曲として歌を2曲歌いました。1曲は主題歌の『Starlight challenge』で、もう1曲は、タツノコプロさんの別作品の楽曲でした。2曲は印象の違う曲だったので、同じ雰囲気で歌うよりは、違う表現ができることをアピールをしようと思い、あえて歌い分けをしました。

——『Starlight challenge』は、リリアのようなイメージで歌われたのでしょうか。

オーディションではもともとヒナノを受けさせていただいたので、元気というよりは可愛らしい女の子が楽しく歌っているイメージで歌いました。2曲目のほうは穏やかなお姉さんのようなイメージで歌ったのですが、私は小学生のとき演歌を習っていて、その癖が出ていてしまったらしくて……。マネージャーさんに「やりすぎると演歌に聞こえるから、コテコテにしないほうがいいよ」ってアドバイスをもらい、癖をなるべく抑えるようにして歌いました(笑)。その後のスタジオオーディションでは、まずは自分が受けていたヒナノ役をやって、そのあとに演じるキャラを変えましょうということになりまして。スタッフさんから役を指定していただき、そのときに初めてリリアを演じたんです。私はいままでリリアみたいな女の子を演じたことがなかったので、「リリアやらせてもらえるんだ！」って嬉しかったです。ヒナノを演じたときはかなり緊張していて、スタジオオーディション大丈夫かなってドキドキがあったんですけど、リリアは思いきり演じることができたので、なんだか緊張もほぐれました。

——リリアはヒナノとは正反対のような役柄ですよね。

はい。それでヒナノとの演じ分けとしてかなり元気に演じました。リリアは「普通の元気な子」というよりは元気モリモリ、元気のさらに上をいってる女の子なので、自分のできる最大の元気を詰め込みました。やりすぎなくらいギャルっぽさも出して演じた記憶があります(笑)。それで、オーディションの結果でリリア役になったと聞いてすごく嬉しかったですし、演じられることにワクワ

# 元気のさらに上をいってる女の子なので、自分のできる最大の元気を詰め込みました。

クしました。

**——リリアのキャラクターデザインをご覧になったときの第一印象はいかがでしたか。**

『とびきり上等☆Smile!』の衣装を着ているイラストだったので、アラビアンな雰囲気で……なのにバニー？　って思いました（笑）。しかもギャルで、元気で、みんなの好きな要素を詰め込みまくってるなーって（笑）。きっと刺さる人にはめちゃくちゃ刺さる女の子だと思います。

**——それでリリアを実際に演じられて、印象が変わったところや新たな発見などはありましたか？**

劇場版を観たときに、リリアでも挫折を感じたり落ち込んだりすることもあるんだって思いました。リリアはみんなをいつも引っ張っていくようなイメージが強かったんですが、こうやって壁にぶつかると等身大の女の子らしさを見せてくれるんだな、と……。彼女のへこんでる姿をいままで見たことがなかったので、「そんな一面もあるの？　もっと好きになっちゃうよー！」って思いましたね。

**——リリアを演じるにあたって、とくに意識されたことは？**

元気200%ぐらいで演じたつもりだったんですが、それでも元気が足りないと音響監督から指摘していただきまして。リリアは可愛いんじゃなくて、元気だからというディレクションをしていただき、いろいろ試行錯誤しましたね。とにかく、可愛さをなくして元気をプラスで、と何度も言っていただきました。

**——可愛さをなくすというのはなかなか難しそうですね。**

難しかったです。女の子を演じるときに可愛さを捨てるというディレクションはなかなかないので……（笑）。実際にはリリアは面白いシーンでしゃべることが多かったので、もう自分がお笑い芸人になったつもりで、可愛さじゃなくてみんなを笑わせるっていう意識で演じました。劇場版でギャラクシープリンセスが大会の決勝に挑む前に、リリアが「いざ、出陣じゃー！」って言うセリフがあるんですが、武将のように言ってほしいというディレクションもいただき、いろいろなパターンで何度も録り直した記憶があります（笑）。

**——リリア以外のギャラクシープリンセスのメンバーの印象も教えてください。**

ヒナノは見守っていたくなるような柔らかい女の子ですね。ミオは個性的な可愛さがあって、イメージカラーがグリーンなのにふわふわ系なのがすごくいい！　って思いました。私の中ではグリーンは健康的、自然のイメージだったので、意外性がありました。スバルはかっこいいクールな女の子ですが、挫折した経験があって、不安を乗り越えながらもリリアとお互い助け合っているシーンを見たら、「がんばれ！」って応援したくなりました。みんな可愛いです。

**——個性豊かなギャラクシープリンセスのメンバーをまとめていたアズミ先生の手腕も素晴らしいですよね。**

アズミ先生しかまとめられないと思います（笑）。なんでもズバズバ言ってくれるタイプなので、みんなもついていきやすいんじゃないかな。劇場版ではポールダンスの特訓のときにサングラスをかけて鬼の絵のTシャツを着ていましたが、そんな楽しいことしてくれる先生、なかなかいないと思うんです（笑）。厳しい練習の中で、みんなの緊張をほぐそうとしてくれていたのかなって私は思いました。

**——完成したWEBドラマ、劇場版をご覧になった感想をお願いします。**

いい物語でした。可愛い女の子たちがポールダンスをしているだけじゃなくて、スポ根みたいな作品で、燃えるような気持ちで見られるんですよ。みんなの熱量がすごくて本当に応援したいって気持ちになれますし、友情シーンも丁寧に描かれていて、老若男女問わずいろいろな方が楽しめる作品だなって思いました。

**——お気に入りシーンを教えてください。**

ポールダンスのシーンはもちろん素晴らしい映像美でした。あとは、劇場版でアズミ先生とギャラクシープリンセスのみんなが焼き肉を食べているシーンが大好きで。リリアとスバルは予選の結果が思わしくなくてへこんでいたんですが、気を取り直したリリアは「みんなも食べるよね？」って聞いて、特盛りライスを注文する。なんで全員、ごはんを特盛りで注文すると思ってるんだろうこの子は、みたいな（笑）。しかもみんな「特盛り!?」って言いながらも受け入れてくれて、いいチームだなと思いましたね。ここは、リリアがみんなを元気に引っ張ってくれるところがポールダンスだけじゃなくて食事のシーンでも表れていて良かったです。

**——リリアの楽曲やポールダンスシーンの印象についてもお聞かせください。まずはWEBドラマで披露された『とびきり上等☆Smile!』からお願いします。**

YouTubeで初めて見たときに、世の中にはこんな素晴らしい映像があるんだって驚きました。リリアの長い髪のなびきや、ターンしたときの衣装の動きが本当にきれいに表現されていて。背景のセットも曲の魅力を表していて、見どころがいっぱいで目が忙しかったです（笑）。なので、まずはリリアだけを注目して見て、そのあとに細かい部分を見て、それが終わったらセットを見て……。1回だけじゃ全部見切れないような、魅力がいっぱいの映像でした。楽曲も元気いっぱいで素晴らしいですが、歌うのは本当に難しくて。リリアの声をキープしたまま高い声を出し続けるところと、早口みたいな言葉が結構あったので、かまないようにするのが大変でした。それと、歌

## CAST INTERVIEW

# Suzuki Anna

のときもスタッフの方から「元気に」というディレクションをいただいたので、うまく歌うというよりもリリアが楽しんで歌っているような表現を意識しました。具体的には、声にあまりビブラートを入れずに伸ばすところを増やしたり、語尾をきゅっと上げたりして、いろいろ研究しましたね。レコーディングでは何度も録り直しましたが、新たな挑戦ができた気がして楽しかったですし、私をレベルアップさせてくれる楽曲でもありました。

——劇場版のリリアとスバルの『Burning Heart』はいかがですか。

2人になるとCGの技術的にも映像を作るのは大変だと思いますが、なんの違和感もない美しい映像で、スタッフさんすごい！　と思いました。スバルがポールから落ちそうになったときにリリアが手をとって支えてあげたりとか、2人だからこそ表現できたポールダンスで感動しましたね。楽曲のほうは、こういう格好良い曲をリリアが歌うとどういう表現になるのか事前に考えて練習してレコーディングに挑みました。でも、一緒に組んでいるスバルが歌うだけで格好良くなるので、だったらリリアはそんなに「格好良い」に寄せすぎずリリアらしさを出して歌おうと意識しました。完成版を聞かせていただいたときは、スバルの格好良さとリリアの元気さがぴったり合っていて、雰囲気が違う2人だけどまとまっているのは、一緒に頑張っていたからこそなのかなって思ったりもしました。

——主題歌『Starlight challenge』についてはいかがでしょうか。

キャラクターたちと一緒に成長していく楽曲なのかな、と最初に聞いたときから思っていました。劇場版ではリリアの挫折があったので、いまは挫折を乗り越えたリリアとして歌えますし、今後いろいろな物語が展開されていったら、またそのときの気持ちで歌えて、歌にもどんどん自信がついていくのかなと思っています。

——もし『ポールプリンセス!!』の続編があるならば、どんなシーンが見たいですか？

ヒナノとリリアの幼少期がもっと見たいです。あんなにおとなしいヒナノとギャルみたいなリリアがどういうきっかけで仲良くなったのか本当に気になりますし、きっと小さい頃からずっと一緒だったと思うんですけど、いままでケンカしたことがあったのかも知りたいですね。それと、普段ポールダンスをしているとき以外の学校生活のリリアも見てみたいです。

——最後に、作品を応援してくださるファンの方にメッセージをお願いします。

私が演じてきた役の中で一番明るい子がリリアなんです。リリアは誰かを励ますようなセリフが多いので、彼女の言葉からはすごく元気をもらえるんですよ。だから、私が元気に活動できているのは『ポルプリ』とリリアのおかげと言っても過言ではありません。リリアだけでなくほかのキャラクターもみんな魅力的なので、これからもいろいろな展開があるといいなと思っています。ぜひ応援をよろしくお願いします。

Tousaka Mio

# 東坂ミオ

CV. 小倉 唯

ヒナノたちに誘われてポールダンスの世界へ飛び込んだ少女。おっとりした性格だが、大好きなコスプレや衣装作りへの情熱は人一倍。ギャラクシープリンセスの衣装を担当している。好きなアニメは「魔法少女アルカナウム」。

## PROFILE

| | | | |
|---|---|---|---|
| イメージカラー | エメラルドグリーン | | |
| 所属 | GALAXY PRINCESS | | |
| 学年 | 高校3年生 | 身長 | 152cm |
| 誕生日 | 3月4日 | | |
| 星座 | うお座 | 血液型 | O型 |
| 好きな食べ物 | マシュマロ | | |
| 好きな動物 | フクロウ | | |

★ミオサイン

## ✦ FACE Variation

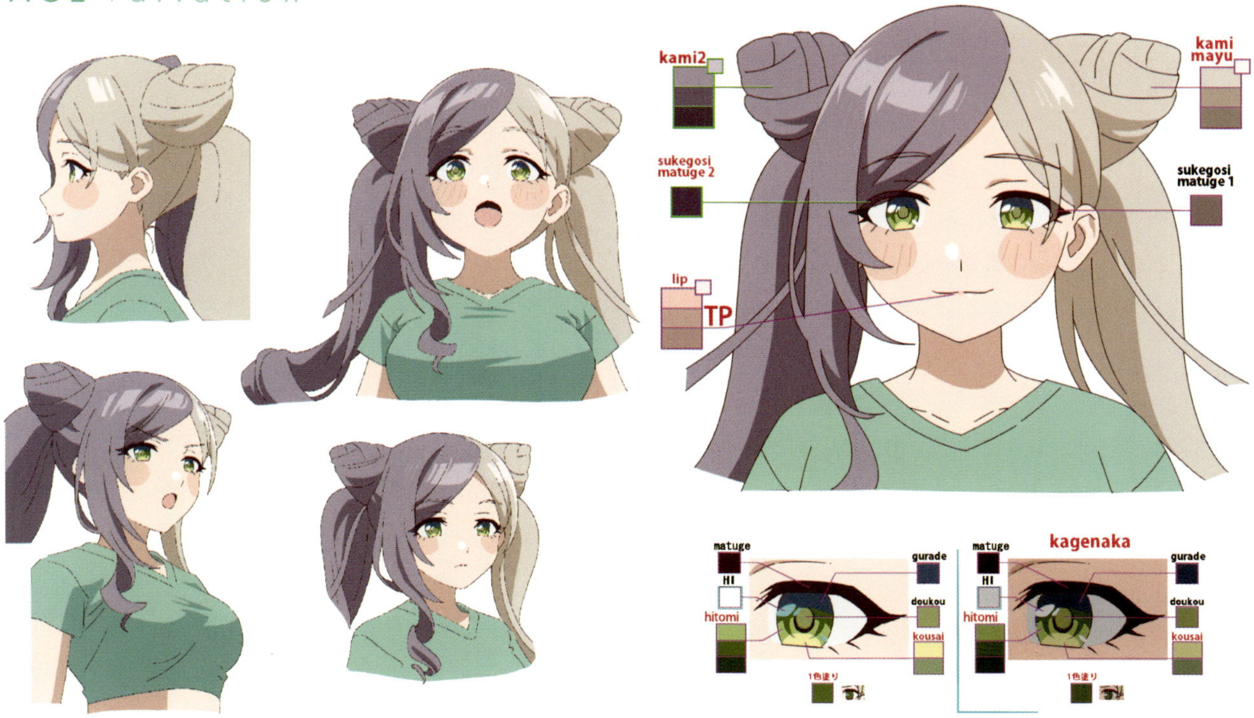


Tousaka Mio

## ✦ FASHION Color Model

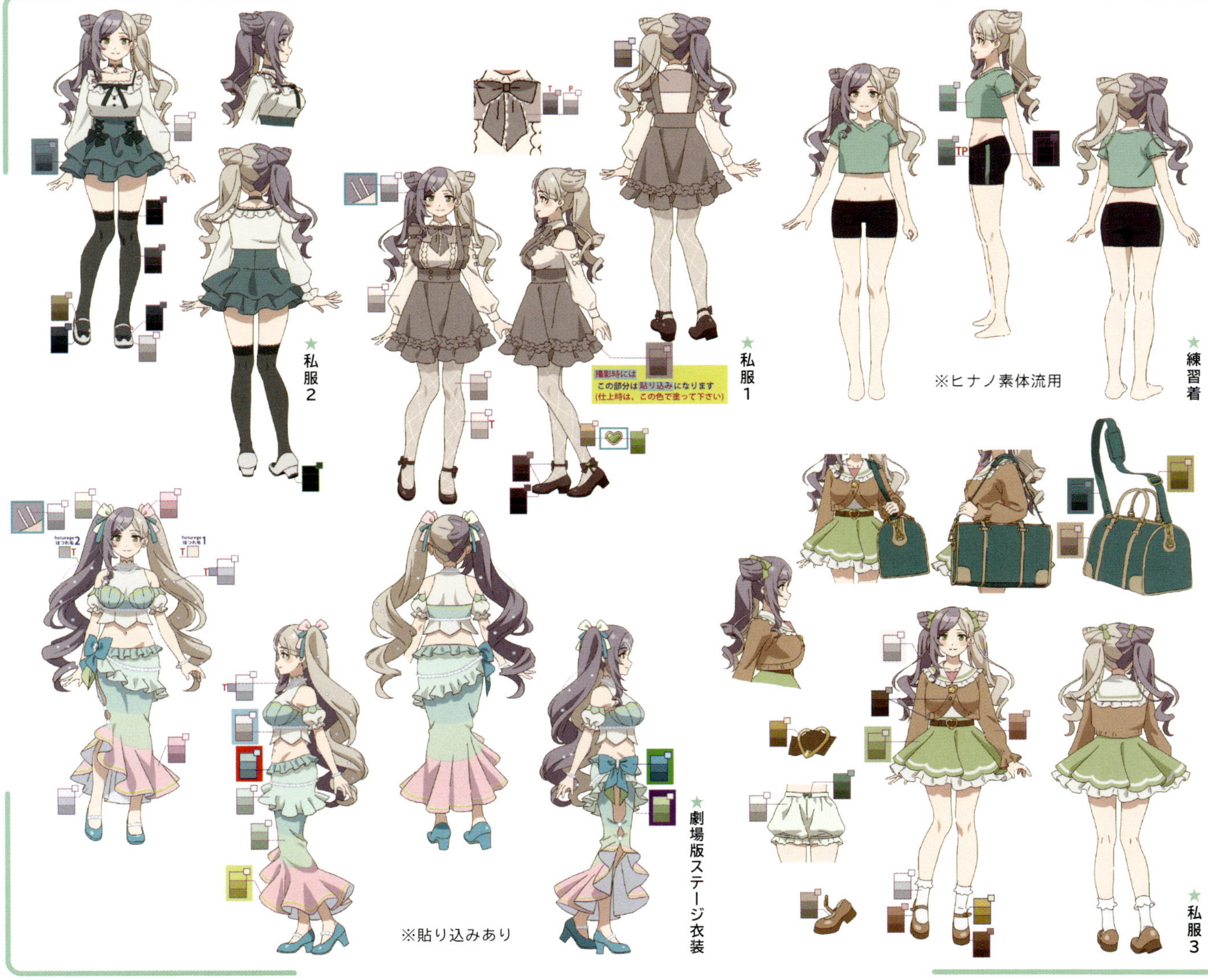

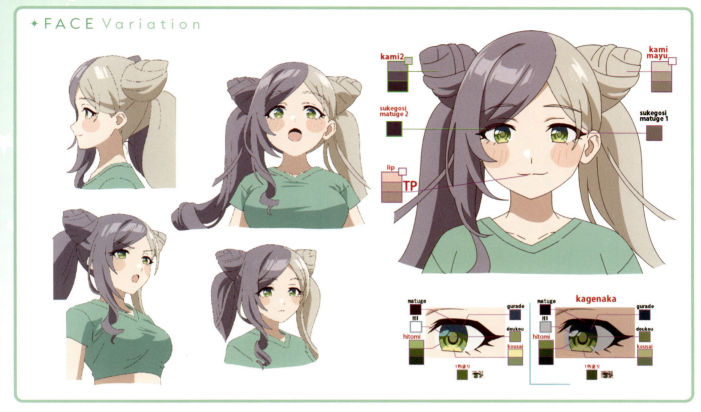

# CAST INTERVIEW

東坂ミオ役

# 小倉唯

Ogura Yui

✦ CAST INTERVIEW ✦

# Ogura Yui

✦PROFILE

おぐら・ゆい／8月15日生まれ。スタイルキューブ所属。
おもな出演作に、『私の百合はお仕事です！』（白鷺陽芽）、『アストロノオト』（上町 葵）、『HUGっと！プリキュア』（輝木ほまれ／キュアエトワール）などがある。

## 「ミオらしさ」が詰まった★ ポールダンス★

――『ポールプリンセス!!』はポールダンスを題材としたオリジナルアニメーションです。最初に企画を聞いたときの印象はどのようなものでしたか？

アニメ作品って、いろんなスポーツが題材になってますけど、ポールダンスというのは初めて聞いたので、これはなかなかのチャレンジだな、攻めた作品だなという印象がありました。アニメでポールダンスを描くってすごく難しいだろうな、どんなふうに仕上がるんだろうって思ったんですけど、タツノコプロさんをはじめとするスタッフィングを見て、「なるほど」と。CGチームも私がお世話になっている方だったので、これは実現できそう、面白い作品になりそうっていう期待もあり、ぜひ演じられたらと思ってオーディションを受けました。

――オーディションを受けた際の印象をお聞かせください。

最初にミオ役とサナ役でテープオーディションを受けたんです。その後、スタジオオーディションに行ったんですけど、実はスタジオではサナ役だけで、ミオは演じてなくて。でも合格の連絡を聞いたら、なぜかミオ役だったので「えっ!?」ってなった記憶があります（笑）。思い返すと、最初のテープのときからミオがすごく印象に残っていたし、声のイメージもパッとすぐに降りてきたので、結果的にミオを演じられることになってすごく嬉しかったのを覚えています。

――ポールダンスについて、どのようなイメージをお持ちでしたか？

ショーのイメージとか、セクシーな印象とか……でもちゃんと見たことはなかったので、この作品をきっかけに初めて間近でポールダンスというものに触れました。思っていたよりもずっとパワーがあるというか、迫力もあるし、美しくて驚きました。私は体験会には参加できなかったんですけど、私もやってみたいって思いました。私、結構身体を動かすのが好きなんです。もちろん大変だろうなと思うけど、純粋に楽しそうって思いました。

――続いてキャラクターについてお聞きします。東坂ミオの第一印象は？

第一印象は「めっちゃ可愛い！」。見た目もそうですし、ファッションもそうですし。話し方だったり、コスプレ好きなところだったり、ミオならではの世界観を持っているので、そこは大事にしたいなと思いました。

――ミオを演じるにあたってとくに意識したことはありますか？

初めの収録のときに、ミオのテンポ感をしっかり詰めて「ミオ節」を作りました。ミオは普段喋るときはわりとスローペースで、語尾も伸ばした感じなんですけど、オタクスイッチが入ると急に饒舌になるんですよね（笑）。ミオを演じるときは、その切り替えを一番意識しています。監督から「もっとゆっくりでいいよ」って言われて、最初は「こんなにゆっくりでいいのかな」って思ってたんですけど、のちに上がった映像を見たら、確かにこのほうがミオっぽいと思いましたね。

――演じてみて印象が変わったところはありますか？

ミオって序盤は、ボケとツッコミでいったらボケのほうなのかなって感じなんですけど、物語が進んで劇場版までいくと、さらっとすごいツッコミしてたりとか（笑）、意外とシビアなところに気づく子で。そこが面白くて、台本を読んでいてクスッとなりました。ミオのトーンで言うからより面白いんですよね。私もお芝居していて楽しかったです。

――完成したWEBドラマや劇場版をご覧になった感想をお聞かせください。

めちゃくちゃお気に入りで、いまでもたまにWEBドラマを観たりしています。とくに『ポルプリ』の会話劇が好きなんです。キャラクターも個性が強くて、そんなバラバラなメンバーがひとつの目標に向かって一丸となって進んでいく。バランスの取れたチームだなと思うし、衣装もすごく可愛いので、見ていて癒やされます。劇場版では、またひとつレベルアップした彼女たちのストーリーや、背景を知ることができました。例えばユカリさんって、すごく高貴な存在

# 私は可愛い世界観が好きなので、ミオのステージは特にお気に入りですね。

で、すべてが完璧なのかなと思っていたら、意外と弱い一面や葛藤している部分があることがわかって、人間らしさを感じました。そういう表面的に見たらわからないようなキャラクターについての理解も深まって、ますます夢中になっちゃいました。

**――ギャラクシープリンセスのメンバーについてはどんな印象をお持ちですか？**

私自身はヒナノタイプの性格で、どんどん思い詰めていっちゃう感じも「わかるなー」と思いながら見ています。リリアとスバルはすごくポジティブな子と熱血な子という感じで、自分にはないものを持っているし、周りにもああいうタイプの友達はいないんですけど、なんだか友達になれている気がして、掛け合いしていて楽しいです。こんな友達がそばにいるのもいいな、みたいな疑似体験ができるというか。ストーリーに没入感があるから、一緒に青春を送れてる気がして楽しいです。

**――ミオが披露したポールダンスシーンについて、感想をお聞かせください。**

ミオは衣装が凝ってるぶん、ポールダンスで表現するのは特に難しいだろうなと思うんですけど、その衣装がちゃんとプラスになっているのがすごいなと思って。衣装を含め、振り付けとかパフォーマンスとかCGとか、すべてがプラスに作用し合っている。ただ可愛いだけじゃなくて、圧倒されちゃうような魅力もあるし、仕草だったりダンスの雰囲気だったり、どこかしらに「ミオらしさ」が反映されている。自分で演じているというのもあるんですけど、私は可愛い世界観が好きなので、ミオのステージは特にお気に入りですね。

**――KAORI先生のお話によると、ミオの技は派手じゃないけど、一番筋肉を使ってダンスしているとか……。**

すごくわかります！　フォームというんですかね、指先までのしなやかさ、細かな部分のちょっとした動作だったり、ポージングだったり。そういうところにミオらしさがいっぱい詰まっているので、そこは見ていて確かに感じました。ミオならではのこだわりも感じますし、オンリーワンのステージだなって。

**――キャラクターソングの収録で、ミオらしさを出すために意識したことはありますか？**

ミオの声の出し方は私にとって歌いやすい音域だったので、そこまで苦労はなく、楽しく歌わせていただきました。ディレクションもすごくわかりやすかったので、そのぶん、どこまで可愛く歌えるかっていうところに注力しました。

**――主題歌『Starlight challenge』について、どんな印象をお持ちですか？**

『Starlight challenge』は、オーディションの課題曲として聴いたときから、すごくいい曲だなと思っていました。覚えやすいし、『ポールプリンセス!!』の世界観が詰め込まれた曲だと思います。ライブで実際に歌わせていただく機会もあったんですけど、ギャラクシープリンセスが当時まだ駆け出しのときに歌っているのと、少し成長してから歌うのでは、同じ歌詞でも想像できるシーンや背景が変わっていて。歌うたびに見える景色がどんどん変わる曲だなと思っています。

**――『マジカル☆アイデンティファイ～3・2・1の魔法～』についてはいかがでしょうか。**

ミオとして初めて歌ったキャラクターソングです。ミオの魔法少女っていうコンセプトや魅力がギュッと詰まった曲なんですけど、本当に元気が出るし、すごく楽しく歌わせていただきました。あとは、やっぱり呪文が大変だったという思い出です。

**――歌詞を見ると、呪文が書かれていて、そこにルビが振られていますよね。**

最初に歌詞を見たときはびっくりしました、文字化けかなって（笑）。曲としても面白い構成だったりするぶん、歌うとなると意外と難しくて、たくさん練習し

CAST INTERVIEW

# Ogura Yui

ました。

**——劇場版の『トキメキ・まぁ～メイド』についてもお聞かせください。**

この曲も本当に大好きです。マーメイドというコンセプトと曲がリンクしていて、後ろに波っぽい音が聞こえるなど、アレンジも凝っているので、すごく印象に残っています。1曲目の『マジカル☆アイデンティファイ～3・2・1の魔法～』が大変だったので、それに比べたら、とくに苦労なくレコーディングできました(笑)。

**——ほかに印象に残っている楽曲はありますか？**

サナの『Avaricious Heroine』がめっちゃ好きです。ライブで見て、「コール&レスポンスいいな！」って思いました。ミオはどちらかというと見せるほうの世界観なので、コーレスの曲もあったら楽しそうだなと思いました。ユカリさんとサナのデュエットも格好良かったです。ミオもいつか誰かとデュエットしてみたいですね。憧れが強くなりました。

**——デュエットするなら誰とやってみたいですか？**

ミオとサナも合いそうですけど……私、ミオとスバルの組み合わせも好きなんですよね。あの2人が掛け合ってると、なんかきゅんとするんです。あのカップリングで歌えたらときめくなと思います。

**——続編があるとしたら、今後どんなエピソードが見てみたいですか？ 見たい衣装はありますか？**

うわぁ、迷いますね。やっぱり「プリンセス」ってつくからには、お姫様コンセプトも見てみたいです。ミオの手作り衣装で、メンバー全員プリンセスにしてほしいな。スバルは王子様。絶対可愛いですよね。衣装作るのは大変ですけどね。そこでミオが一度「うっ！」って限界になるところもちょっと見てみたいです。ミオがくじけるところって、まだ見たことがないので。あとはポールダンスでいうとミオは初心者に近い子なので、エルダンジュの先輩たちとの絡みも見てみたいです。

**——最後に読者の方に向けてメッセージをお願いします。**

この設定資料集を手に取ってくださって、本当に嬉しく思います。『ポールプリンセス!!』に根強いファンの方が来てくださる理由のひとつに、スタッフさんの愛もあるなと思っていて。私たち演者もそうなんですけど、スタッフの方々がみんな本当に『ポルプリ』大好きで、そこに熱い想いをかけて作ってくださっているので、そういう一体感がこの作品の魅力にも繋がっているのかなって思います。そういう意味では、まさにこの設定資料集は見どころがたくさんだと思うので、これを手に取って、より一層「ポルプリ愛」を知ってもらえたら嬉しいなと思います。

Nanyo Subaru

# 南曜スバル

CV. 日向未南

負けず嫌いで、目的に向かって努力を怠らないストイックな性格。将来を嘱望された体操選手だったが、高校２年生のときに怪我をして引退。一度は断ったが、アズミの言葉に感化され、ポールダンスを始める。

## ✶PROFILE

イメージカラー 赤
所　属 GALAXY PRINCESS
学　年 大学１年生　身　長 168cm
誕生日 8月11日
星　座 しし座　血液型 O型
好きな食べ物 ビターチョコ
好きな動物 狼

★ Subaru ★

南曜スバル

★スバルサイン

## ✦FACE Variation

## ✦FASHION Color Model

Nanyo Subaru

# CAST INTERVIEW

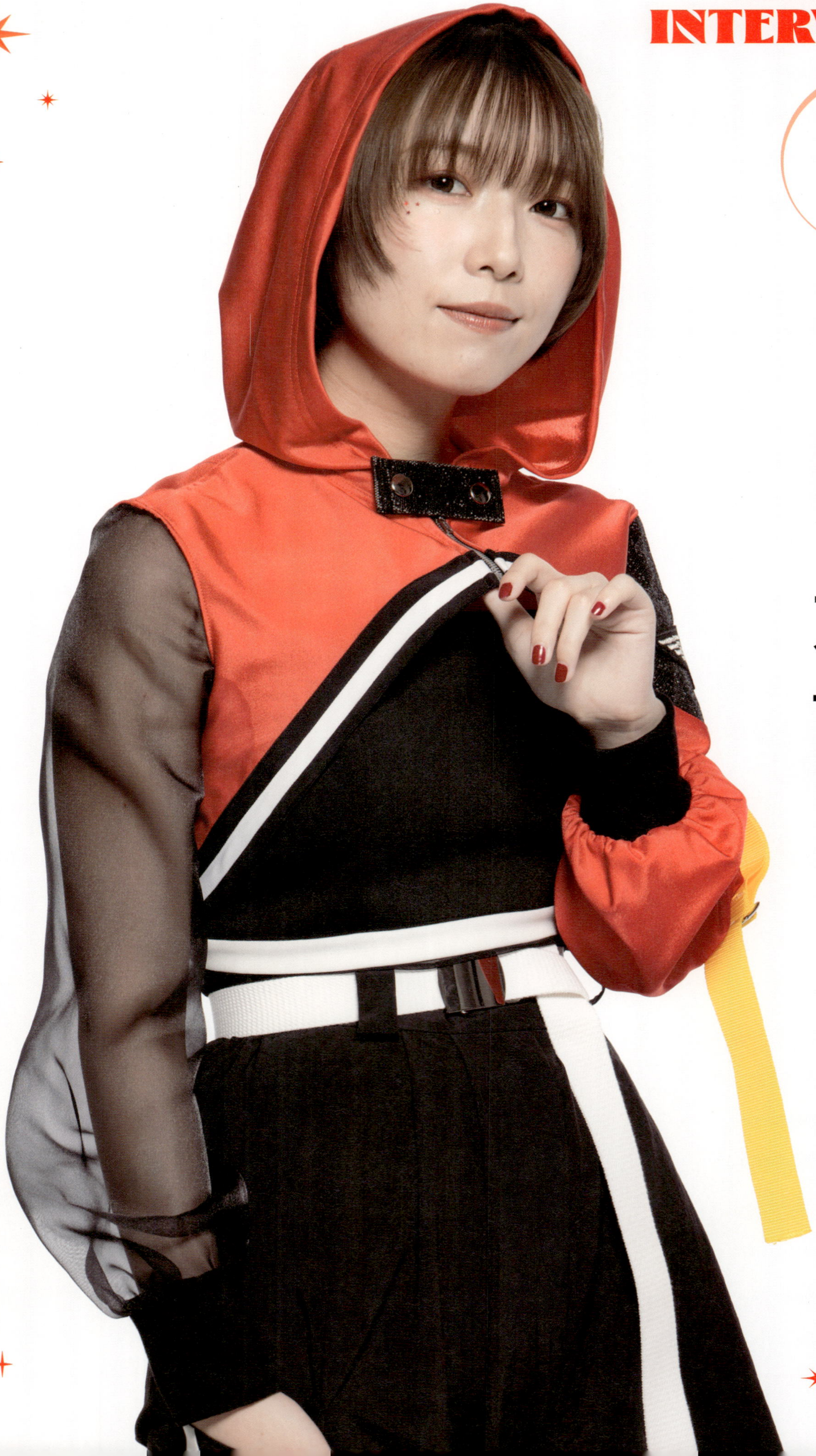

南曜スバル役

# 日向未南

Hinata Minami

✦ CAST INTERVIEW ✦

# Hinata Minami

✦PROFILE

ひなた・みなみ／1月24日生まれ。アクセルワン所属。
おもな出演作に、『帝乃三姉妹は案外、チョロい。』(綾世優)、『王様ランキング』(ボッジ)、
『リンカイ！』(熊本 愛)、『賢者の弟子を名乗る賢者』(ルミナリア)などがある。

## ファンとして作品の★一部になれたことの嬉しさ★

**――『ポールプリンセス!!』の企画を聞いたときの印象はどのようなものでしたか?**

オーディションの概要に「スポ根」「女の子たちが切磋琢磨して高め合っていく」というような説明があったので、ポールダンスを一種の競技として扱うんだな、いままでなかったようなアニメなんだろうな、と思いました。劇場版を観たいまはガチガチのスポ根だと思っているんですけど、当時はそこまで想像できていなかったですね。未知の世界でした。

**――オーディションで印象に残っていることをお聞かせください。**

スタジオオーディションではスバル役を受けたんですけど、ヒナノ、リリア、ミオを受けに来た方と一緒に、ローテーションでそれぞれ4キャラ演じました。私は声が低めなので、可愛い系のキャラクターを演じる機会はいままであまりなくて。すごく楽しかったです。

**――ポールダンスについて、どんな印象をお持ちでしたか?**

知る前は、おしゃれなネオンが輝くお店でお酒を飲みながらショーとして楽しむ……みたいな印象だったんですけど、KAORI先生のショーを観させていただいてからは「青春」です。『ポルプリ』がきっかけでポールダンスを始めた生徒さんたちを見て、青春の1ページのように感じました。いまはセクシーなイメージはまったくなくて、熱い競技だと思っています。この前のKAORI先生のSTUDIO TRANSFORMの発表会（2024年11月10日開催）では、スバルを再現して踊っている方がいたんですよ。とても素敵でした。

**――南曜スバルを演じるにあたって江副監督やスタッフからディレクションはありましたか?**

スバルはオーディションの資料で抱いたイメージそのままだったので、ディレクションもほとんどなかったですね。テンションが上がりすぎたときに「もうちょっと抑えて」という程度でした。スバルは本当に演じやすくて。自分っぽいって言ったらキャラに失礼ですけど……例えば、焼き肉だ！　ってみんなが盛り上がってるときに、うん、美味しいね、っていうような、ちょっとローなテンション。あの感じに親近感を持っています。オーディションの段階で、キャラそのまんまの方たちが選ばれているんだろうなっていう印象があります。

**――主題歌『Starlight challenge』の印象を教えてください。**

オーディションの課題曲だったので、そのときは自分が受かるとは思っていなくて、ただただ楽しく聴いていました。新しい作品が生まれるんだっていう嬉しさや期待がありました。それがまさか自分が歌えることになるなんて。個人的にタツノコプロ制作のアニメがすごく好きなので、キャストとして関われたことが本当に嬉しかったです。収録自体は『Starlight challenge』が初めての歌仕事だったので、すごく緊張しました。とにかく迷惑をかけないように、音を外さないように意識していました。みんなの声の邪魔をしたくないという気持ちがあったんですけど、完成した曲を聴いたら、個々の声が絶妙なバランスで合わさって

# 新しい作品が生まれるんだっていう嬉しさや期待がありました。

いて、ミックスの力ってすごいなと思いました。

――『リメイン』についてはいかがですか？

より一層スバルというキャラクターを理解できた気がします。スバルが抱え込んでいるものが歌詞の中に全部あるんです。ポールダンスに出会ってからの心境の変化がすごく綺麗に落とし込まれていると思いました。Aメロは憧れの舞台にいる子を見て、ただ暗闇があった。そこからかっこいい間奏に入って……あのときの自分も全部なかったことにしたいと思うって、相当じゃないですか。だけどBメロで視野が広がるんです。体操だけじゃない、キラキラした光に気がつく。それって、アズミ先生があのとき根気強く声をかけてくれたからだと思うんです。Cメロの「『抱え込む』ことは得意そう思い込んでいた　深く刻まれた同じ傷跡に　出会えるまでは」という部分は、ポールダンスの世界に一歩踏み出す勇気をくれたアズミ先生のことを強く感じました。スバルのことを知れた曲でもあるし、私自身にもある迷い、もし声優になっていなかったらどうしようという視野の狭まった感情を解き放ってくれた曲でもあります。

――『Burning Heart』についてもお聞かせください。

『バニハ』はなんといっても西条リリアですよね。手を掴んだあとに「大切なモノを　掴んだ時に」って歌詞、天才か!?　って思いました。改めて考えると、スバルってずっと誰かに助けられているんですね。ほかのみんなは自分のことを歌っているんですけど、『リメイン』ではアズミ先生、『バニハ』では西条リリアっていう印象がすごく強いです。人の影響を受けて階段を上っていくキャラなのかもしれないですね。

――完成したWEBドラマと劇場版の感想をお聞かせください。

WEBドラマは、3Dならではの表情変化や細かな所作が良いなと思いました。スバルの初登場シーンの、あのアクロバティックな感じとか、3Dならではの面白さだと思っています。あと、WEBドラマのポールダンスはキャラクター一人ひとりの内面的なものを描いている印象があります。スバルはいままでの挫折を乗り越えて心の解放。リリアはみんなのことが大好き。コスプレに対する想いをポールダンスで表現するという、ミオの根本的な部分。ノアは自分の置かれた立場を静かに語る。サナ姫は、ああいう曲調なのにサナの本質を見抜いていますよね。「サナ姫！」っていうコールの裏には、サナ姫のいままでの努力が詰め込まれていると思います。ユカリ様は「私は絶対王者であるべき」っていう強い意志を感じます。そして、そこからの劇場版の流れがすごすぎるんですよ！　例えば、スバルとヒナノがブランコで語り合うシーンで、後ろで流れる『リメイン』の劇伴。そのあと大会の出番直前でのリリアの「大丈夫、私がついて……ううん、2人一緒だから！」というセリフ。からの『Burning Heart』っていう、あの流れが最高すぎました！　WEBドラマで『リメイン』を聴いているからこそ、より深く味わえる完璧な流れだと思います。それと私はヒナノが大好きなんですけど、ヒナノがWEBドラマで歌った『Wish upon a polestar』の静かな静かな、ポールダンスへの想いを歌ったあの歌から、『Making Shine!』にいく流れがもう…。『Making Shine!』って「見ていてね！」って歌詞があるんですよ。あんなに内気だったヒナノが、自分の中に押し込めていた想いを「見ていてね！」って。すごくないですか!?　ギャラクシープリンセスのみんながそうさせたんですよね。ユカリ様が誤解を生んだ幼少期のシーンを経て、ヒナノが抱いていたコンプレックス、「うまくできるかわからない」っていう不安をみんなが打ち砕いて「できる！」ってなるんです。本当にすごい!!

――WEBドラマからの流れを考えると感動しますね。

そうなんです！　ユカリ様もずっと自分自身と戦っていて、自分自身が一番の敵であり、越えなきゃいけない壁。劇場版のドラマパートでも、このままでいいのかしらという不安を抱えていた。一番の王者ならではの不安ですよね。それ

# CAST INTERVIEW
# Hinata Minami

を『Saintly Pride』では「もっともっと」と自分を鼓舞している。ファンのみんなはきっといままでのユカリ様で満足だし、十分すごいって思っているのに、ユカリ様自身はそれで満足できない。さらなる高みを目指す欲望。「まばたきなんて　一瞬たりともさせるわけないでしょう」って歌詞を堂々と言える、あの気高さ。……いや、かっこいいなって!!　そしてミオはなりたい自分になる、自分が憧れる存在になるっていう願望がある子。なので、ステージに立ったときに「マーメイドだ！」って言われたあの瞬間、どれだけ嬉しかったか！　運動神経があまり良くなくて、みんなの足を引っ張ってしまうかもという不安がありながら、衣装作りを頑張ってみんなを輝かせてみせるという情熱を持ったミオ。憧れの気持ちでプレッシャーをはねのけ、「マーメイドだ！」って、あのセリフがミオの求めていたすべてだと思いました。魅せ方がうますぎる『ポルプリ』スタッフが怖いです……!!（笑）

**――スバルのポールダンスはいかがでしたか？**

スバル選手の魅力はスタイリッシュさ。ほかのみんなは華やかさや見栄えを一緒に楽しむショーが多い気がするんですけど、スバルは己の持つ技の完成度で勝負してる感じがします。劇場版のダブルスは、エルダンジュの2人（ユカリとサナ）とリリスバで、「ポールダンスのダブルス」の魅力を対比させて描かれているように感じました。エルダンジュは肉体の接触が多めで2人の世界を楽しむ。それに対してリリスバはあまり接触せず、お互いにダイナミックな動きを見せているイメージです。そこからの「大切なモノを　掴んだ時に」ですからね。あの流れ。天才すぎません!?

**――日向さんは劇場に何度も行かれたとか。**

たくさん行っています。応援上映にも何回行ったことか。応援上映の言葉で笑うことも多いです。ユカリ様がどこか行っちゃうシーンで、みんなで「どこ行くの!?」って叫ぶところとか。皆さんセンスが良くて面白いんですよね。ヒナノのクラップが難しくて練習しました。でも何回観ても、リリアとスバルのステージは泣いちゃいます。ユカリ様で「うっ……」て泣いて、リリスバで「わーっ！」て泣いて、ヒナノで感動して。ここまで大好きになれる作品に関われていることが本当に嬉しいです。

**――続編があるとしたら、今後どんなエピソードが見てみたいですか？**

TVシリーズで、もっともっとみんなのことを掘り下げてほしいですね。みんなの学校生活とか日常生活が見たいです。大会を頑張る姿も見たいんですけど、1話ずつキャラのお当番回があって、ほのぼのしたストーリーで。ノアの家庭のこととか、ミオがどんなイベントに行っているのかとか。（このインタビュー中はプロデューサーが目の前にいるため）いま言えることを全部言おう。アズミ先生の過去も具体的に知りたいです！　現役の選手だった頃のダンスが見たい！　『ポルプリ』のスタッフさんたちは天才なので、きっと1クールに収めてくれると思います!!

**――最後に読者の方に向けてメッセージをお願いします。**

私にとって『ポルプリ』は娯楽です。夢中になれる大好きな作品。自分が出演してるとかそういうことではなく、ファンのひとりとして、純粋に続いていってほしいと思っています。皆さんもそれぞれ楽しんで謳歌してください。ポールダンスにハマった人は、どんどんいろんなダンスに挑戦してほしいですし、絵を描く人はキャラクターのいろんな表情をたくさん見せてほしいです。好きな人は、ただただ楽しんでほしい。私はファンの方々と同族だと思っているので一緒に楽しみましょう。ライブ行きたいですね！　次はどんな曲が来るんですかね!?

♑

Mikoshiro Yukari

# 御子白ユカリ

CV. 南條愛乃

エルダンジュのリーダー。自他共に厳しい性格で、常に高みを目指し努力を怠らない。一方で、世間知らずでちょっと天然な一面も。幼少期にバレエの大会でヒナノに出会っており、彼女がポールダンスをしているのを知り密かに注目していた。

## ✦PROFILE

| | | | |
|---|---|---|---|
| イメージカラー | 白 | | |
| 所属 | AILE D'ANGE | | |
| 学年 | 大学2年生 | 身長 | 168cm |
| 誕生日 | 1月15日 | | |
| 星座 | やぎ座 | 血液型 | A型 |
| 好きな食べ物 | 白身魚のムニエル | | |
| 好きな動物 | 白鳥 | | |

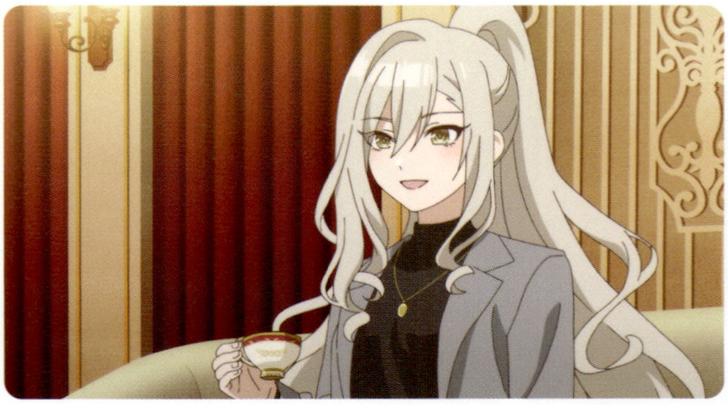

★ユカリサイン

## ✦FACE Variation

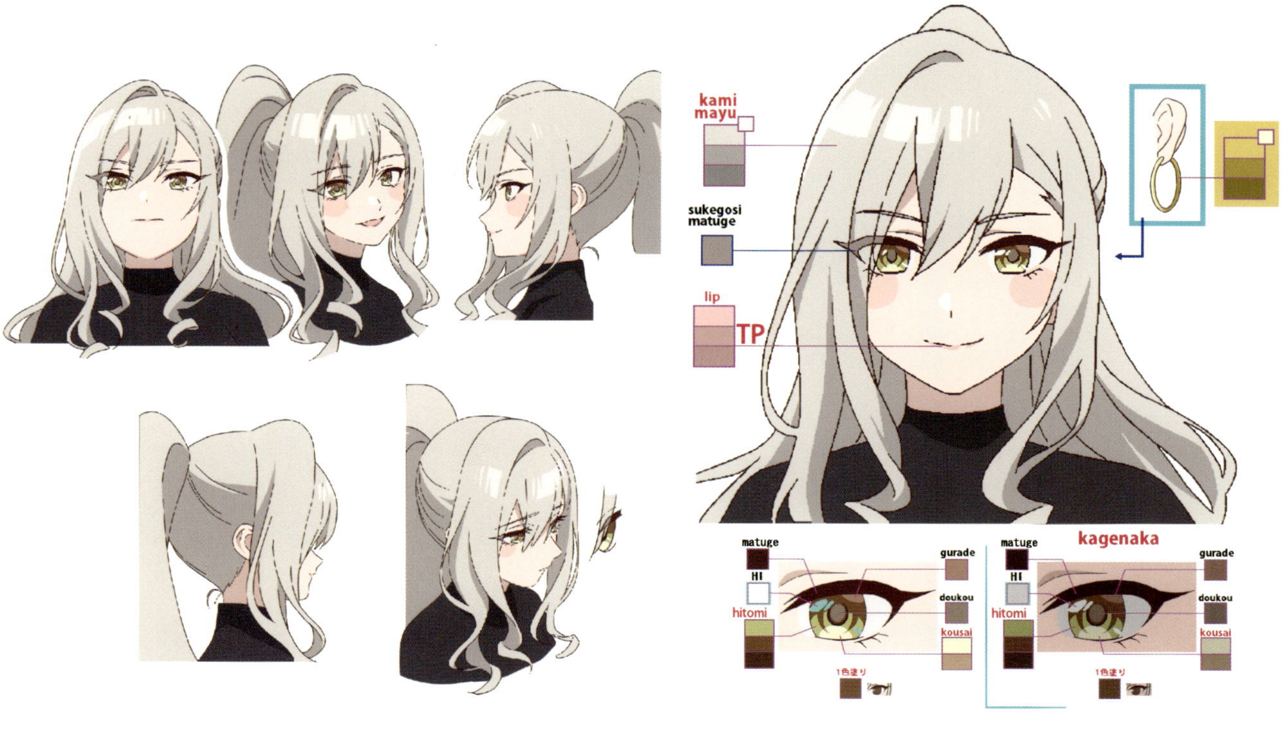


Mikoshiro Yukari

## ✦FASHION Color Model

CAST INTERVIEW

御子白ユカリ 役

# 南條愛乃

PROFILE なんじょう・よしの／7月12日生まれ。ボイスキット所属。おもな出演作に、『キミとアイドルプリキュア♪』（プリルン）、『戦姫絶唱シンフォギア』（月読 調）、『ラブライブ！』（絢瀬絵里）などがある。

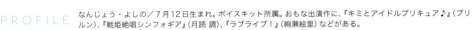

## ★スタッフたちの思いに
## ★魅せられた作品

――最初に本作の企画を聞いたときの印象はどのようなものでしたか？

女の子たちがポールダンスをする作品ということでしたが、ポールダンスは女性的な艶っぽさを出していくダンスというイメージがあったので、どんな作品になるんだろうと思っていました。でもいただいた資料を読み進めていくと、ヒナノの「おばあちゃんのプラネタリウムを復興したい」という純粋な願いや、女の子たちの「ポールダンスがうまくなりたい」というまっすぐな気持ちがストレートに表現されていたので、熱くて一生懸命で素敵な作品になりそうだと思いました。

――ポールダンスへの印象は変わりましたか？

はい。作品に触れるうちにポールダンス自体の印象も変わっていきました。2023年4月に行われたイベント（「ポールプリンセス!! Special Event ～Wish Upon a Polestar～」）では実際にポールダンスの先生方とご一緒させていただいて、肉体美の素晴らしさもさることながら、どうやって重力に抗っているんだろう？　と驚きました。ポールを使って自分の体を持ち上げるなんて重いはずなのにしなやかに表現されていて、本当に美しくて。最初に持っていたイメージだけでポールダンスに触れてこなかったのはもったいないことだと思いました。

――オーディションの思い出をお聞かせください。

最初はセリフと歌のテープオーディションがありました。いただいた資料を拝見して、ぜひ参加させていただきたいなと思ったので、気合も一層入りましたね。次はスタジオオーディションで、キャスト候補の方たちとセリフの掛け合いをしたのですが、緊張しつつも楽しくやれたなという記憶があります。

――ユカリの第一印象と、実際に演じてみて印象が変わったところなどありましたら教えてください。

第一印象は孤高の白鳥と言いますか、とても気高くてプライドも高くて自分自身に厳しい人だと思いました。失敗したらなによりも自分が許さないという、ストイックな印象を受けましたね。ただ、ユカリ様ってクールではあるんですけど、自分が求める目標が高いが故にそうなっているだけで、人に対して冷たいわけではないんですよね。いまは、思っていたよりもずっと人間らしい一面もあると感じています。劇場版ではユカリ様が、ポールダンス中のヒナノを見つめているシーンがありましたよね。あの距離感で見られていたらヒナノも結構プレッシャーを感じると思うんですけど、そこを気にせず見に行ってしまうのがポールダンスに対してまっすぐすぎる故のユカリ様の抜けているところでもあり、私としては一層愛しさが増しました。また、幼い頃に因縁があったヒナノに対して厳しい関係が続くのかと思っていたんですけど、劇場版ではすごく素直にユカリ様のほうからヒナノに謝りに行ったりして、思った以上に柔らかい、等身大の女の子なんだな、と。

――ユカリを演じるにあたり意識されたことはありますか。

自他共に厳しいけれど、ただ厳しいだけじゃないユカリ様を表現できればと思っていました。とくに一緒に活動しているエルダンジュは同じ目標を見据えている仲間なので、そのうえで出す必要な厳しさが冷たく聞こえすぎないように意識しましたね。でも、もっとクールにというディレクションを何度かいただいたので、自分が考えている以上に声に温度が乗らないほうがいいのかと思い、調整しながら演じていきました。けれど自分の中では、他人に興味がなくてどうでもいいと思っているクールさではなく、ただ高いところを目指しているだけなのが結果としてクールに聞こえるように……嫌な人間に見えないといいなと、気をつけながら演じたつもりです。

――収録現場での感想などありましたら教えてください。劇場版では日高さんや早見さん、釘宮さんと収録をご一緒されたそうですね。

はい。里菜ちゃん（日高里菜）やはやみん（早見沙織）とはWEBドラマでも何度か一緒に収録していたので、安心するメンバーだなと改めて感じました。釘宮（理恵）さんはエルダンジュに対して「尊い！」と言ってくださって。ギャラクシープリンセスの先生役なのに、「エルダンジュを見てると応援したくなっちゃう！」とおっしゃっていたのが可愛かったです（笑）。

――そんなエルダンジュのノアとサナについて、印象をお聞かせいただけますでしょうか。

エルダンジュはポールダンス一直線なユカリ様と、彼女を見守ってくれるノア、一見一方通行に見えながらも周りに目を配りながらサポートしてくれているサナがいて、とてもバランスがいいメンバーだと思っています。サナは里菜ちゃん自身のキャラクターとも相まってとても可愛くて。里菜ちゃんとは、彼女がまだ学生のときに制服でアフレコに来ていたときから知っている仲で。本当にサナみたいな感じで「南條さーん！」って駆け寄ってきてくれるんです（笑）。ですから、サナがユカリ様を慕ってくれるという構図が個人的には嬉しいですし、癒やされています。ノアはユカリ様の幼馴染みということもあり、ユカリ様が唯一「等身大の自分」を見せられる相手。ユカリ様の弱さもノアは母親のように包み込んでくれて、懐の深さを感じますし、ユカリ様は彼女と一緒にいて安心するんじゃないでしょうか。ノアを演じているはやみんも落ち着いた雰囲気で、凛としているところもノアと似ています。里菜ちゃんもはやみんも、どこか役柄とリンクしていて、2人と一緒にエルダンジュをやれて良かったと改めて思いますし、心強いです。

――ギャラクシープリンセスの印象はいかがですか。

WEBドラマでは最初にエルダンジュ3人のステージがあって、そのあとにギャラクシープリンセスのステージがありましたが、やっぱりエルダンジュとはフレッシュさが全然違うなと。もっと前へ前へ、っていう突き進む感じだったりとか、ポールダンスに対して楽しい気持ちや表現したい気持ちがあふれ出ていて、応援したくなってしまうような空気感がありました。エルダンジュは美しく洗練されているんですけど、高みを目指さなければいけない思いが強いので、

# ユカリ様の怖くなるぐらいの貪欲さを「高貴」という枠を超えて出せたらいいなと思い歌いました。

Nanjo Yoshino

純粋な楽しさとはまた別のところで戦っているんですよね。ギャラクシープリンセスとエルダンジュの両者の対比がはっきりしていて、同じポールダンスのステージでもこんなに色の違いが出せるんだとびっくりしました。

——完成したWEBドラマや劇場版をご覧になった感想と、お気に入りのシーンがありましたら教えてください。

やっぱりポールダンスのシーンがどのキャラクターの個性も立っていてみんな可愛かったですし、楽曲もそれぞれイメージが違っていて見応えがありました。映像も曲も本当にキャラクターとの親和性が高くて、何度も繰り返し見たくなってしまうのが『ポルプリ』の個性でもあり魅力だと思います。印象的だったのは、劇場版でミオがギャラクシープリンセスの衣装を作っていた後日、彼女の指が絆創膏だらけになっていたところ。セリフでは触れずに映像だけで見せているのですが、ミオが一生懸命衣装を作っていたことが伝わってくる大好きなシーンです。ユカリ様のシーンで気に入っているのは、劇場版で控え室のスリッパを履いたまま帰ろうとするところですね。ユカリ様にはちょっと抜けているところがあると最初の段階で伺っていたのですが、やっとその一面を皆さんにお見せできると思いました(笑)。ポールダンスのシーンももちろんすごいんですけど、ユカリ様の意外な一面ということでスリッパシーンは推していきたいです。

——あのシーンでユカリのファンもさらに増えた気がします(笑)。それでは、ユカリのポールダンスシーンについての感想もお聞かせください。

とても美しくて、この世にある高貴な言葉を全部あてはめたくなるようなステージだと思いました。私は演技や歌でユカリ様の声として彼女の一部をやらせてもらっていますが、私だけでなくユカリ様のモーションを担当されているダンサーさんや、映像や音楽に関わってくださったスタッフの方々の「素晴らしいステージを作り上げる」という思いが集約されていて、見ていて圧倒されてしまうというか。まるで芸術で殴られているような感じがして、私もユカリ様のステージをいつも楽しみにしています。演出も素晴らしかったですね。劇場版のシングルスではユカリ様の分身が登場しましたが、分身は過去の自分で、ユカリ様はそれらと戦い打ち勝っていく意味が込められているとスタッフの方に伺いまして。ステージ上でも自分と戦い、どこまでも上を目指し続けているユカリ様に改めて感動しましたし、映像にいろいろな要素が込められていることを皆さんにも知ってほしいと思いました。

——ステージごとに異なるユカリの華麗な衣装も見応えがありました。

WEBドラマではユカリ様とヒナノが過去にバレエをやっていたこともあり2人ともバレリーナのような衣装でしたが、ユカリ様の衣装はヒナノの可愛らしい衣装とはまた違ったきれいさがあって、2人の対比にもなっていて良かったです。劇場版のユカリ様の衣装は肌の露出も控えめで凛としていて、彼女らしさが出ていて格好良かったですね。

——ユカリの楽曲の印象や歌ってみた感想を教えてください。

WEBドラマの『Queen of Fairy Sky』は高みを目指しているユカリ様にぴったりの曲だと思いました。でも熱血という感じではなく、どこか繊細さも感じられるように、ただ強いだけではない部分も表現できたらいいなと思い歌いました。劇場版のシングルスの『Saintly Pride』はライブで歌ったら盛り上がるだろうな、とまず最初に思いました。観客の皆さんとのコールアンドレスポンスで成り立つようなシーンがあったりとか、飢えた獣がみんなの声によってより強くなっていくみたいな、そんなストーリー性を強く感じて。やっぱりユカリ様はステージ上でみんなの声援や熱気を取り込んでさらに強くなっていくんだろうなと思いましたし、その熱量をみんなから引き出す強さも持っているんだなと。『Queen of Fairy Sky』の儚い強さとはまた違う、みんなのエネルギーを吸い尽くすような強さ。そんなユカリ様の怖くなるぐらいの貪欲さを「高貴」という枠を超えて出せたらいいなと思い歌いました。

——劇場版でサナとのダブルスで披露した『Just the two of us』はいかがですか。

とてもドラマチックで情熱的な楽曲ですね。先に里菜ちゃんが収録していたので、まずそちらを聞かせてもらったんですが、WEBドラマのときの楽曲とはまったく違った表現をしていて、大人っぽくて素敵だなと。サナのユカリ様に対する強い憧れが込められていたので、その期待感を裏切らないように、美しくてかっこいいユカリ様で歌い上げたいという気持ちがありました。

——劇場版主題歌の『Starlight challenge』はギャラクシープリンセスだけではなく、エルダンジュのメンバーも加わって歌いました。

ポールダンスに励みながら夢や希望を抱く女の子たちの歌で、とても前向きで元気が出るテーマソングですよね。普段のユカリ様のトーンからすると明るい曲なんですけど、ユカリ様の中にある等身大の気持ちというか、もっとうまくなりたいという純粋な部分を乗せられる楽曲だと思っています。あとはキャストみんなで歌うので、華やかで楽しいです。

——もし『ポールプリンセス!!』の続編があるならば、どんなシーンが見たいですか？

エルダンジュの結成秘話とか、そのあたりの掘り下げを見てみたいですね。ユカリ様とノアとが一緒にいるのは幼馴染みだしわかるんですけど、そこに2人のテンションと全然違うサナがやってきて、じゃあこの3人でチーム組みましょうってなる経緯がまったく想像つかないので(笑)。あとはユカリ様でいうなら幼少期の部分。ユカリやヒナノの思い出シーンでも少し触れられていましたが、どういう子ども時代を過ごしていまのユカリ様に繋がっているのか、もっと知りたいです。

——最後に、応援してくださるファンの方にメッセージをお願いいたします。

この本を読み込んで作品に触れてもらったらまたきっと新たな発見があると思いますので、より深く『ポルプリ』について知ってもらって、さらに好きになってもらえたら嬉しいです。私もユカリ様だけでなくほかのみんなのことももっと知りたいので、末永く続いていく作品になったらいいなと思っています。ぜひ今後も応援してください。

Murafuji Sana

# 紫藤サナ

## CV. 日高里菜

あざと可愛い系女子で、愛称は「サナ姫」。SNS映えを意識した自撮りや投稿・チェックに余念がない。ポールダンスの実力は確かで、エルダンジュの一員として申し分ない。ユカリを「ユカリ様」と呼び、敬愛している。

### ✦PROFILE

| | | | |
|---|---|---|---|
| イメージカラー | 紫色 | | |
| 所 属 | AILE D'ANGE | | |
| 学 年 | 大学1年生 | 身 長 | 158cm |
| 誕生日 | 6月1日 | | |
| 星 座 | ふたご座 | 血液型 | B型 |
| 好きな食べ物 | マカロン | | |
| 好きな動物 | 猫 | | |

★ Sana ★

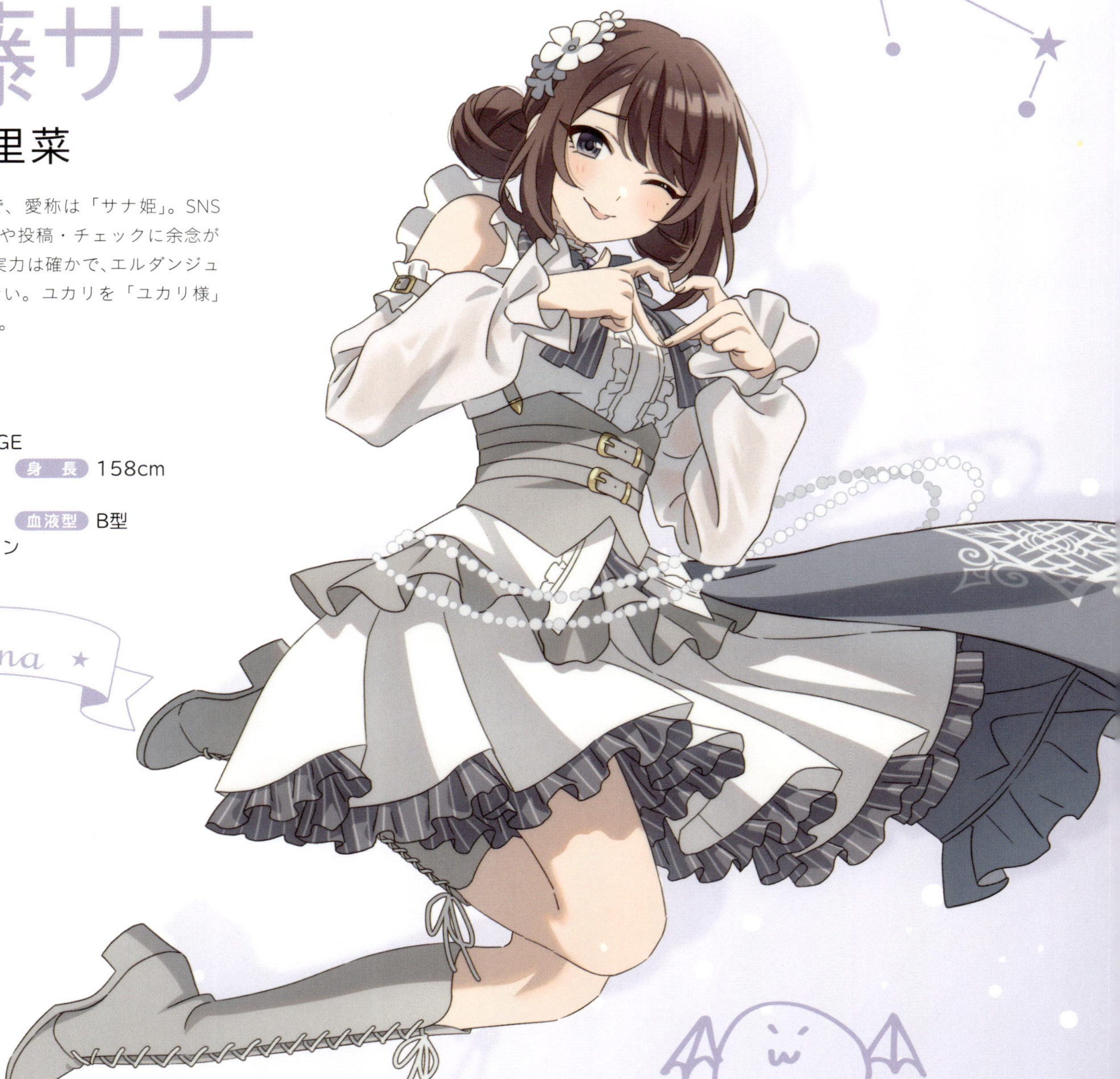

★サナサイン

## ✦ FACE Variation

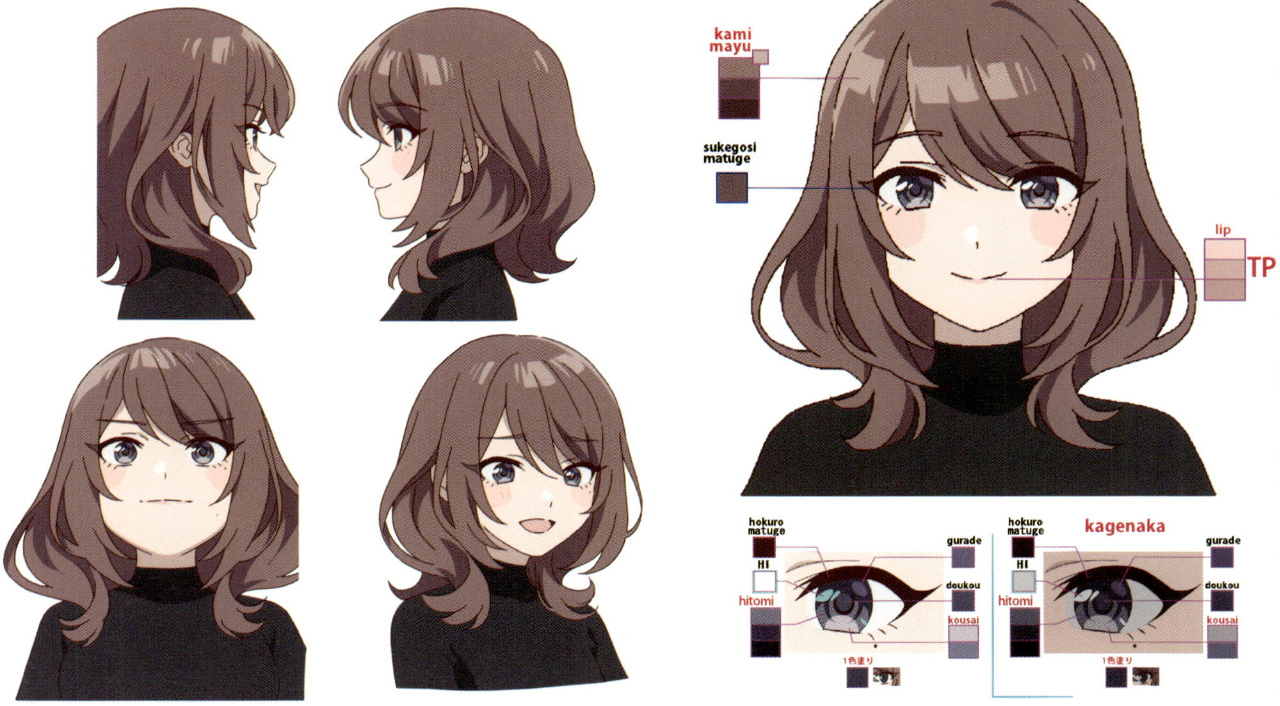


Murafuji Sana

## ✦ FASHION Color Model

★私服2

※貼り込みあり

★私服1

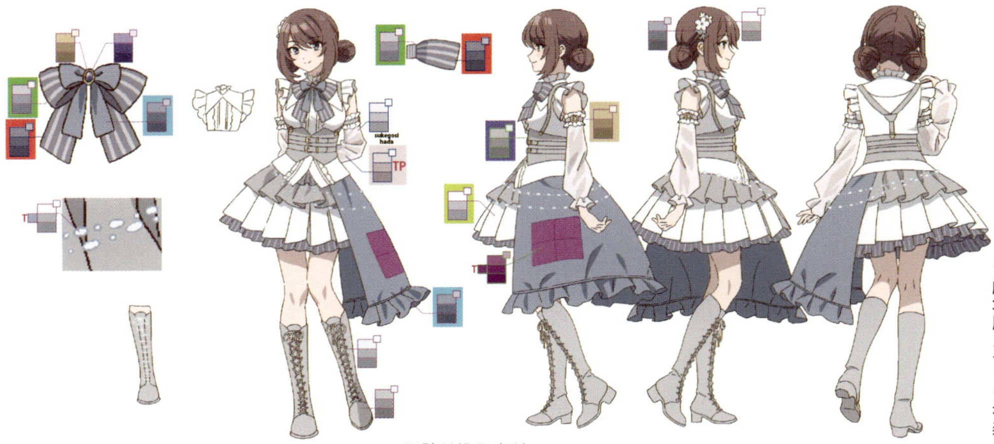

※貼り込みあり

★劇場版ステージ衣装

# CAST INTERVIEW

紫藤サナ 役

# 日高里菜

PROFILE　ひだか・りな／6月15日生まれ。StarCrew所属。おもな出演作に、『転生したらスライムだった件』（ミリム）、『姫様"拷問"の時間です』（マオマオちゃん）、『トロピカル～ジュ！プリキュア』（キュアラメール／ローラ）などがある。

## より良くするため 挑戦した楽曲

――まずはオーディションを受けた際の印象をお聞かせください。

テープオーディションの段階で歌唱の審査もあったのですが、課題曲が本当に良い曲で、とても印象的でした。まったく別の現場で「ポールダンスのオーディション来た？　あの曲めっちゃ良くない!?」と話題になったくらいです。スタジオオーディションはいつもひとりずつ受けることが多いんですが、3人くらいずつブースに呼ばれ、ほかの方のお芝居を見られる珍しいパターンでした。オーディション資料の段階から、女の子の可愛らしい部分だけじゃなく、葛藤や成長をしっかり描いていく作品になりそうだなと感じていました。

――ポールダンスについて、どのようなイメージをお持ちでしたか？

ちょっと大人というか、セクシーなイメージがあったくらいで、知識はあまりありませんでした。曲のレコーディングにあたって資料用の映像を見せてもらったのが、印象が変わったひとつのタイミングです。とにかく格好良い！　子どもたちが踊ってる映像もあって、「子どももやるんだ!?」と驚きましたし、女性だけじゃなく男性もいて、本当に幅広く、たくさんの方が楽しんでいるものなんだなっていうのを知りました。その後、監督や脚本の待田（堂子）さんと一緒に体験させてもらう機会をいただいたんです。

――日高さんもくるくる回れましたか？

一応、回れた…かな？　先生の教え方がとても上手だったので。でも次の日にはアザだらけで……たぶん余分なところに力が入っていたからだと思います。ポールダンスをやってる方の後ろ姿を見たらわかるんですが、足もお尻も筋肉のつき方が違うんです。全身使っているから、すごく綺麗な形なんです。みなさん優雅に簡単そうにくるくる回っているけど、そんな簡単にできないよねって、改めて思いましたし、こんなにストイックな世界で可憐に踊ってる先生たちは格好良いなと思いました。

――KAORI先生はどんな方でしたか？

明るくて、話しやすくて、頼もしい素敵な方です。体験のときは「私なんかにできるのかな？」「失敗するの怖いな」って気持ちがあったんですが、「もっともっと楽しんで！」っていう空気作りをしてくださって。それに『ポールプリンセス!!』という作品をすごく大事にしてくれているのを感じます。作品の打ち上げでもたくさんお話をさせてもらいました。『ポールプリンセス!!』をきっかけに、先生のところへ習いに行ってくださったファンの方もいると聞いて、すごく嬉しかったです。

――続いてキャラクターについてお聞きします。サナの第一印象は？

オーディションの段階では限られた情報量ということもあって、あざとさや、可愛らしい、きゃぴっとした部分が印象的でした。でもサナについて知れば知るほど、ストイックな部分やユカリ様への憧れ、追いつきたいとか、同じチームとして恥をかかせてはいけないというような、熱い想いがある子なんだなっていうのが感じられて。プロ意識が高くて人間味のある子だと思うようになりました。

――『劇場版 ポールプリンセス!!』の作中では、エルダンジュのイベント終わりにユカリが「練習よ」と言うと、サナはすぐに練習モードになっていましたね。

ユカリ様って絶対王者で天才肌のイメージがあるんですけど、やっぱり知れば知るほど努力家で。いろんなプレッシャーがある中で頑張り続けている姿をサナはいつも近くで見ているからこそ、ユカリ様が好きで、尊敬できるんだろうなと思います。ユカリとノアの幼馴染みならではの関係性と少し違った、憧れの人と同じチームだからこそのいい緊張感。サナはグイグイ行くだけじゃなくて、ちゃんと一歩引いて周りを見ている。そういう空気も読める子でもあるんですね。そこは劇場版を観ての新たな発見でした。

――サナを演じるにあたってとくに意識したことはありますか？

一番はやっぱり可愛らしさ、きゃぴっとした感じを大事にしています。たくさんの可愛い女の子が一気に出てくる作品なので、キャラクター性は前面に出したほうがいいかなと思って、そこは大きめに意識しました。あとはやっぱりユカリ様への熱い想いは大事にしましたね。

――江副監督やスタッフからオーダーはありましたか？

オーディションのときにあざとさを強めに出した小悪魔感のあるパターンと、もう少しナチュラルな、可愛いけれども少し控えめなパターンを録りました。その結果、あざとさメインでいきましょう、ということになったんです。実際の収録ではキャストの皆さんとの掛け合いもありますし、台本を読んでキャラクターの理解も深まっていたので、さらにやりやすかったです。

――劇場版はエルダンジュの3人で収録したんですか？

釘宮（理恵）さんとの4人で収録しました。せっかく一緒に収録したからには、釘宮さんにエルダンジュ推しになってもらいたくなっちゃって…（笑）。収録後に、「エルダンジュ好きになってくれましたか？」って聞いたら、「エルダンジュ好き」って言ってくれて…。やってやりました！（笑）

――WEBドラマで『Avaricious Heroine』、劇場版で主題歌『Starlight challenge』と『Just the two of us』を歌っています。それぞれの曲の印象を教えてください。

ドラマパートを録る前に曲のレコーディングがあったので、サナとして最初に声を出したのは『Avaricious Heroine』なんです。初めて聴いたときから、「アイドル曲だ！」「ライブ映えするだろうな」と思いました。歌詞からはサナらしさが存分に出ていて、まさに自己紹介ソングだと思います。実際にライブで歌って最高に盛り上がって、もっともっと好きになりましたし、みんなのおかげで出来上がった曲だなと思います。

――主題歌『Starlight challenge』についてもお聞かせください。

テープオーディションの課題曲でもあり、何回も何回も聴いていたので、レコーディングのときにはもう、とにかく

# 劇場版でサナのいろんな可能性が広がったので、もっといろんな化学反応を見たくなりました。

Hidaka Rina

気持ちよく歌わせてもらいました。初めて聴いたときから「いい曲だな」って思える曲と、何度も聴いて良さがわかる曲ってあると思うんですけど、『Starlight challenge』は私にとって前者でした。初めて聴いたときからキラキラしていて歌いたくなるし、ウキウキするし。イベントでもみんなと歌わせてもらってとても楽しかったです。すごく大好きな曲ですね。

——『Just the two of us』はユカリ役の南條愛乃さんとのデュエットでした。

イベントのときだったかな、監督に挨拶に行ったときに「劇場版の曲は、激重ですよ」って言われたんです。それってどういう意味だろうと思っていたのですが、デモを聴いてみたら、確かに愛重めで2人だけの世界で……。サナ姫が歌うとどんなふうになるのか、正直、最初はイメージがつきにくかったのですが、レコーディングではスタッフさんと丁寧にディスカッションを重ねて、ソロ曲とは違ったアプローチの仕方でサナらしさを出せたかなと思います。個人的な話になってしまいますが、エルダンジュの南條さんと（早見）沙織さんは、私が10代の頃から本当にお世話になってる先輩なので、その2人と同じチームとして一緒に並べていることが感慨深くて……。その幸せをかみしめながら、アフレコやレコーディングに挑みました。声優やってきてよかった、頑張ってよかったなって、ご褒美みたいに思っています。そういうところはサナと同じ気持ちというか。2人に少しでも近づけるように頑張ろうって。だからデュエットもいつもとは録り方を変えて挑戦しました。普段は仮歌やシンセのガイドメロディを後ろで薄く流してもらって、それに合わせていくんですけど、『Just the two of us』ではガイドは全部なしにして、インストだけで歌いました。正解はないけど、少しでも良くなるように、私としては結構トライした部分です。そういった意味では、挑戦してみようという気持ちにさせてくれた楽曲です。

——サナとご自身がリンクする部分があるんですね。

そうなんです。エルダンジュのグループLINEもあって、私たちにとっても大事な仲間というか…そんな意識が強くあります。

——劇場版をご覧になっての感想を改めてお聞かせください。

60分という尺で、かつポールダンスシーンがいっぱいあるので、従来よりもセリフパートは少なめなんですよね。でもそんなことを感じられないぐらい、観たかったものが全部詰まっていました。とにかく「感動」のひと言です。キャラクターたちの成長もそうですし、過去のこと、人間性、トラウマを乗り越えての絆……。それにポールダンスシーンの演出がすごすぎて！ 人間の動きじゃないと思っちゃうけど、ポールダンサーの皆さんが本当にやってくれたという説得力もあって。YouTubeで実際の映像も併せて見せてくれた『ポールプリンセス!!』のスタッフチームに拍手です。

——ストーリーも今後が楽しみな終わり方でしたね。

まさに！ まだまだこれからだよねって思える終わり方でした。サナはユカリ様が大好きなぶん、今後は嫉妬したりっていうことも出てくると思うんです。そんな展開も見てみたいな。

——ユカリはヒナノの演技を舞台袖から見てましたからね。

あのシーンはアフレコ現場でも話題になっていました。「すごい見るじゃん！」「緊張するじゃん！」って（笑）。でもやっぱり最後の2人の会話を見て、お互いを認めていて、期待してるからこそっていうのが明らかになって、これからの2人が楽しみになりました。

——ほかに、今後どんなエピソードが見てみたいですか？

ミオとは「かわいい」というものに対しての情熱が近いところもあるので、友情なのか、ライバル関係になるのかわかりませんが、いろんな絡みを見たいです。みんなの自主練や情報収集を含めた各々の努力のかたち、そういったところも知りたいです。あとはやっぱり、エルダンジュのオフシーンですね。ドラマCDで少しはっちゃけたお話があって、すごく楽しかったから、映像でも見たいって思いました。エルダンジュが結成した過程も見たいし、もし3人での技が可能であれば、3人の曲で、3人お揃い感のある衣装のステージを見てみたいですね。……見たいものだらけですね。劇場版でサナのいろんな可能性が広がったので、もっといろんな化学反応を見たくなりました。

——改めて、本作の魅力はどんなところだと思いますか？

魅力しかないです。まず、現場の空気感がとてもいいんです。例えば、1曲目のレコーディングのときにスタッフさんが「まだ完成じゃないけど、いまここまでCGできてます」って映像を見せてくれて。過程を見せてもらうことで、より一緒に作ってる感じがして、チームとしての意識もより高まりました。七夕のオンライン上映会（2024年7月7日開催）のときにBD用にリテイクした映像を公開したときも、スタッフさんが事前に教えてくれて。それを観たファンの方が「ここが変わった」って気づいてくれて……そこまで観てくれるのも嬉しいし、スタッフ陣の根本に「みんなからの期待に応えてより良いものにしよう」という気持ちがあるからこそ、みんながどんどん好きになるんだろうなと思います。振り返ってみると、登壇イベントはいまのところ2回だけのはずなのに、不思議とファンの方との信頼関係、一体感を感じるんですよね。だからもっといろんな展開があったら嬉しいなと思うし、みんなが喜んでくれるように私も応えたい。サナ姫としてなにかできないかなと思っています。

——最後に読者の方に向けてメッセージをお願いします。

オリジナル作品ということで、最初はどんな作品なのかわからないなかでたくさんの方が集まってくれて。それが劇場公開になり、どんどん『ポールプリンセス!!』の輪が広がっていって、本当に「ありがとうございます」の気持ちでいっぱいです。皆さんの熱量のおかげで私たちの熱量もどんどん上がっています。スタッフは、皆さんのお声をすごく大事に汲み取ってくれる方ばかりなので、『ポールプリンセス!!』をこれからも好きでいて、かつ一緒に盛り上げていただけたら嬉しいなと思います。

Aoi Noa

# 蒼唯ノア

CV. 早見沙織

ユカリの幼馴染みで、仲間思いで大らか、心優しい性格。場の雰囲気を察するのに長けているが、ときに気を遣いすぎてしまうという悩みも。日本舞踊の家元に生まれ、ポールダンスの振り付けや衣装にも日本舞踊の要素を取り入れている。

## PROFILE

イメージカラー 水色
所属 AILE D'ANGE
学年 大学２年生　身長 165cm
誕生日 11月15日
星座 さそり座　血液型 O型
好きな食べ物 あんみつ
好きな動物 金魚

★ノアサイン

Noa

## FACE Variation

## FASHION Color Model

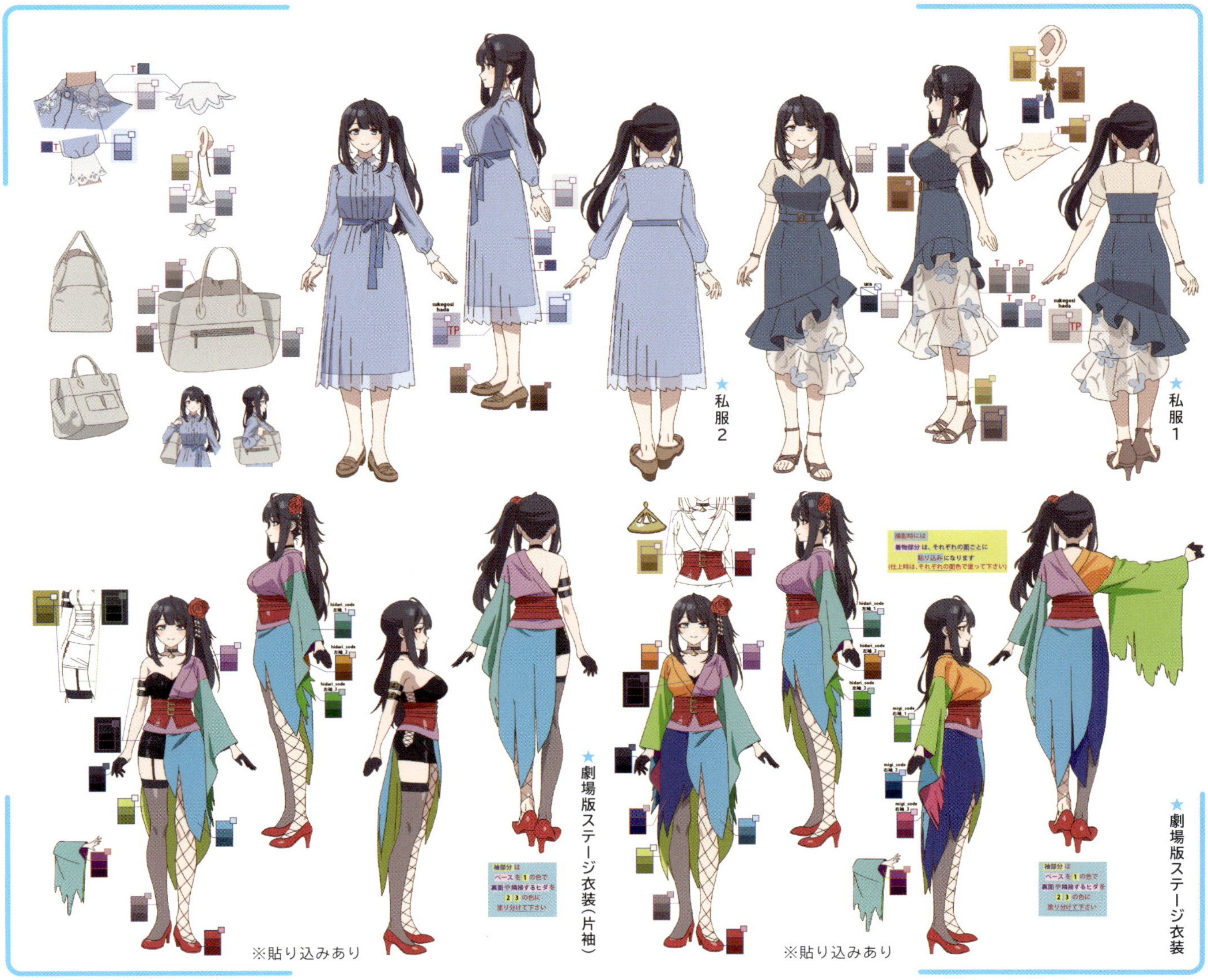

# CAST INTERVIEW

蒼唯ノア 役

# 早見沙織

PROFILE　はやみ・さおり／5月29日生まれ。アイムエンタープライズ所属。おもな出演作に、『SPY×FAMILY』（ヨル・フォージャー）、『ラーメン赤猫』（クリシュナ）、『疑似ハーレム』（七倉 凛）、『鬼滅の刃』（胡蝶しのぶ）などがある。

## エルダンジュとだから出る★ノアらしさを意識★

——本作の第一印象はどのようなものでしたか？

オーディションのときに作品に関する資料を拝見して、みんなで切磋琢磨してひとつの部分に到達するようなお話なのかなとは感じていたんですが、ポールダンスとかけ合わさるのが新鮮で。私自身、あまりポールダンスに詳しくなかったこともあり、最初はなかなかイメージが見えなかったですね。

——ポールダンスを題材にした作品はあまりありませんよね。

そうなんですよ。スタジオオーディションのときにスタッフさんから「ポールダンスの印象ってなにかありますか？」と聞かれて、大人の女性が格好良く美しく色気をもって踊る、みたいな印象があったんですが、あまり詳しくなかったのでふわっとしたことしか言えなくて。帰り道で「ああーやってしまった！」って思ったのを覚えているんですよね（笑）。それで合格と聞いて、嬉しかったし驚きもありました。ただ、ノアに対しては最初から親和性を感じるところがあって、演じていてもスッと自分の中になじんでくるようなキャラクターだったんですよね。「呼吸の感じがあう」と言いますか。オーディションも含めてノアのことが印象に残っていたので、実際に声を担当することになって演じるのが楽しみでした。

——ノアのどのような部分に親和性を感じたのでしょうか？

話しているときのスピード感だったりとか、そういうこまかいところも似ているんですけど（笑）、ノアはチームワークを発揮しながら周りとなにかを創っていくことを得意としている人なのかな、と。私もいろいろな方たちがいるなかで一緒にものを創ったり、そこで引き出してもらうものがあったり……っていうことが多いので、そういうところはノアと似ていますね。

——エルダンジュのなかでノアは、個性が強いユカリとサナをうまくまとめていますね。

とくにユカリとは昔からの仲ということもあり、彼女をよく見ているところはすごく素敵だと思います。

——WEBドラマ、劇場版と演じられて、ポールダンスの印象はどう変わりましたか？

すごく色づきました。ラフ絵だったのがCGになったみたいに、リアルに形作られましたね。それもこれも、4月に行われた『ポールプリンセス!! Special Event ～Wish Upon a Polestar～』のイベントで、ポールダンサーの方とコラボして同じステージで歌わせていただいたことが大きくて。そこで、ポールダンスの監修をしてくださっているKAORI先生やダンサーのみなさんとお話しさせていただいたんですが、アスリートのようにお互いに高め合っていらっしゃる姿も素敵でしたし、ポールダンスや『ポールプリンセス!!』に強い想いを持っていらっしゃって、それを生で一緒に味わえて良かったです。

——ポールダンサーの方たちの熱量を感じ、ノアの解釈は変わりましたか？

そうですね。ポールダンスという題材がなくてノアだけを見ていると、すごくやさしいし雰囲気も穏やかで可愛らしいイメージが見えてくると思うんです。でもノアってポールダンスを選んで、あの技を決めているんだよなと思うと、あまり表に見えてこないだけで、実はものすごい力強さがあるんだろうなと考えるようになりました。

——ノアを演じるにあたって意識されたことは？

エルダンジュのメンバーと話しているときは、ノアも等身大なラフな感覚を残しておこうと意識しました。みんなの中ではお姉さんっぽくてものごとを俯瞰して見ているノアですが、エルダンジュだからこそ「くだけたテンションでしゃべる」ことができるのかなって。ユカリとは幼馴染みですし、サナも心の垣根をなくしてくれる人なので、ノアは2人と気楽に話せるんじゃないでしょうか。

——WEBドラマと劇場版では、エルダンジュのメンバーを演じたみなさんは同じブースで収録されたのでしょうか。

基本的には一緒で、劇場版のときはとくに3人で掛け合いを録れて良かったという思いがありました。南條さんも日高さんも昔から知っているお2人なので、気心のしれた3人で収録できたのがとてもありがたかったですね。

——収録の際にスタッフからのオーダーはありましたか。

エルダンジュでの掛け合いは、会話のテンポも結構自由にやらせていただいた感覚があります。ただ、劇場版Blu-rayの特典ドラマCDは、ユカリがいなくなってしまう内容だったんです。テストのときは焦りというか、「ユカリちゃんどこに行っちゃったの？」って自分でもソワソワしながら演じたんです。そうしたら音響監督さんから、「ユカリがいなくなるのはたぶんいつものことなので、あまり動揺しなくていいです」って言われて、あ、確かに、って（笑）。ノアとユカリは幼馴染みなので、ユカリのそういう行動も慣れてるよね、と思い、動揺度合いをぐんと減らしました。ドラマCDはエルダンジュの日常を描いているので、本編よりももっとくだけた、3人のハッピーな姿をお見せできたと思います（笑）。

——ノアの楽曲やポールダンスシーンの印象についてお聞かせください。WEBドラマで披露された『眩暈の波紋』についてはいかがでしょうか。

初めて聞いたときは、これぞノアにぴったりの曲だなって思いました。ノアの凛としたところや、ちょっと柔らかいところが全部乗っているような音楽で。歌詞からは、様々な葛藤を経てこの道に進もうと決めたノアの思いも込められているのかな、と想像がふくらみました。歌うときは基本的にサビが来るまでは抑えて。外に向かって歌いかけるよりは、自分の中にフワフワと波紋が広がっていくような、そんなイメージで歌いました。サビ前からのメロディの盛り上がりにあわせて私の思いも高まっていって、サビの部分で解放される。そこは聞いてくださっている方も気持ち良くなる場所だと思ったので、意識してメリハリをつけました。

——優雅なポールダンスも印象的でした。

こちらも着物のようなドレスでポールダンスをしていて、ノアらしい雰囲気の舞踊もあり美しいですよね。衣装の動きも繊細でした。しっとりした曲なので優雅な部分ももちろん際立っているんですが、なんだかんだでやっぱりすごい動きをしているなと（笑）。『剣爛業火』を見る前に『眩暈の波紋』の動画を見ていたので、そのときの衝撃は大きかったです

# 同じ主題歌を歌うことでみんなと手を繋いでいるような感覚になりました。

## Hayami Saori

ね。

――劇場版の『剣爛業火』はいかがですか？

なによりもまず、ポールダンスシーンがすごすぎて……。劇場版ではよりスケールが上がって、踊っている姿だけではなく、とても作り込まれている背景にも感動しました。ノアが刀を抜いたときに炎が出る演出もすごかったですね。刀から業火がボッと燃えさかり、それを振り回して踊るっていう。しかも、普段はおっとりしているあのノアが!? みたいなギャップも大きくて。「ノアさん、あなた格好良いよ！」って思うような、しびれるシーンでしたね。ポールダンスを監修してくださっているKAORI先生の振り付け動画も見ましたが、本当に踊ってらっしゃるんだ！　と。人ができる動きなのかとびっくりしました。KAORI先生とは4月のイベントでお会いしてからも何度もお目にかかる機会があり、ノアのダンスに込めた想いや情熱についても伺いましたし、小道具も全部KAORI先生のアイデアだと知って驚きました。この間お会いしたときも「次の曲はこの小道具がいいんじゃないか」みたいなお話もされていらしたので、まだまだノアの可能性が広がるなと思いました。

――曲の印象はいかがでしたか。

ノアの強い部分、格好良い部分が曲でも存分に出ていましたね。歌うときは格好良さももちろん意識しましたけど、ノアの柔らかくて凛とした部分もちょっと残したかったので、決めすぎないようにしました。1音ずつ立たせてアクセントをつけるというよりも、なめらかに。ポールダンスの動きもなめらかなので、動きがついたときに合うように歌いました。

――主題歌『Starlight challenge』の印象はいかがですか。劇場版ではギャラクシープリンセスだけではなく、エルダンジュのメンバーも加わって歌っていますね。

「ザ・主題歌」って感じさせてくれる曲ですね。ポールダンスを愛するみんなが集まって、苦楽を共にして前に進んでいく。その想いの結晶というか、青春のきらめき全開の曲ですよね。WEBドラマではギャラクシープリンセスの4人が歌っていて、そのバージョンもとても可愛らしくて好きですが、劇場版では私も歌えて嬉しかったです。同じ主題歌を歌うことでみんなと手を繋いでいるような感覚になりました。

――そのほかにお気に入りの曲はありますか？

劇場版でスバルとリリアがダブルスで歌っていた『Burning Heart』がすごく格好良かったです。ダンスもあの2人だからこそ、という力強い振り付けになっていて。物語の中でも山あり谷ありの2人だったので、息ぴったりの彼女たちが見られて素敵でしたし、リリアがスバルの手をばしって握るシーンでは鳥肌が立ちました。曲の中でこういうドラマがあるのはいいですね。ノアもユカリやサナと一緒に踊ったら、また新しい魅力が生まれるのかもしれません。

――続きの物語でぜひ見てみたいですね。続編が実現したらどういうシーンをご覧になりたいですか？

個人的には、先ほどもお話しした特典のドラマCDみたいな、ユカリのおちゃめな話を本編でももっと見てみたいですね。劇場版でも、ちらっとおちゃめなシーンはありましたけど、もっと濃いんですよ！　と（笑）。サナも個性的で可愛くて、ポールダンスではあの空気感をどういうふうに表現するんだろうと思っていたら、キャラクターとパフォーマンスがすごくマッチしていて。サナもまた、独自の道を開拓している気がします。

――ノアとユカリとサナの3人がチームを組んだときのお話も見てみたいですね。

はい。あとはノアのこれまでの変遷も本編で描かれたら嬉しいです。ノアは日本舞踊をやっていましたが、ポールダンスに転身したのは、ユカリがきっかけだったのか、それとも自分の意志だったのか、でいろいろ見え方が違ってくると思うんですよ。ユカリのパフォーマンスが圧倒的すぎて見ると心が折れそうになる、ってたぶんみんな経験していることだと思うんですよね。そんなユカリの隣にずっといたノアは、自分のパフォーマンスとどう向き合いながらユカリに寄り添ってきたのか……とてもドラマがありそうな気がします。劇場版では、ノアが大会への不安を打ち明けるユカリを元気づけて、さらに自分も鼓舞していて、ノアの器の大きいところが描かれていましたよね。でも子ども時代はいろいろ葛藤があったのかもしれなくて、そのあたりのバックボーンが気になります。

――本作には数多くのファンが生まれました。あらためて本作の魅力はどのようなものだと思いますか？

ポールダンスをアニメ化するのってすごく難しそうですし、この世に出るまでは誰も想像してなかったと思うんですよ。それで、ポールダンスシーンをあんなに格好良く描いて、実際にポールダンサーの方が踊れるっていう驚きもあったりして、すべてが新しい。それがすごい。それこそアニメーションがすごく好きでも、ポールダンスについてはふわっとした印象しかなかった人たちが新しい扉を開くきっかけになったんじゃないかなと。私自身、自分が知らなかった世界に連れていってくれる作品であり続けてくれる。それがすごく嬉しいんです。『ポールプリンセス!!』で経験していることって、本当に初めてのことばかりなんです。イベントではポールダンサーの方とコラボしたり、映像を観るとアニメーションでこんな表現ができるのかと驚いたり、いつも新鮮に感動しています。

――最後に、応援してくださるファンの方にメッセージをお願いいたします。

ずっと応援していただきありがとうございます。『ポールプリンセス!!』は可能性がいろいろなところにある作品だと思っています。それこそ、劇場版が公開され、みなさんのお声があったおかげで全国の映画館に広がっていきましたし、今回この本も出版されましたし、ほかにももっとたくさんのことができると思うんですよね。例えば、TVアニメや、ポールダンスのショーとコラボした朗読劇もできるかもしれない。グッズ展開ももっと広がっていけそうですし、可能性の宝庫な気がしているんです。それは『ポールプリンセス!!』がみなさんと一緒に作っていくコンテンツだからだと思っているので、これからもどんどん輪を広げていきましょう！　よろしくお願いします。

♏

Shinou Azumi

# 芯央アズミ

CV. 釘宮理恵

アズミダンススタジオの講師。明るく面倒見の良い性格だが、レッスンでは鬼コーチとして厳しく指導する場面も。お酒が大好きで、たまにやさぐれる日もある。元々はダンサーだったが、怪我が原因でポールダンスに活躍の場を移した。

## ✦PROFILE

| | |
|---|---|
| イメージカラー | ゴールド |
| 所　属 | アズミポールダンススタジオ |
| 身　長 | 172cm |
| 誕生日 | 10月30日 |
| 星　座 | さそり座 |
| 血液型 | B型 |
| 好きな食べ物 | アンバターハニーアンチョビメンタイピザ |
| 好きな動物 | ハムスター |

★ Azumi ★

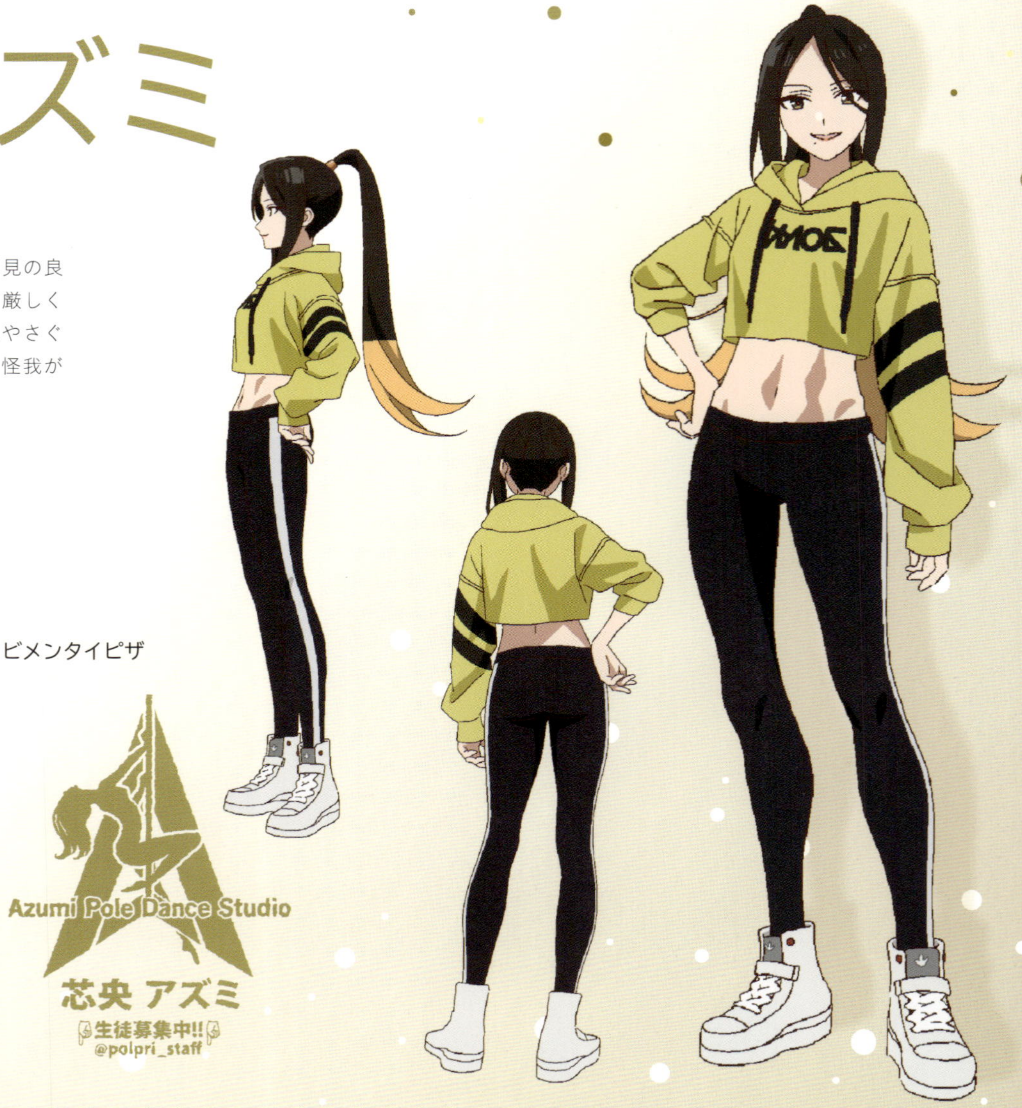


## ✦FACE Variation

## ✦FASHION Color Model

# Cast Interview

Kugimiya Rie

## 釘宮理恵

くぎみや・りえ／5月30日生まれ。アイムエンタープライズ所属。おもな出演作に、『魔神創造伝ワタル』（リュンリュン）、『FAIRY TAIL』シリーズ（ハッピー）、『Lv2からチートだった元勇者候補のまったり異世界ライフ』（フェンリース）などがある。

**――『ポールプリンセス!!』はポールダンスを題材にしたアニメーションの企画です。その内容を聞いて、どのような感想をお持ちになりましたか？**

まず最初に、聞いたことがない設定でしたので、ポールダンスのアニメ!?　と驚きました。ですが、落ち着いて考えてみると、ポールダンスという華やかで美しい世界をアニメーションで描くというのは、もしかして、とても相性が良いのかも!?　と感じました。

**――アズミに対しての第一印象を教えてください。**

本人のキャラクターが滲み出ているような、さっぱりしつつも、キリリとした美しいビジュアルで、精神的に成熟した大人の女性かな？　と第一印象で感じました。実際に演じたところ、様々な表情を見せてくれて、実は誰よりも熱く人間らしいキャラクターなのでは？　と思うようになりました。

**――アズミを演じるにあたり、意識されたことを教えてください。**

とにかくパッション！　と思い、アップもダウンも思い切って振り切ったお芝居をしたい！　という気持ちで臨みました。豪快さだけでなく繊細な部分をも合わせ持つ人間性が素敵だと感じていたので、シナリオから受け取った印象を体現しつつ、母のようにあたたかく根気強く見守る姿勢も表現できたら……！　と。

**――本作には数多くのファンが生まれました。本作の魅力はどのようなものだと思いますか？**

様々な魅力が山ほどある作品だと思いますが、何と言ってもポールダンスのライブシーンはそれぞれのキャラクターが独自の世界観を展開していて、本当に美しく見応えがあるのではないかと思います。一人ひとりが悩みや葛藤を抱えながらも歩んでいく物語との調和も素晴らしく、引き込まれてしまいます。

**――最後に、応援してくださるファンの方にメッセージをお願いいたします。**

この作品を楽しみ、応援してくださる皆さまに心から感謝しています。そしてこのように長く愛していただけるような作品に参加でき、本当に幸せです。これからも『ポールプリンセス!!』をよろしくお願いいたします！

Hinano's Grandma

# ヒナノのおばあちゃん

**CV.** 島本須美

プラネタリウム・ポールスターを営んでいる。ポールスターは夫が名付けたもので、意味は北極星。客足が遠のき閉鎖を考えていたが、ヒナノたちのポールダンスショーを見てやる気を貰い、プラネタリウムの経営を続けることを決意する。

✶FACE Variation

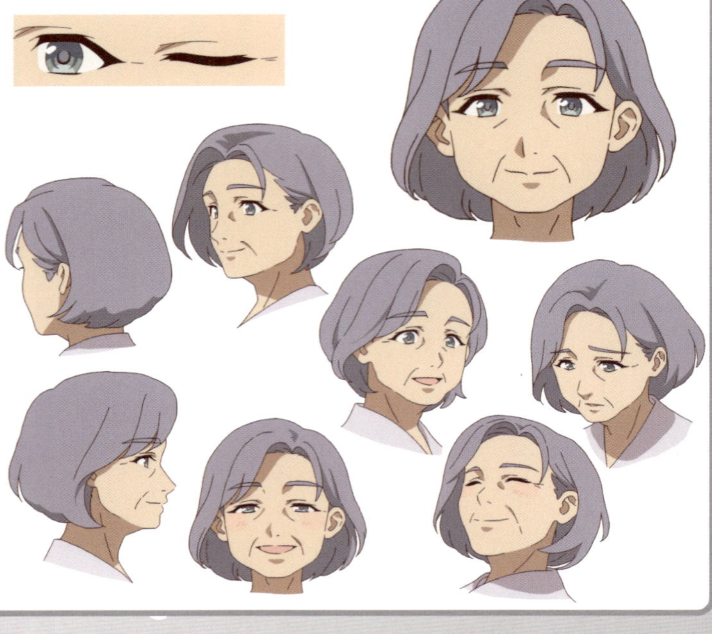

STAGE 02

# POLE DANCE

ステージ 02

## ポールダンス紹介

劇場版とWEBドラマ内で披露されたポールダンスを紹介。ポールダンス監修をしたKAORI先生や楽曲を担当した作曲家・作詞家の皆様のコメントと一緒にお楽しみください。

Pole Dance 1 from The Movie

# 『Just the two of us』

〔DANCER〕 Yukari Sana

〔振付〕MANABIN／Ayaka

POLE DANCE SUPERVISION

## ポールダンス監修 KAORI

COMMENT

振り付けは、正直に言えばちょっと百合な感じをイメージしています。サナは憧れでもあり、大好きなユカリに思いを寄せる可愛い女の子役。ドシンと構えている男の子みたいなユカリ。私の中では宝塚（歌劇）のイメージでした。なので、振り付けも男女ペアの踊りに近づけたかったんです。男女の愛おしさがわかりやすく表現されているような技を入れて振り付け依頼をしました。雰囲気がわかりやすいのは最後のポーズ、フロアのシーテッドサポートです。全体の動きはそんなに多くなくてもお互いに寄り添って完成する振り付けをメインに考えて振り入れしてもらっています。ゆったりとした雰囲気にあわせた指先や足先の綺麗な動きに注目してもらえると、2人の世界観が伝わるかと思います。

## comment by KAORI

1 Ayakaの綺麗で可憐な感じと、立ち居振る舞いから凛々しく表現しているMANABIN。冒頭やフロアの動き全体はこの2人じゃなかったらできなかったと思っています。2 ちなみに、このとき、目が合うと笑っちゃうんです（笑）。3 ペンシルハグバランスです。下の人がポールハグ、上の人がペンシルです。

## comment by KAORI

4 これが、皆様が驚いてくださった技、バレリーナサポートです。サナがユカリに体を預ける瞬間が見えるし、インパクトもありますよね。5 サナは足でポールを挟んでいます。2人の距離がはまれば意外と難易度は高くないのですがバランスがかなり必要です。6 最後のシーテッドサポートはポール上でもできる技です。

## COMPOSER

### 作曲 石塚玲依

当初はピアノバラードのような方向性をアイデアとしていただいておりましたが、書き進めながらユカリさん、サナさんは全然そこに収まらず、結果オーケストラ付きの麗しさを増した楽曲に仕上げました。盛り上がるサビやDメロでは、2人が目指したい世界のように美しく絡み合いつつも、時に感情の激しいぶつかり合いとも取れるメロディを目指しました。

PROFILE

いしづか・れい／イマジン所属。作曲家。TVアニメの楽曲や劇伴などでも活躍。

## LYRICIST

### 作詞 マイクスギヤマ

「禁断の愛」をテーマに書いた曲。様々なハードルを越えて心が一つになっていく過程を描いています。映像で言えば「女の人が女の人に入っていく」という表現でSNSでも盛り上がっていましたね。勿論ボクはモーションキャプチャーで撮影しているのを知っていたんですが、この曲に関しては「どうやってるの？」と困惑。ダンサーさんとの比較映像を観て再度驚きました。生身のポールダンサーさんたちの技術の高さも満喫できる曲です。

PROFILE

まいくすぎやま／イマジン所属。作詞家。アニメ、特撮など幅広いジャンルで活躍する。

Pole Dance 2 from The Movie

# 『剣爛業火』

〔DANCER〕 Noa

〔振付〕 KAORI

**comment by KAORI**

1 冒頭のイントロ部分のこういう音ハメは、ダンサーで考えています。ちなみにスタートが前向きか後ろ向きかはやりながら決めていったんです。最初は前向きの振りだったんですよー。2 刀は、キャプチャー時は実際には腰の部分に入れて登って撮影してました。本編だと自然に消えていて羨ましい(笑)。

1

COMMENT

POLE DANCE SUPERVISION

## ポールダンス監修 KAORI

ノアちゃんの設定が人見知りで周りを気にする八方美人さんという設定で。今回の曲や衣装の雰囲気から「自分自身の弱さを断ち切りたい」という意味を込めて強めの技の振り付けを意識しています。オーダーの中にも「女豹みたいな動き」とも書いてあって。女豹みたいな動きはあるものの、刀を持っているから制限があり、どうしようと(笑)。それで考えてできたのがガーゴイルや、ロータスなんです。綺麗より少し個性的で印象的な技にしてみました。また、刀から炎を出しつつ高速スピンするんですが、ノアは下向きでやっています。頭が上の高速スピンはよくあるんですが、私は、なんとなくノアは上じゃないな、って気がして。別の方が振り付けをしたら、もうちょっと綺麗な感じになったかもしれませんが(笑)。

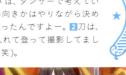

comment by KAORI

3女豹オーダーから強めと解釈した技、ガーゴイルと4ロータスです。5最初は狐の面を被って終わる設定だったのでこのポーズに。でも、狐の面がなくなってニャンコみたいに（笑）、可愛くなりましたね。狐の面がないと知ってたら、もっと強めな終わり方にしたかもしれませんが、結果全体的に調和した感じになっていますね。

## COMPOSER

## 作曲 中村 博

和のテイストとロックのテイスト。疾走感と静と動、どこか相反する感情。艶やかな歌声を意識しながら、いまのままじゃダメ、過去の自分を断ち切り成長したいという自分への気持ちを表現しています。ダンスシーンを見たとき青と赤の炎とポールの上で殺陣をしているようでとてもドラマチックなショーだと思いました！

PROFILE

なかむら・ひろし／イマジン所属。作曲家。TVアニメの劇伴やゲーム作品への楽曲提供なども行う。

## LYRICIST

## 作詞 マイクスギヤマ

歌詞を書くときの指示書は「火が出ます」「刀出ます」「仮面取ります」。脳ミソが追いつかない中、何かを断ち斬る「演目」をノア殿が演じるという方向で考えをまとめ着手。メロディに引っ張られかなり派手で物騒な歌詞となりました。それゆえ映像もとにかく華やかで派手。この映像でポルプリのファンになった方も多いのではないでしょうか？

Pole Dance 3 from The Movie

# 『Saintly Pride』

〔DANCER〕 Yukari

〔振付〕MANABIN／yuuri

COMMENT

POLE DANCE SUPERVISION

## ポールダンス監修 KAORI

オーダーとして、「圧倒的な1位感で、アクロバットを多くしてほしい」とあり。ユカリのようにこれが踊れるポールダンサーは、日本だと数人かと思います。ポールダンスだけではなくアクロバットを習得していなければいけないので、また普通のポールダンスとは違う面もあって。そこでMANABINにはフロアで感情の部分を表現してもらい、yuuriのポール、アクロバット、ダンスを融合したMixスタイルのポールとかけ合わせ完成させています。「駆け上がれSpiral」の部分は乙部さんから、ポールを駆け上がる技はないか？ と要望があったんです。壁の近くにポールを置けば、壁を蹴って上がれるとか、人を階段に見立てるとか、色々話し合いました。結果ハンドクライムになっています。また今回は、ユカリはバレエ要素を封印し、劇場版ではあえて違った見せ方をしています。

## comment by KAORI

1 駆け上がることを表現したハンドクライムからのyuuriオリジナルkeep、最後にフリップフロムポールtoポール。2 アクロバットパートですね。yuuriオリジナルのポールとダンス、アクロバットのMixスタイルです。3 フロアハンドスタンドのオリジナル技です。4 ダンサーがスイッチするので、思考錯誤した箇所です。マントが横に靡くように、を大切にしたポーズです。

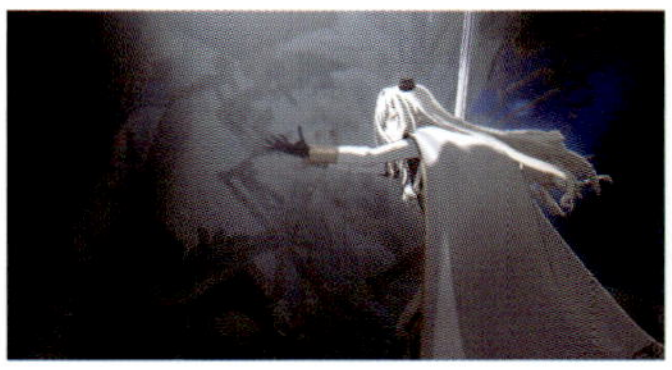

✦ LYRICIST / COMPOSER ✦

## 作詞・作曲 吉村彰一（TRIFRONTIER）

【作曲】圧倒的強者、覇者、ラスボス……そう感じるメロディラインを軸にしながらも、繊細な感情も持ち合わせるキャラクターなので、どっしりと構えるパートとそうじゃない本心が垣間見えるパートを組み込み、メリハリがしっかり聴こえる楽曲を目指して作らせていただきました！　Dメロは顕著にそれが表現できたかなと思っています！

【作詞】高みを目指すひたむきさと、高みを求める故の葛藤の二面性が表現できれば、と思い書かせていただきました！　ユカリ様は益々すごいポールダンサーになるべきお方ですので、ただすごい！　ってなったら違うんじゃないかなと。ここで慢心させないように。足りない、という言葉にはそんなメッセージを込めさせていただきました！

PROFILE
よしむら・しょういち／作曲・作詞家、音楽プロデューサー。音楽制作ユニットのAtelier LadyBirdで活動。

Pole Dance 4 from The Movie

# 『Burning Heart』

〔DANCER〕 Lilia Subaru

〔振付〕MANABIN／るんたった・えっか

COMMENT

POLE DANCE SUPERVISION

## ポールダンス監修 KAORI

今回の2人はユカリとサナペアよりも難易度が上になっています。またこの曲は劇中のストーリーと連動しているため、最初の打ち合わせの段階からお互いを信じる気持ちが伝わるように、2人の絆がきちんと描かれるような動きを取り入れた構成にしようと皆さんと話し合っていました。ダブルスは利き手が同じ人が組むと2人の顔を正面で見せたい場合、手を変えないとできなくて……。今回のえっか、MANABINは慣れていない手での技を練習し、その上で技を完成させてくれています。よく、スバルの手をリリアが掴むことは事前に知っていたのですか？　と質問いただくことがあるのですが、勿論映画の台本でも構成上でも知ってはいました。しかし振り付けのときは手を離すキャプチャーはせず通して撮影していたので、本編のあの演出を見たとき、劇中だけでなく実際のダブルスも強い信頼関係で2人が頑張って作り上げてくれた振り付けだったので、感慨深く泣いてしまいました。

5

comment by KAORI

1手を組んでから始めています。この場面でもう2人の絆を感じさせますよね。2ポールだけではなく2人が掛け合いで魅せるフロア、可愛いですよね。3膝でフックしているワンハンドニーフックスピンからの4ダブルスケーターです。5上が逆スーパーマンと下がスーパーマン。

LYRICIST / COMPOSER

## 作詞・作曲 吉村彰一（TRIFRONTIER）

【作曲】とにかくまっすぐに、正直な気持ちをメロディに込めようと思い書かせていただきました。その中でサビメロは細かくメロを動かしていて、一曲を表現する中で2人の心境は変わっていくべきだと信念を込めました！ 鈴木さんと日向さんがこのサビメロの変化に気付いてくれたことを後で知って個人的に嬉しかったです！

【作詞】劇場の中で2人には特別な物語があるので、内容をしっかりと読み込んで、そのシーンが聴きながらフラッシュバックできるように意識して書かせていただきました！ 歌割の箇所もそれぞれの言葉で歌えるように、例えばラスサビ「負けっこない」はリリア言いそうだなぁ、とかパソコンの前でぶつぶつ言いながら書いてました！（笑）。

Pole Dance 5 from The Movie

# 『トキメキ・まぁ〜メイド』

〔DANCER〕 Mio

〔振付〕るんたった・えっか

comment by KAORI

ミオちゃんは、自分の好きなものを作り出すことから、踊りを通して表現するフェーズにたどり着いたと考えています。1これはホールドミータイト。こういう技を何気なくやっていますけど、足を閉じているからこそすごく大変なんです。2この部分は、ほとんど空気椅子状態です（笑）。

POLE DANCE SUPERVISION

## ポールダンス監修 KAORI

COMMENT

人魚のキャラクターは私たちの演技でもやる方がいらっしゃるテーマです。ただ、大抵は足は閉じたままで、ポールに登らずにフロアの動きのみのことが多いイメージでした。でも今回のミオちゃんは乙部さんからのオーダーもあり、ポール上では両足を揃えて人魚になり、フロアに降りると人間になる、という表現にしています。そしてミオちゃんのショーはあまり技をやっていないように見えると思うのですが……実は逆上がりの後足をゆっくりと下ろす動作や足を閉じているからこそ体幹と筋肉を使って丁寧な表現をしているんです。これはめちゃめちゃ筋肉が必要で担当したるんたった・えっかは、その上に世界観を壊さない可愛く優しいフロアを掛け合わせてくれています。

## comment by KAORI

3みんながこのシーンを好きと言ってくださってますよね（笑）。これはポールキャットと呼ばれる技で、先述したようにこの後床に勢いよく降りてこないのが筋力です。4最後のポーズは指示をいただきあの形になりました。本番でちっちゃいミオちゃんが手に乗っていて、「わぁ！　かわいいっ！」ってなりました。

## COMPOSER
### 作曲 中村 博

ファンシー、ポップ、ミュージカルをふんだんに散りばめました。ミルフィーユパフェみたいな楽曲を目指しました。Bメロからサビにかけて、ゆったりな海流から速い海流へ飛び乗ってジェットコースターに乗ってるような気持ちで書きました。ダンスシーンを見て正しく魔法の世界から人魚になって海の生き物たちと泳いでいるように感じました。キラキラkawaiiショーでした！

## LYRICIST
### 作詞 マイクスギヤマ

「泡になんてねぇ　ならない　ふたりでOURになりましょう」という歌詞で人魚伝説の定説を壊した曲。ミオのオタク妄想内のアバンギャルドな情景描写を楽しみながら歌詞に落とし込みました。下アングルからの映像が、海中を表現していて天才的。ダンスも他と違うアプローチでタイトスカートでの動きなどを効果的に使っていてホントに個性的。これぞミオ！

✦ Pole Dance 6 from The Movie

# 『Making Shine!』

〔DANCER〕 Hinano

〔振付〕 Ayaka

comment by KAORI

1 Ayakaが元々バレエをしていたのでちょっとした振りの指先や上半身から体幹までがすごく綺麗です。2 本来すべて一連の流れでできる技ですが、スピンの振り付けの間に指示のあったクラップのタイミングに合わせ、フロアに戻っています。この直後をよく見ると、ポールが回ってないのがわかりますね。スタティックポールは振りがパキッと見えるので、音にはめている感じとヒナノの明るさや元気さが伝わるかと思います。

✦ POLE DANCE SUPERVISION ✦

## ポールダンス監修 KAORI

COMMENT

クラップをする箇所の指示はいただいていましたが、ポールを叩くクラップもあれば、手を離して空中で叩くこともできるし……と悩んでました。そして唯一、ヒナノだけスタティックポール（回らないポール）なので、そのポールで技を繋げています。スピニングポール（ポールが回るもの）と違って、自分で回転をかけていかなければいけないし、技と技の繋ぎをスムーズに見せることも必要でした。そして回ってないからこそ逆に輪郭がはっきりするというか、両方の見せ方にもこだわった振り付けですね。

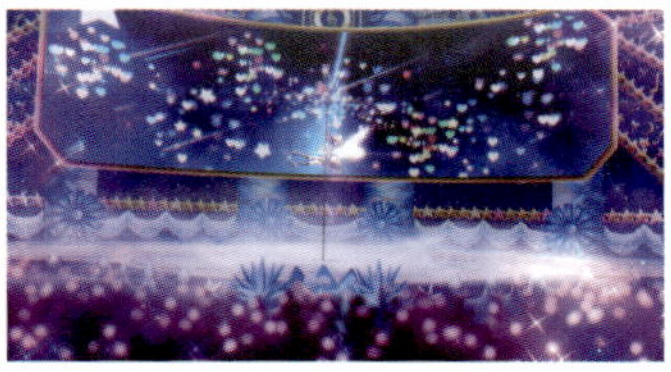

## comment by KAORI

3一度体をポールから離して距離をとり、回転したい方向に体重を移動させて回転をかけています。4この流れは難易度が高く、この速さで音にハメるのは難しいのですが、流れるように踊ってるように見えますね。5最後の技はマティーニです。この技は逆上がりができると挑戦しやすい技でもあるので、『ポルプリ』ファンの生徒さんがこの技ができると「ヒナノちゃんだー！」と喜んでくださっています。

## LYRICIST

### 作詞 吉村彰一（TRIFRONTIER）

内気な性格や過去の痛みがある中で、ポールダンスで自分自身を表現する楽しさを知ってのめり込んで、これが自分のためだけじゃなく誰かのためにもなることを感じて……。そんな成長とこれからもヒナノ「らしさ」を大切にポールダンスと向き合ってくれたらと思い書かせていただきました！　映像が付いた「見ていてね！」最強でした……！

Pole Dance 1 from Web Drama

# 『Wish upon a polestar』

〔DANCER〕 Hinano

〔振付〕 Ayaka

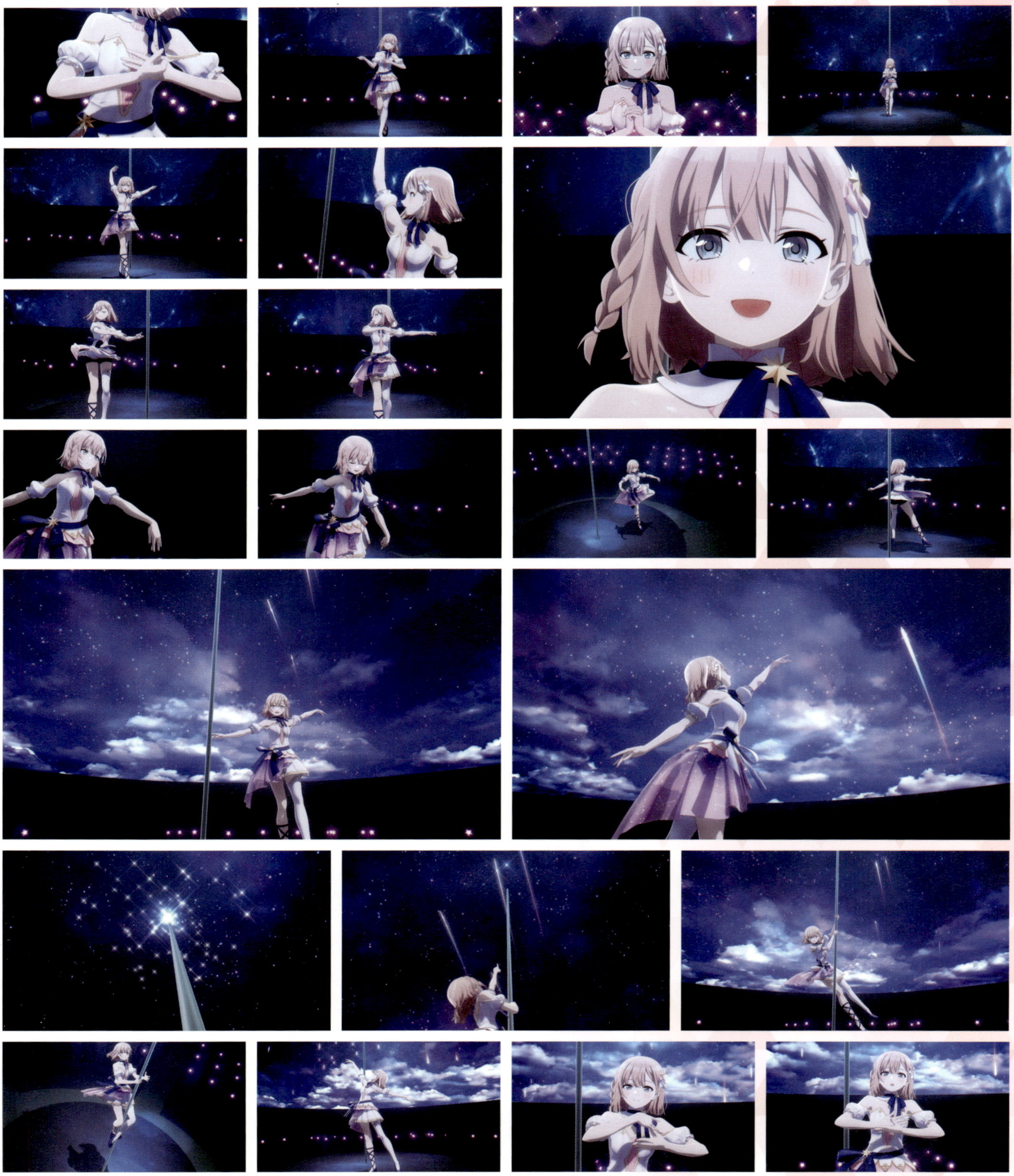

LYRICIST

## 作詞 マイクスギヤマ

COMMENT

歌詞を書く時にヒナノ＝雛鳥と勝手に連想。少しずつ成長していく過程を頭に描きながら書いた曲。当初のタイトルは『Maybe Tomorrow』だったのですが、『Polestar』という単語をどこかに入れてほしいと依頼があり、いまのタイトルが生まれました。いろんな皆さんの想いをつないで生まれた奇跡みたいな曲名です。映像の最後でヒナノちゃんの背中に羽が見える演出があり答え合わせのような気持ちになりました。

Pole Dance 2 from Web Drama

# 『とびきり上等☆Smile！』

〔DANCER〕 Lilia

〔振付〕MANABIN／KAORI

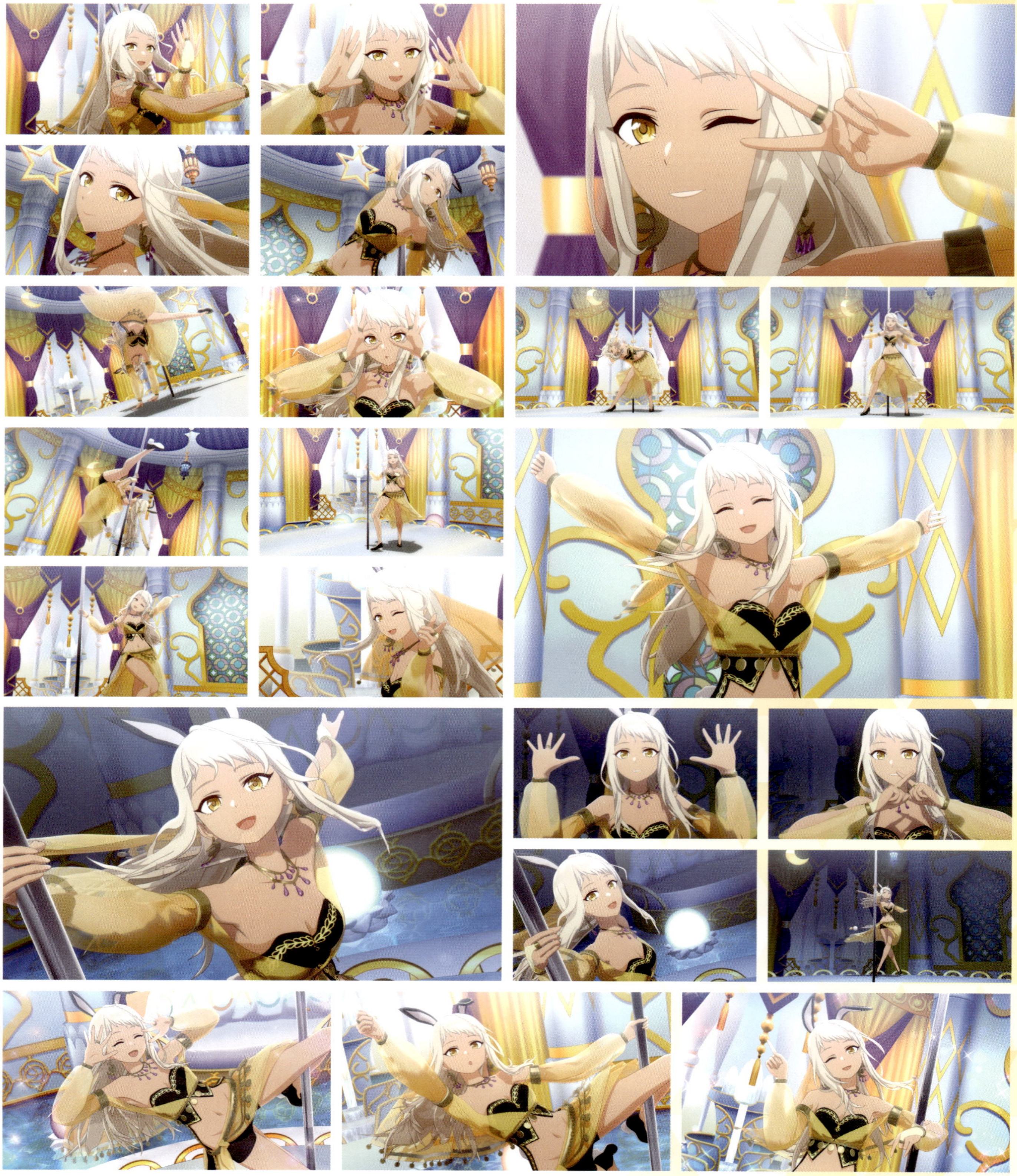

# COMMENT

## COMPOSER
### 作曲 石塚玲依

リリアさんを印象付ける最初の楽曲となるので何度もテイク数を重ね方向性を検討した楽曲でした。「もっともっと楽曲にエネルギッシュなアイデアを！」と心掛け作りました。突き抜けた明るさを目指しつつも、単純すぎても良くなく、ドラマや世界観もしっかり感じさせたいところにこだわりました。ライブでお客さんを意識した箇所もある楽曲ですがそこもリリアらしさを感じていただけたら嬉しいです。

## LYRICIST
### 作詞 マイクスギヤマ

リリアのポジティブな元気を詰め込んだ曲。しかしキーが高く早口パートも多数の難曲。作詞中も「これ歌えるんだろうか？」と思いながら書いていました。でも出来上がるとリリアの元気の良さを余すところなく詰め込んだ仕上がりになっていて驚愕。心より鈴木杏奈さんに感謝。コール＆レスポンスのところ、ライブでは皆さんに思う存分声を上げてほしいです。

Pole Dance 3 from Web Drama

# 『マジカル☆アイデンティファイ
# ～3・2・1の魔法～』

〔DANCER〕 Mio

〔振付〕るんたった・えっか

COMMENT

✦ LYRICIST / COMPOSER ✦

## 作詞・作曲 マスティ(mustie=DC)

【作曲】魔法少女アニメの主題歌……を飛び越えて魔法少女アニメ「そのもの」になるように。幕開け・変身・戦闘・クライマックスまで一本のストーリー仕立て。歌って踊ればまるで主人公になったかのような体験ができる。そんな曲を目指しました。完成した映像を拝見したら確かにミオが魔法少女になっていたので良かったです。

【作詞】憧れの姿をまとえば、不思議と内面にも自信が湧いてくるもの。それは紛い物で片付けるにはあまりにも人生の指針たりえる感情なんだと思います。あとはコスプレ界隈の方々に失礼のないようにだけ気をつけつつ、楽しく作詞させていただきました。小倉唯さんが頑張って呪文暗記してくれたと聞いて、すみません恐縮ですと思いました。

PROFILE

ますてぃ/イマジン所属。作曲・作詞家。アイドルソングやアニメのキャラソン、映像系などでも活躍。

Pole Dance 4 from Web Drama

# 『リメイン』

〔DANCER〕 Subaru

〔振付〕HARUNA

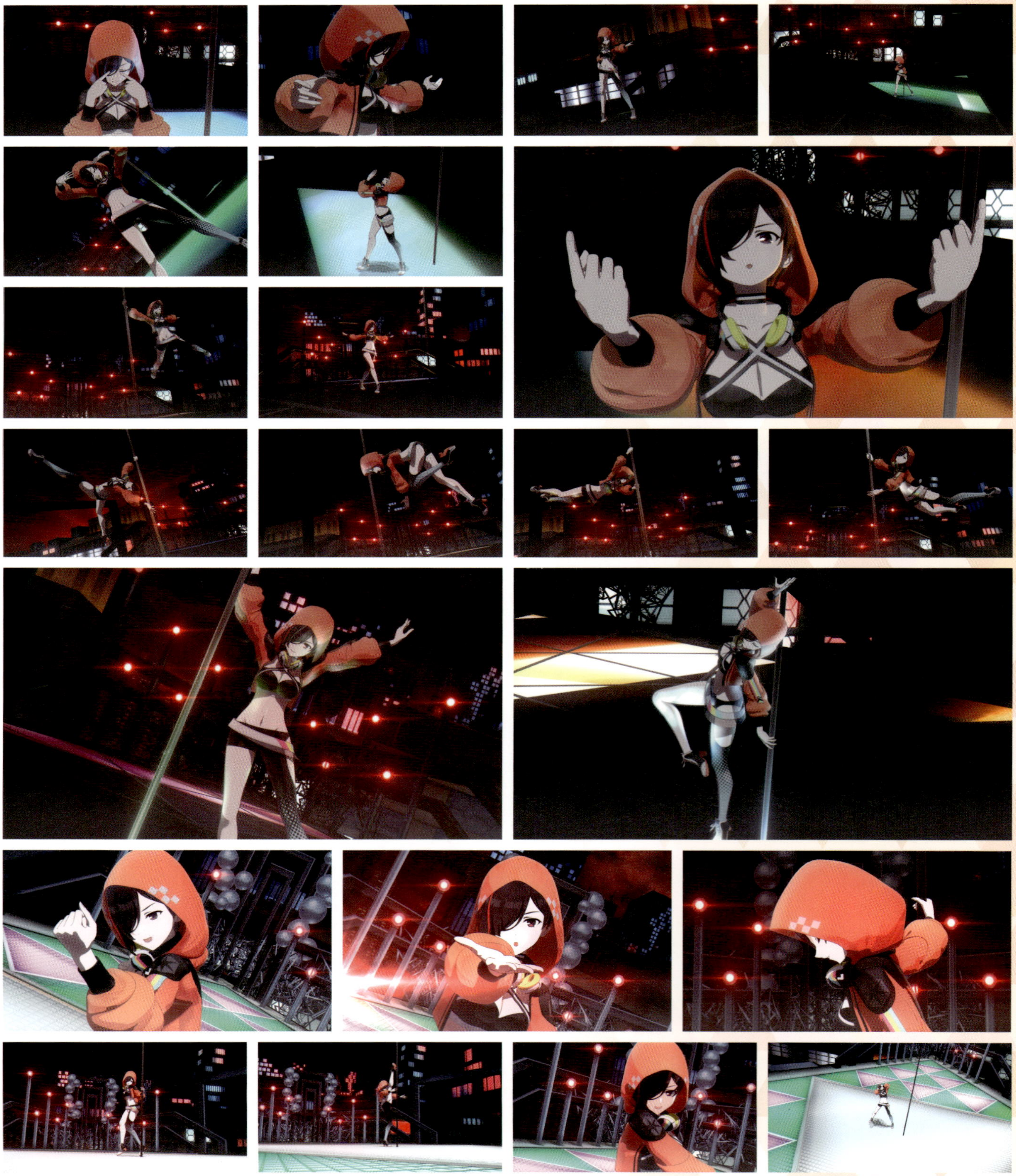

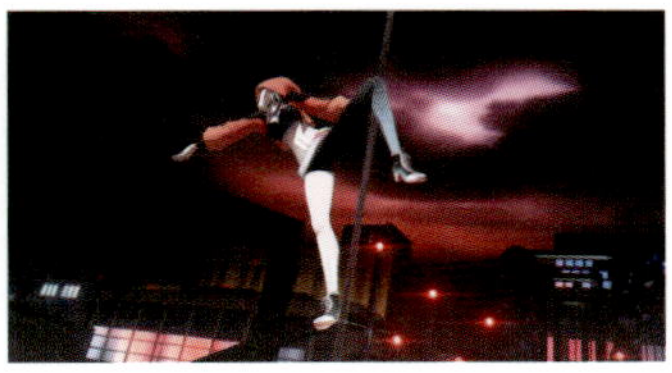

## COMMENT

### ✦ COMPOSER ✦

### 作曲 塚越　廉

『リメイン』は過去を乗り越えて、前へ進もうというスバルの決意を表現しました。この曲を日向さんに歌っていただいたのを聞いたとき、力強くも繊細な表現力が素敵すぎて感動しました！　おかげさまでスバルにぴったりの楽曲に仕上がったと思います。ポールダンスショームービーではラスサビで世界がパッと変わるシーンがたまらなく好きです！

**PROFILE**

つかごし・れん／イマジン所属。作曲家。ゲーム『ウマ娘プリティーダービー』などに数多くの楽曲を提供する。

### ✦ LYRICIST ✦

### 作詞 マスティ（mustie=DC）

人生を懸けて打ち込んできたもので挫折するのはつらい、でもその記憶を片付けられないまま再び何かを目指すのはもっとつらい。それでも仲間との運命的な出会いによってスバルは立ち上がり、それがまた誰かの勇気になる。そして塚越先生の曲がバチコリカッコ良くて本当に恥をかかせたくない。そんな思いで作詞しました。

✦ Pole Dance 5 from Web Drama

# 『Queen of Fairy Sky』

〔DANCER〕 Yukari

〔振付〕Ayaka

## COMMENT

### COMPOSER
### 作曲 田山里奈

『Queen of Fairy Sky』は、ユカリ様の圧倒的な実力と、誰もが見惚れるほどの気高さを持つ、絶対的な女王としての姿を自由に表現したいと思いながら作曲しました。自分にも他人にも厳しく、常にストイックであり続けるユカリ様ですが、その揺るぎない自信の裏には、どこか孤独を感じさせる一面もあります。その孤高な魅力も楽曲の中で表現できればと思いました。

**PROFILE**
たやま・りな／イマジン所属。作曲家。アニメの劇伴やゲーム作品のBGMなども手がける。

### LYRICIST
### 作詞 マイクスギヤマ

WEBドラマシリーズで一番初めに書いた曲。ユカリの完全無欠な女王感を前面に押し出して書きました。初めて映像を観たのもこの曲なのですが、画があまりにも綺麗に表現されていて驚きました。そして歌詞のモチーフとなった白鳥が飛んでいく演出やユカリ様のバレエ仕込みのしなやかな動きが圧巻！

✦ Pole Dance 6 from Web Drama

# 『Avaricious Heroine』

〔DANCER〕 Sana

〔振付〕 Ayaka

# COMMENT

✦ LYRICIST ✦

## 作詞 マイクスギヤマ

サナ姫のあざとさをどこまで表現できるかを考えながら書いた曲。コールも入れやすくライブでは盛り上がる仕掛け満載。好きなフレーズは『「YES」の前に二回くらい「NO」だって「NO」だって 言うのがね 女ゴコロだってばぁ』。そんな歌詞を歌いながら小悪魔のような微笑。自分で書いた歌詞なのに映像観ながらサナ姫に落ちていました。

✦ COMPOSER ✦

## 作曲 マスティ（mustie=DC）

キュートで王道なアイドルソング、その隙間から覗くパワーとシリアス。スマホ画面でも触れられない彼女は一体何者なのか。カメラに切り取られない時間でどんな努力を積んでいるのか。そんな想像の余地がありつつもやっぱりコール＆レスポンスがしたいじゃないか。そんな曲を作りました。マイク先生の詞が大正義すぎる。

Pole Dance 7  from Web Drama

# 『眩暈の波紋』

〔DANCER〕 Noa

〔振付〕KAORI／るんたった・えっか

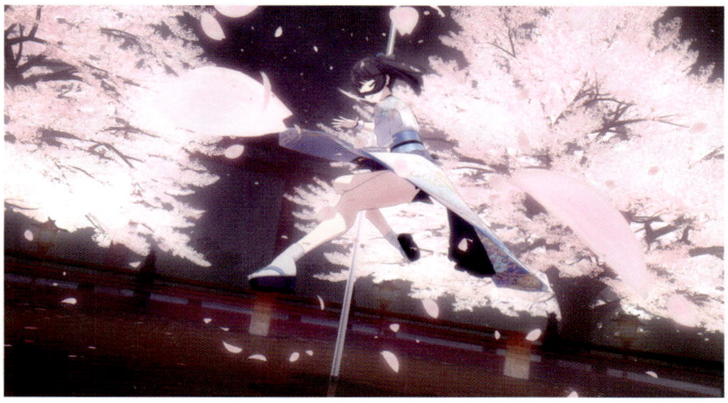

COMMENT

LYRICIST

## 作詞 マイクスギヤマ

もともと歩いて来た道とポールダンスという2つの道で揺れるノア殿の心情を描いた曲。和テイストの曲に合うように、そしてノア殿の知的な感性をうまく表現したいと思い、語彙選びを慎重に行いました。韻も各所で踏んでいるのでお聴きの際は気に留めてもらえるとさらに楽しみが増えるかと。扇子を投げる映像は素敵でセンスが素晴らしかったです。

Special Pole Dance from Web Drama

# 『芯央アズミ ポールダンスショー』

〔DANCER〕 Azumi

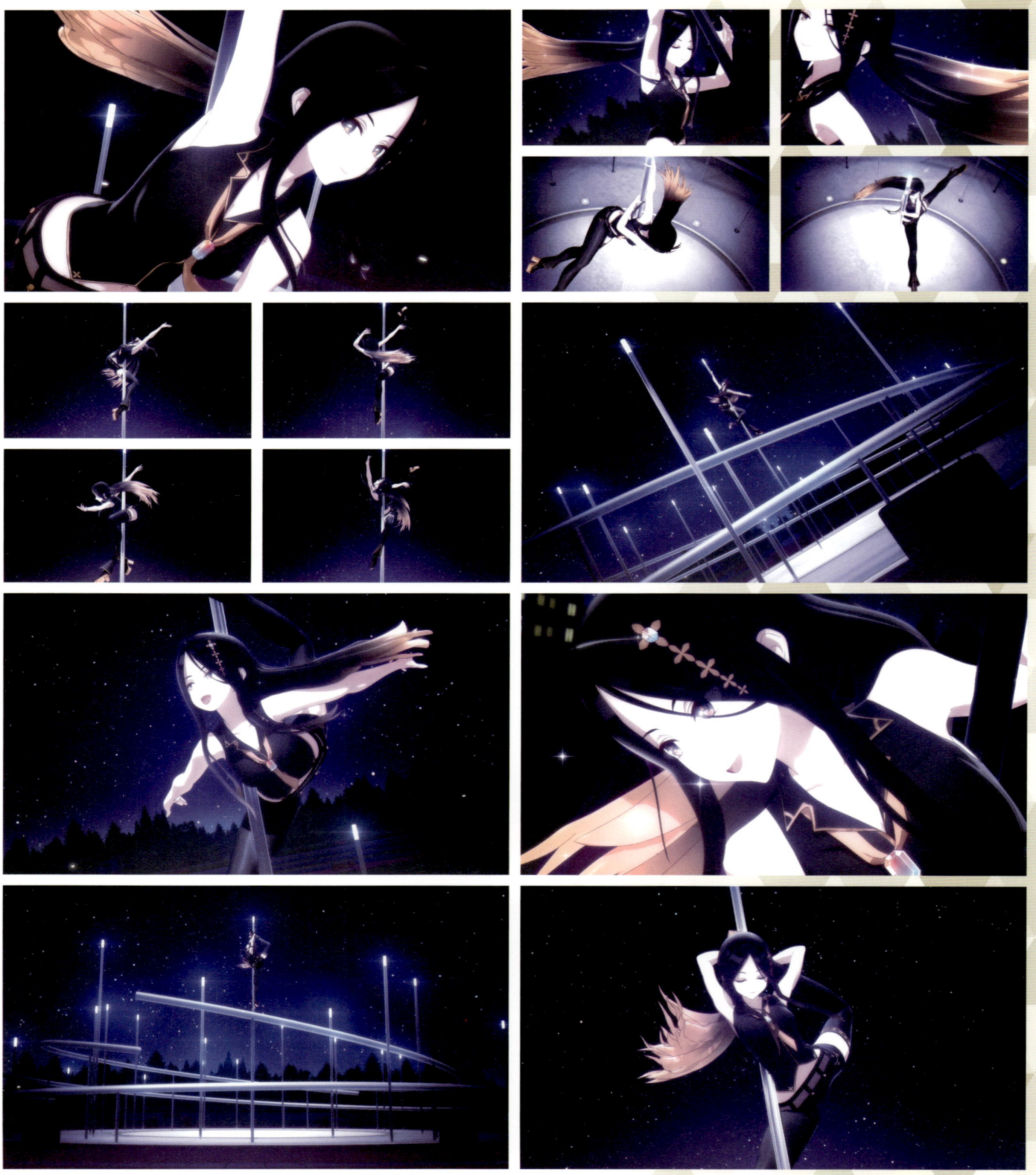

STAGE 03

# DESIGN WORKS

## ステージ 03

# 設定資料紹介

キャラクター原案やアニメーションの設定画、原画など、本作を構成する設定資料をまとめました。『ポールプリンセス!!』の世界観を堪能してください。

星北ヒナノ

# CHARACTER DRAFT

## キャラクター原案

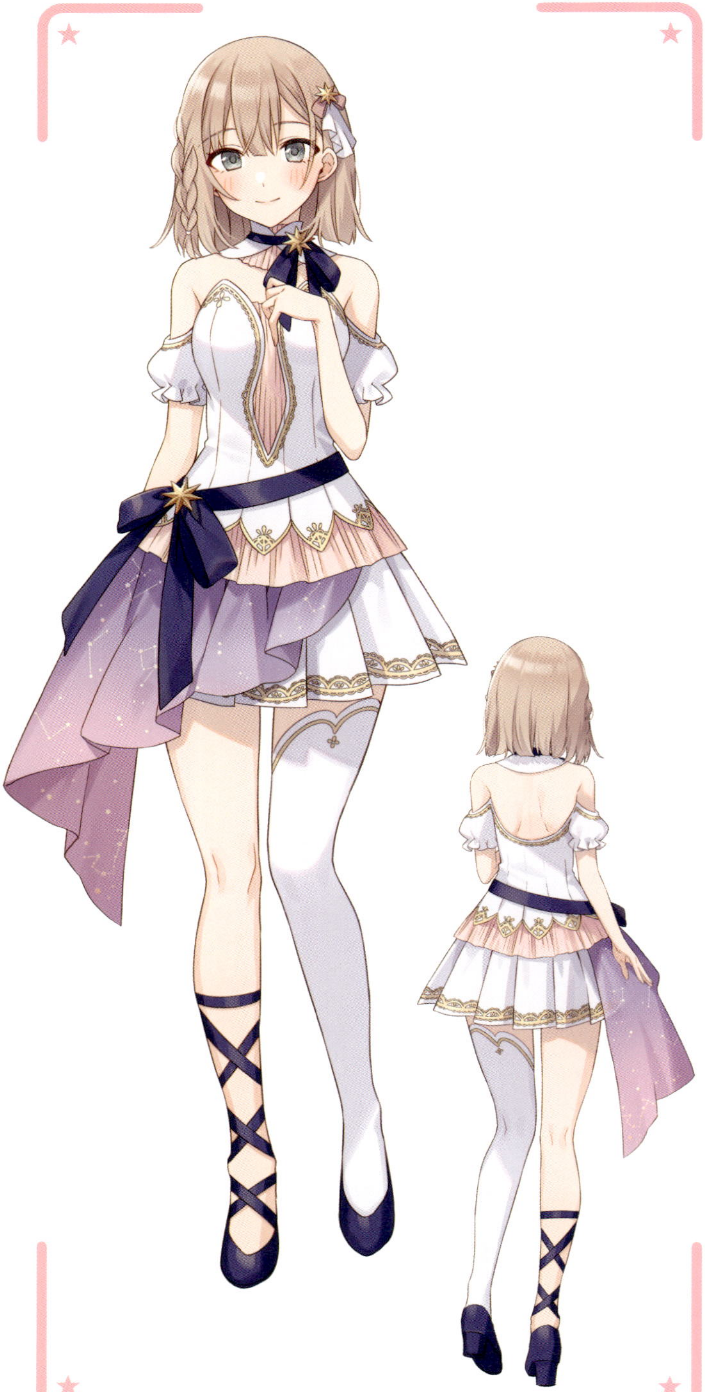

WEBドラマステージ衣装

表情

劇場版ステージ衣装

## 西条リリア

劇場版ステージ衣装

WEBドラマステージ衣装

表情

## 東坂ミオ

劇場版ステージ衣装

WEBドラマステージ衣装

表情

## 南曜スバル

★ 劇場版ステージ衣装 ★

★ WEBドラマステージ衣装 ★

★ 表情 ★

劇場版ステージ衣装１

WEBドラマステージ衣装

劇場版ステージ衣装２

表情

★ 劇場版ステージ衣装 ★

★ WEBドラマステージ衣装 ★

★ 表情 ★

## ✦ 蒼唯ノア

★ 劇場版ステージ衣装 ★

★ 劇場版ステージ衣装（片袖）★

★ WEBドラマステージ衣装 ★

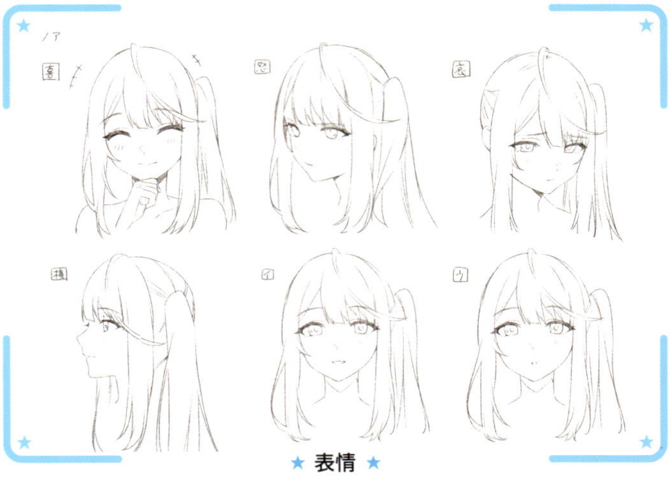

★ 表情 ★

## 芯央アズミ

練習着

衣装

✦星北ヒナノ

# CHARACTER DESIGN

## キャラクター設定

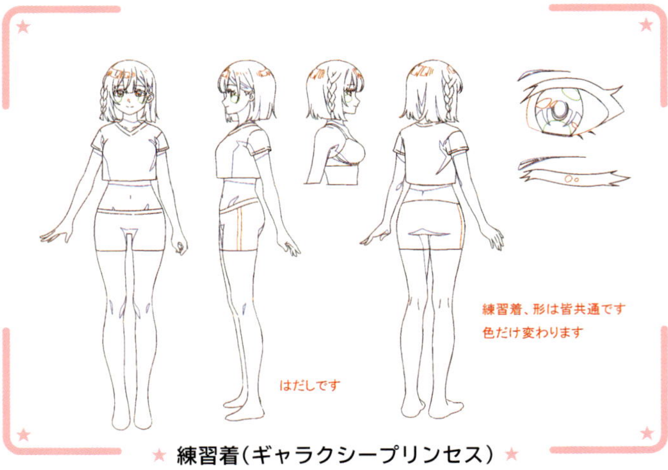


★練習着（ギャラクシープリンセス）★

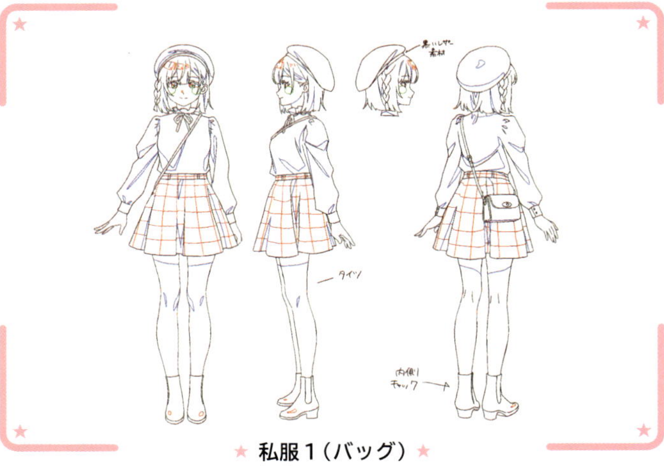


★私服１（バッグ）★

★私服１★

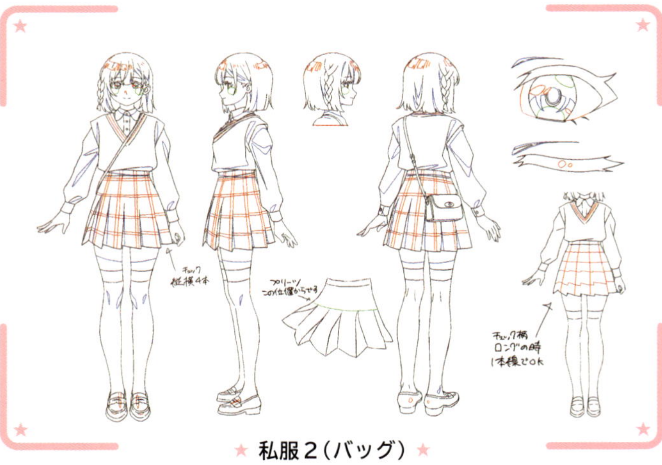


★私服２（バッグ）★

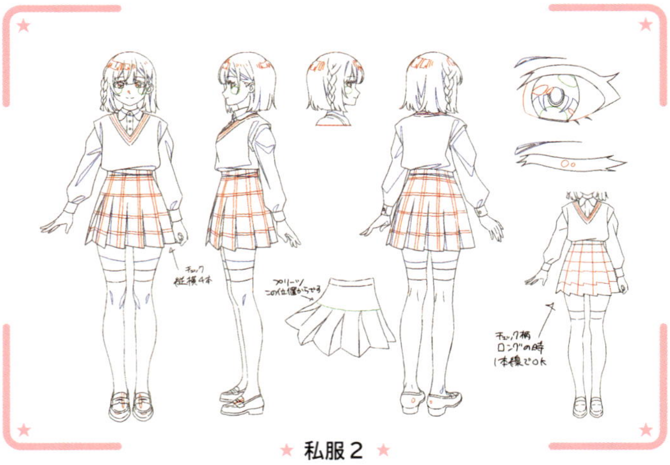


★私服２★

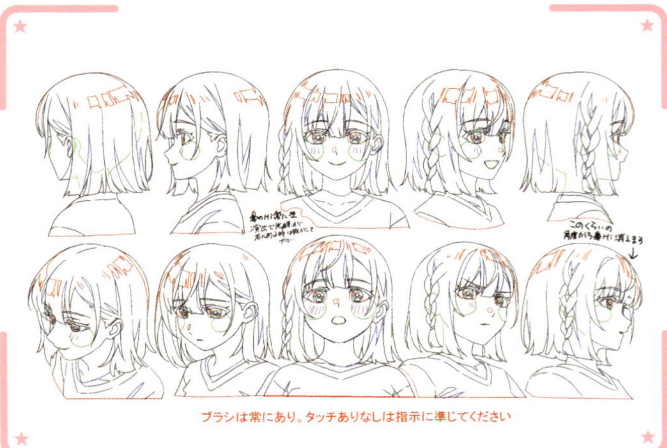


★表情集★

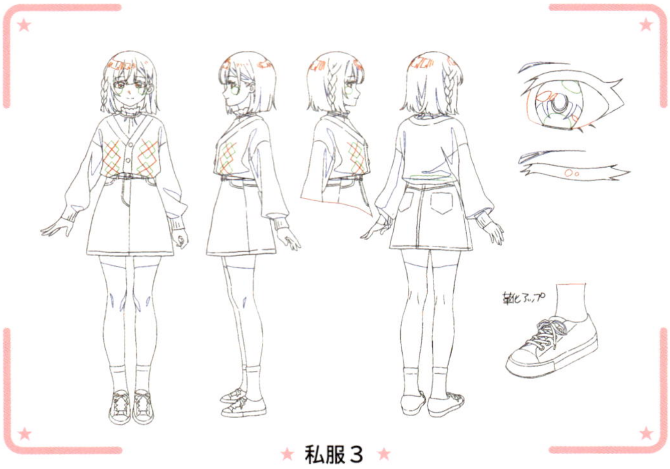


★私服３★

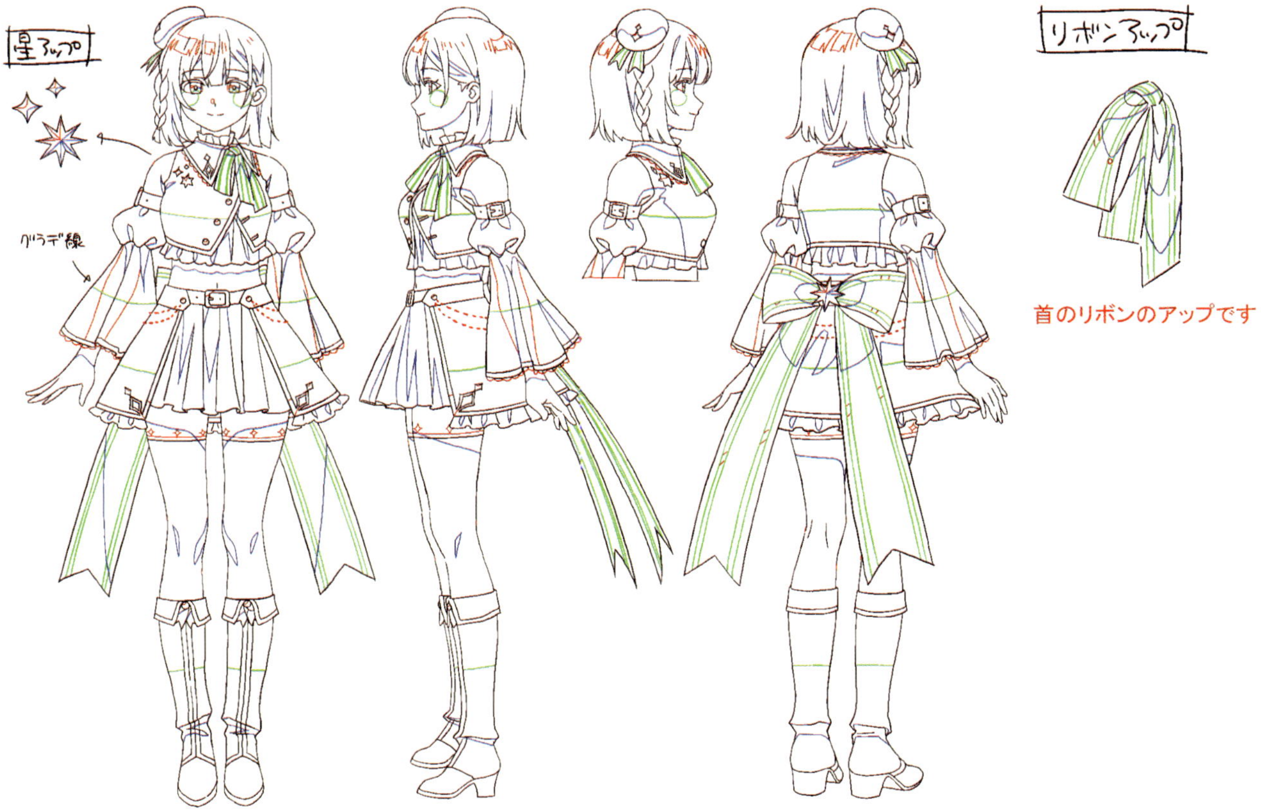


★ 劇場版ステージ衣装 ★

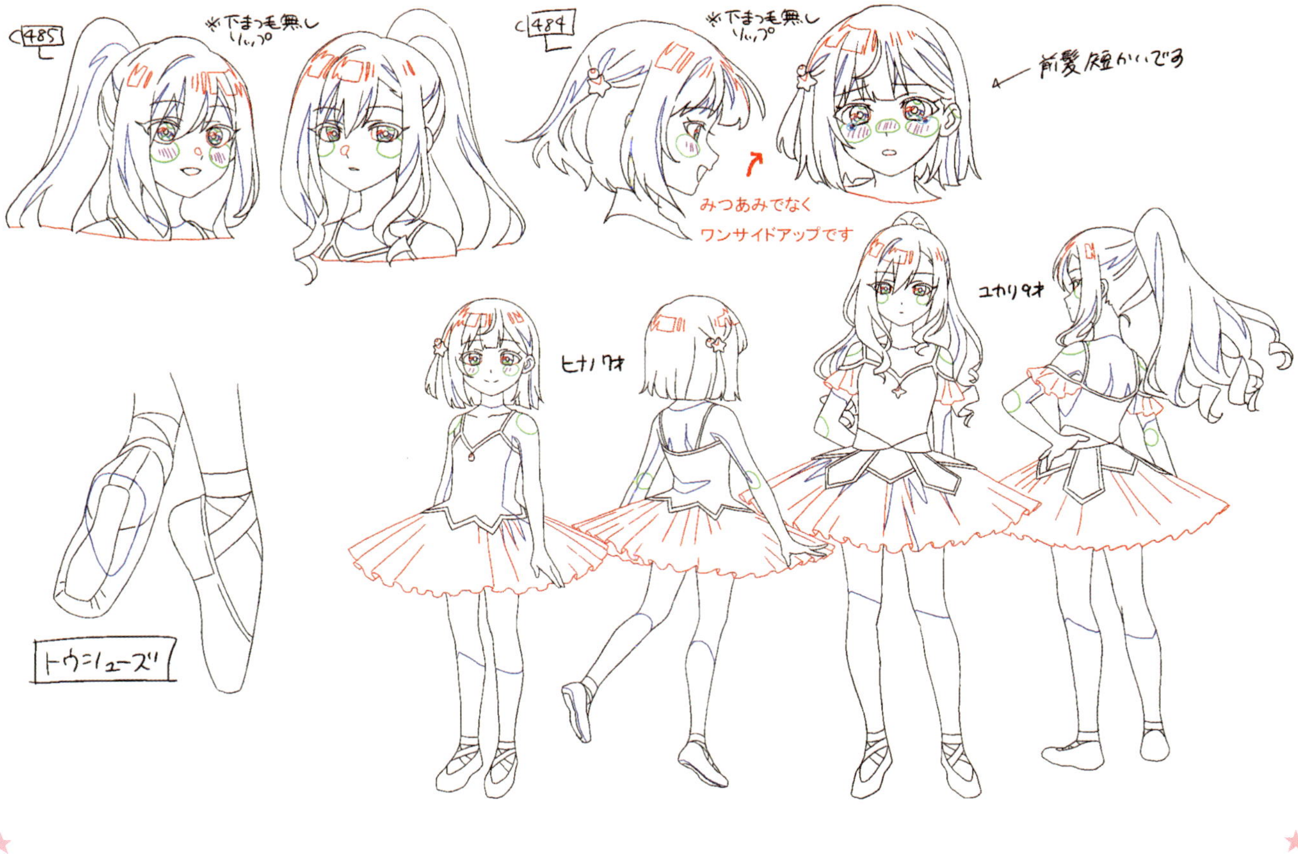


★ ヒナノとユカリのバレエ衣装(幼少期) ★

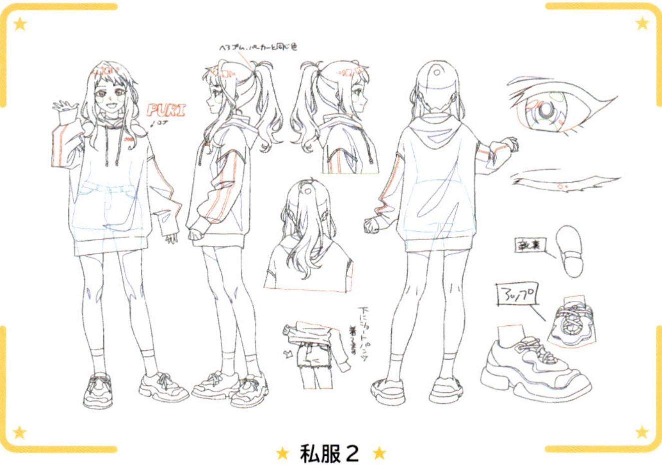


★ 私服２ ★

★ 私服１ ★

★ 表情集 ★

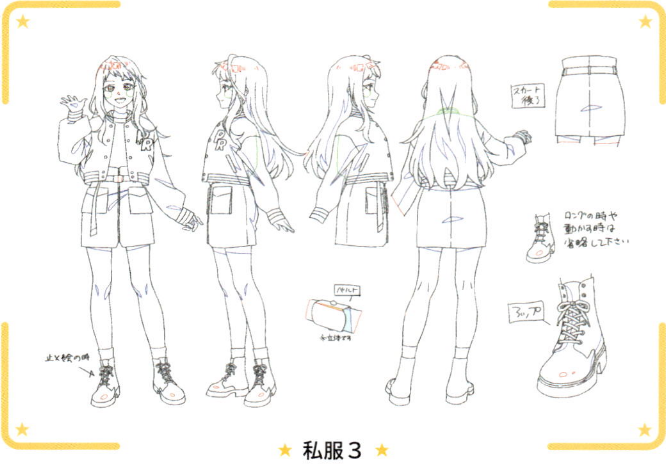


★ 私服３ ★

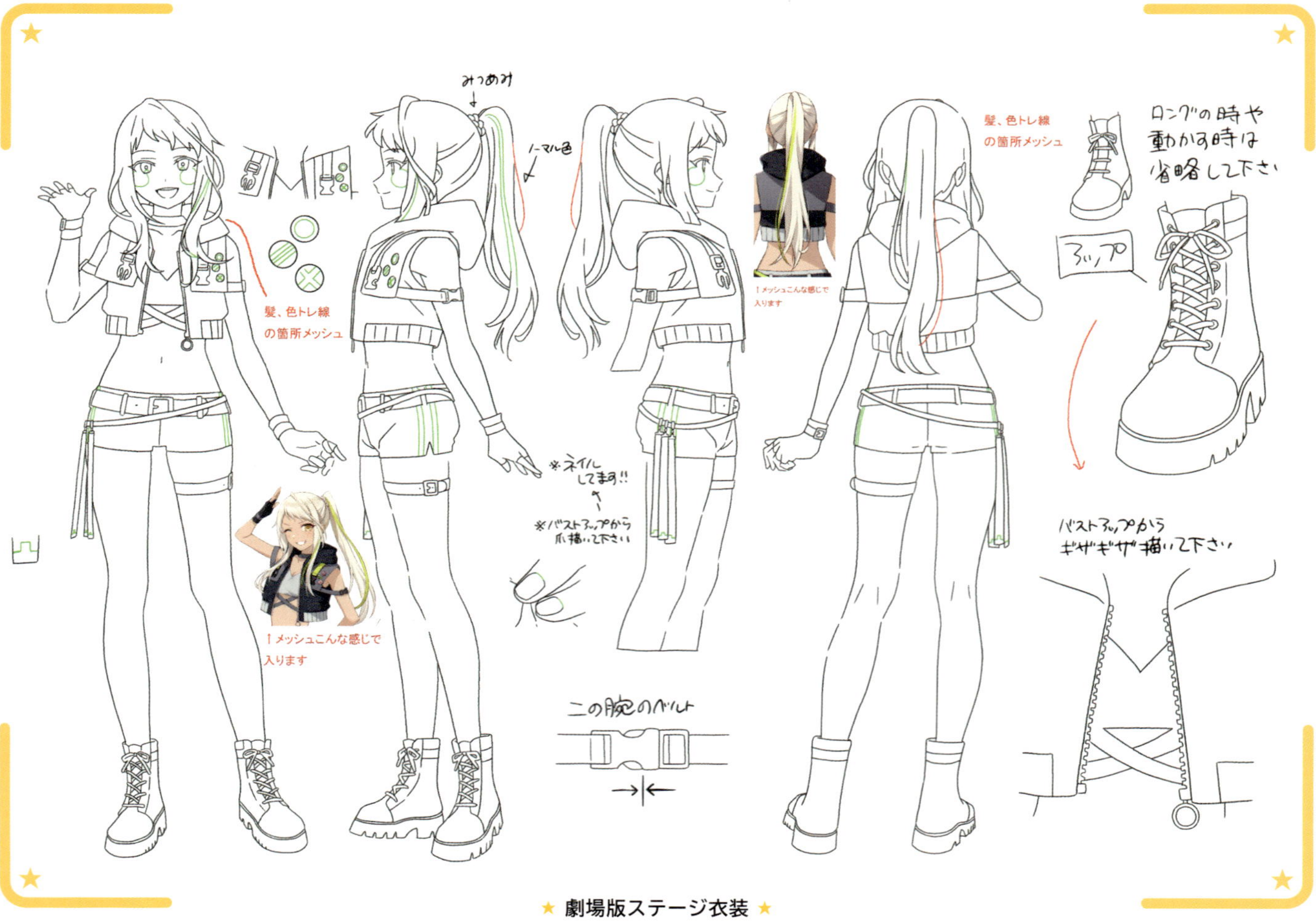


★ 劇場版ステージ衣装 ★

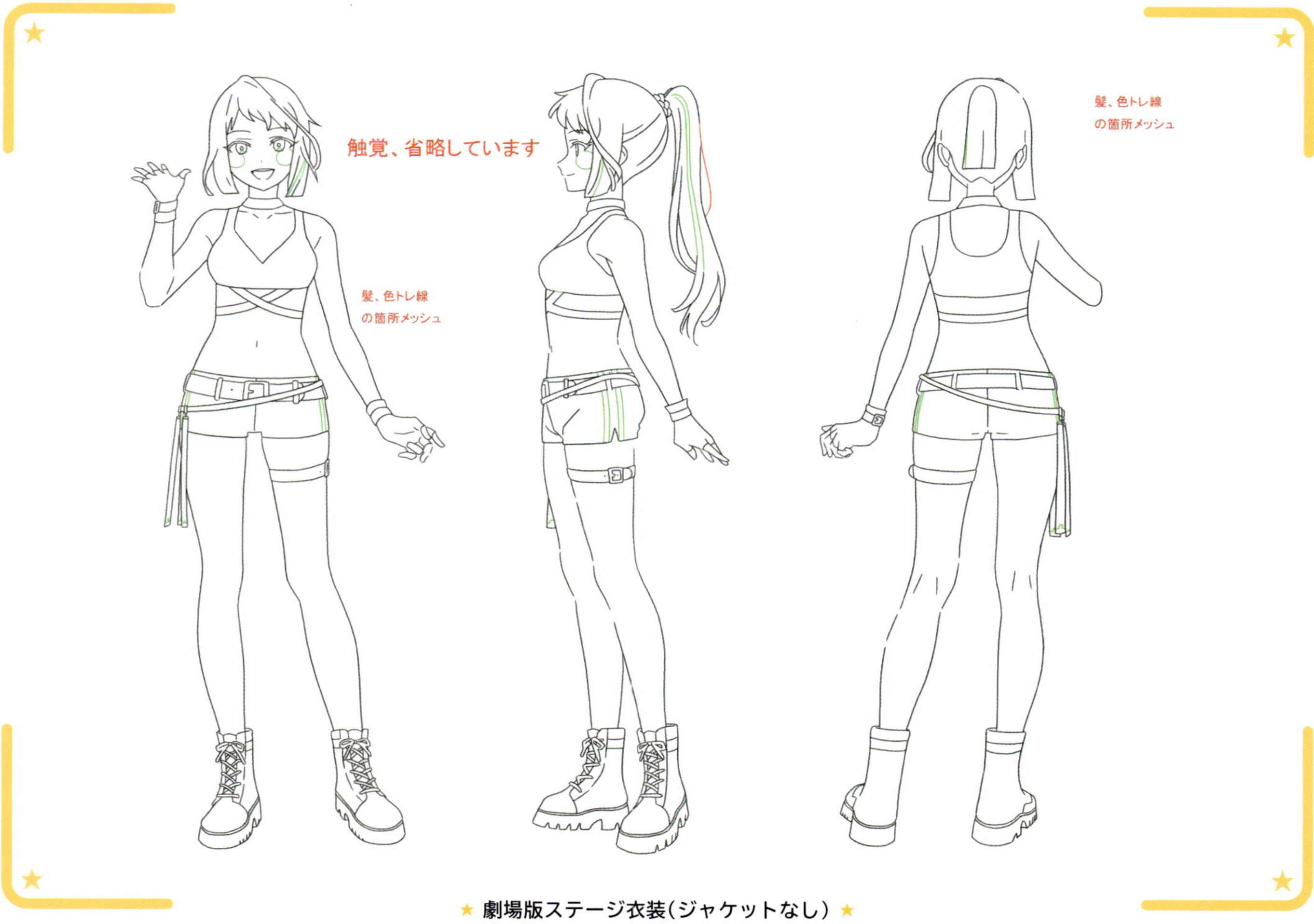


★ 劇場版ステージ衣装（ジャケットなし） ★

✦ 東坂ミオ

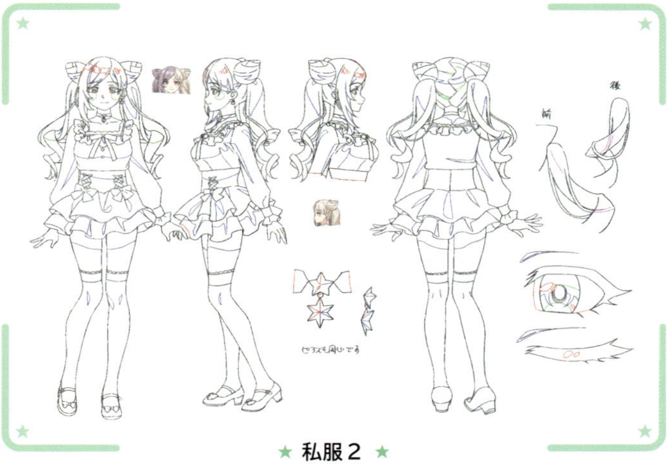


★ 私服２ ★

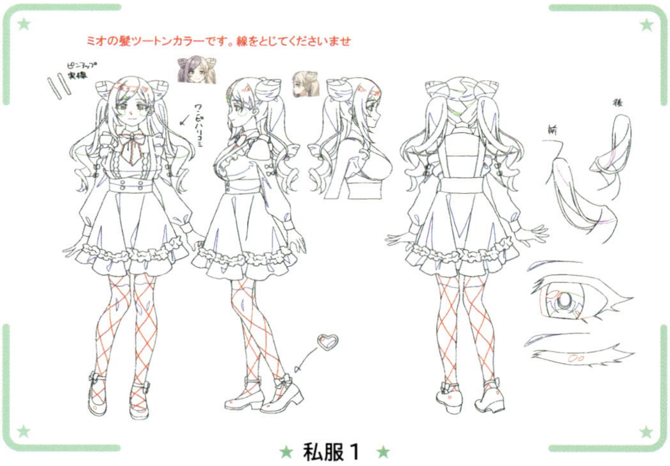


★ 私服１ ★

★ 表情集 ★

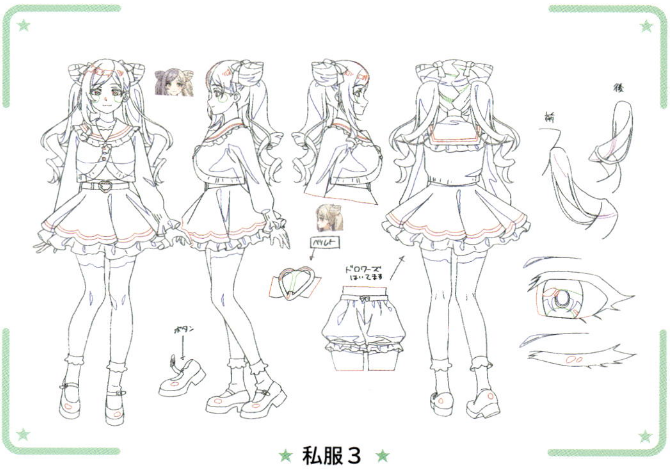


★ 私服３ ★

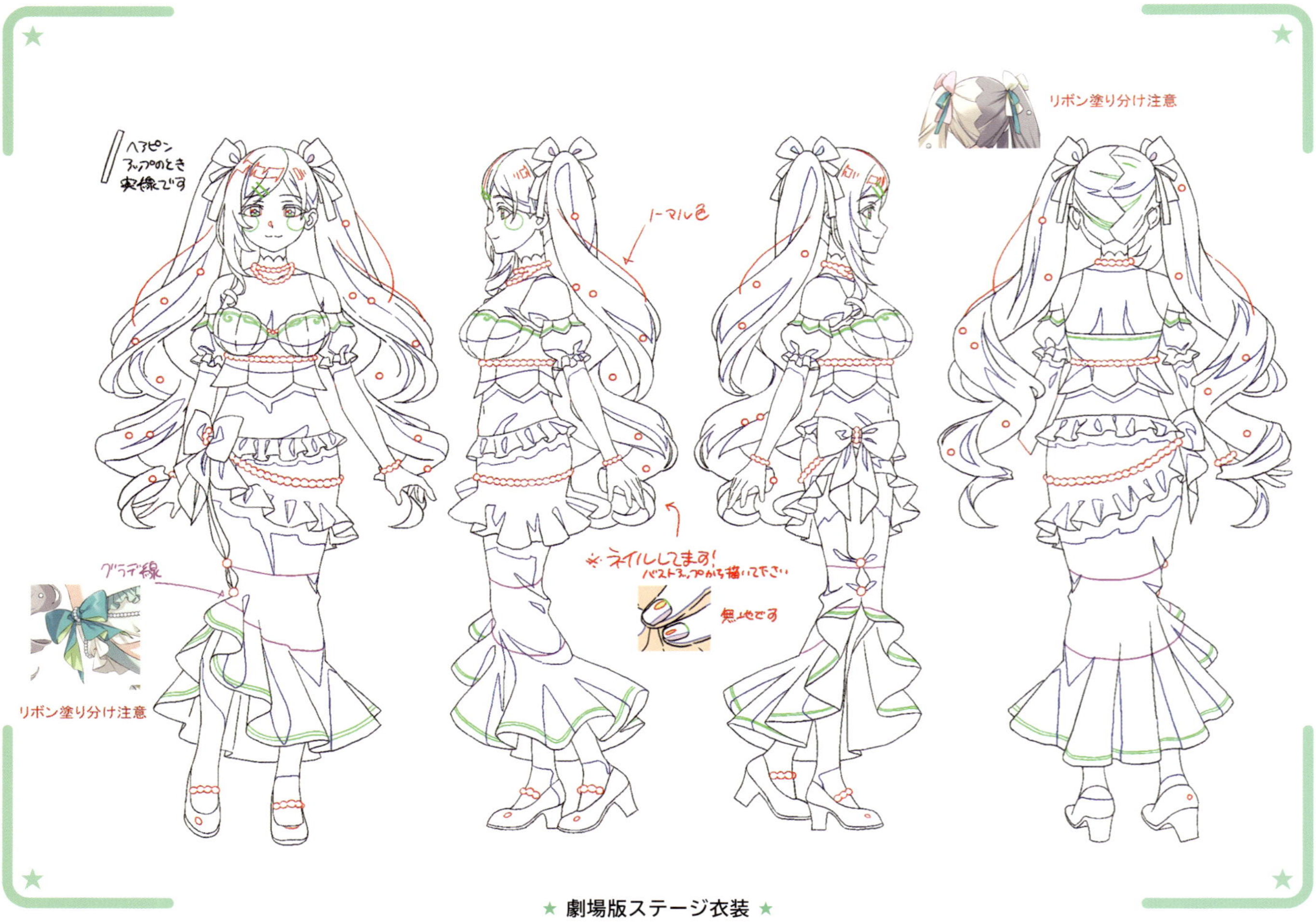


★ 劇場版ステージ衣装 ★

## ✦南曜スバル

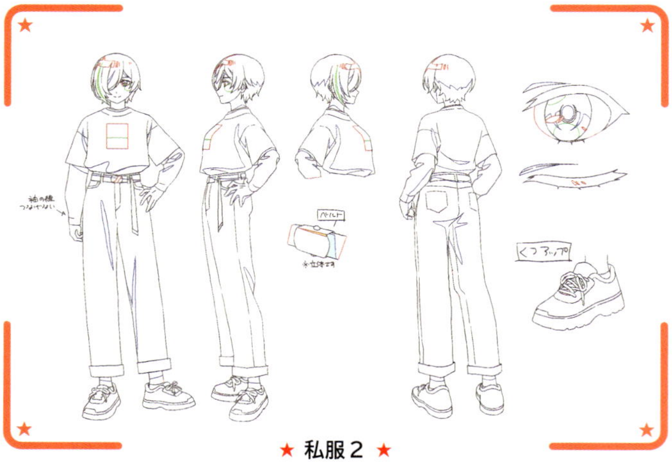


★ 私服２ ★

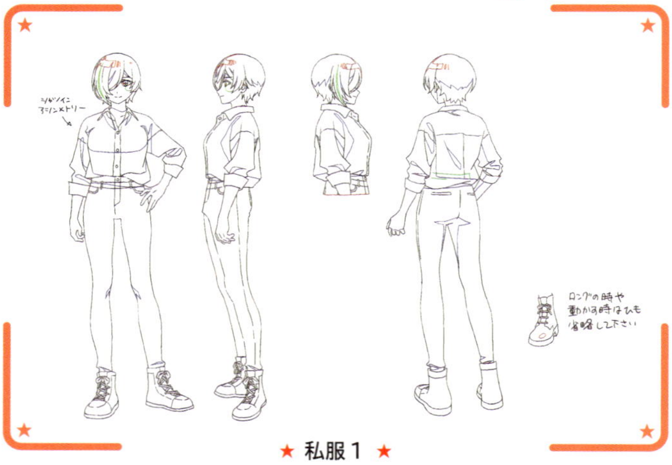


★ 私服１ ★

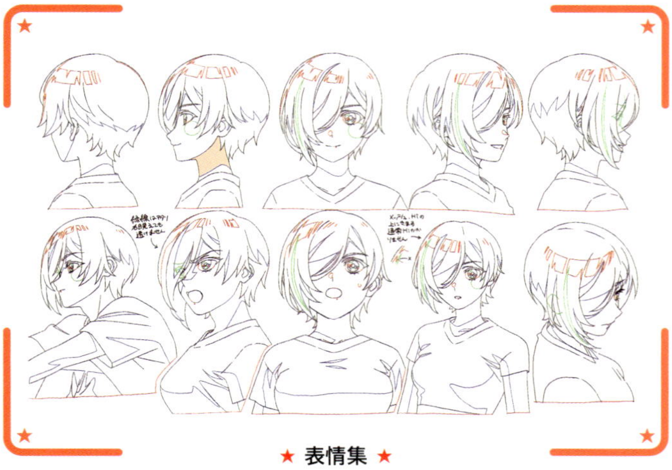

★ 表情集 ★

★ 私服３ ★

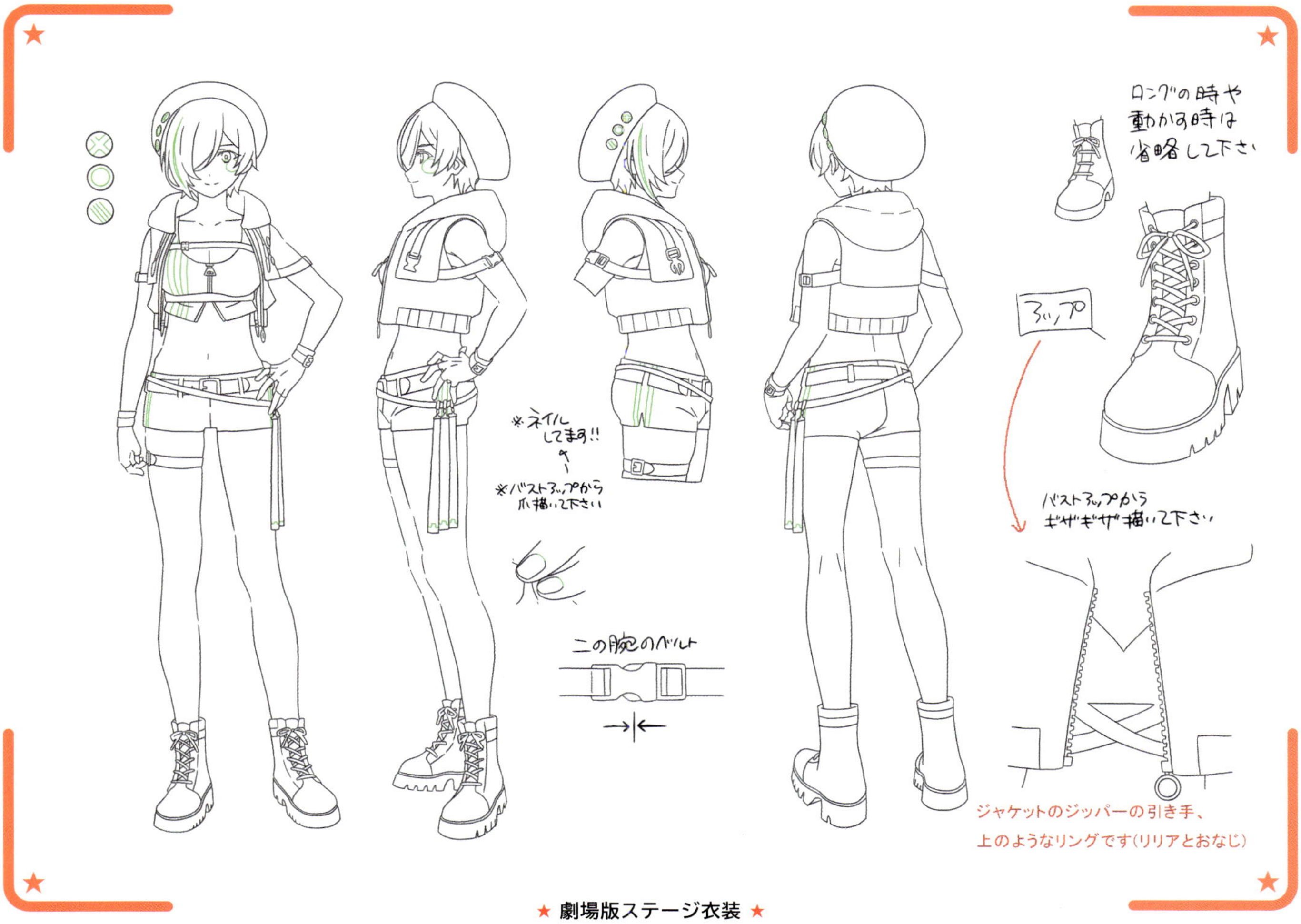


★ 劇場版ステージ衣装 ★

★ 劇場版ステージ衣装（ジャケットなし）★

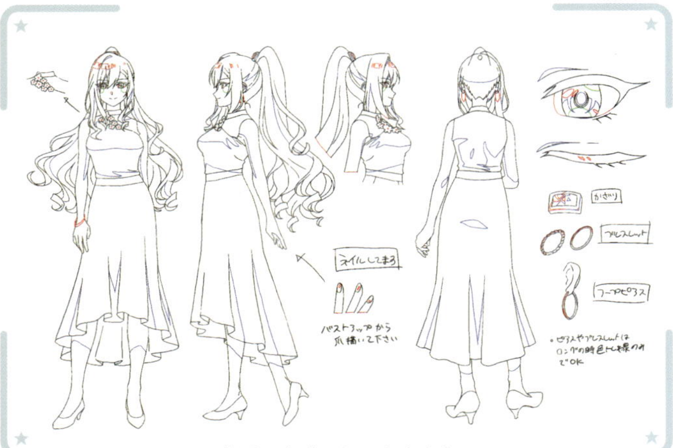


★ 私服1（ジャケットなし） ★

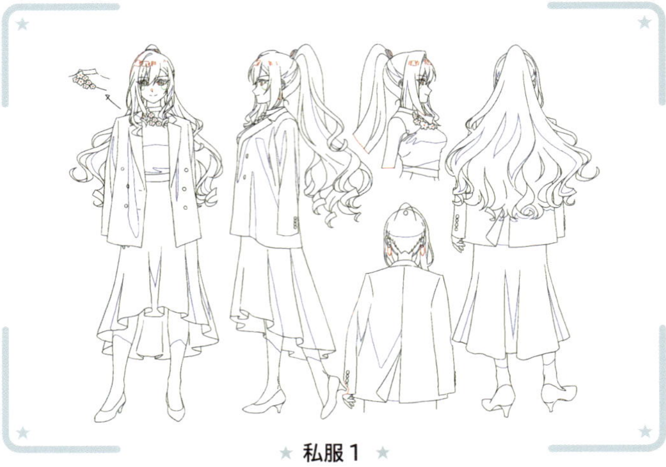

★ 私服1 ★

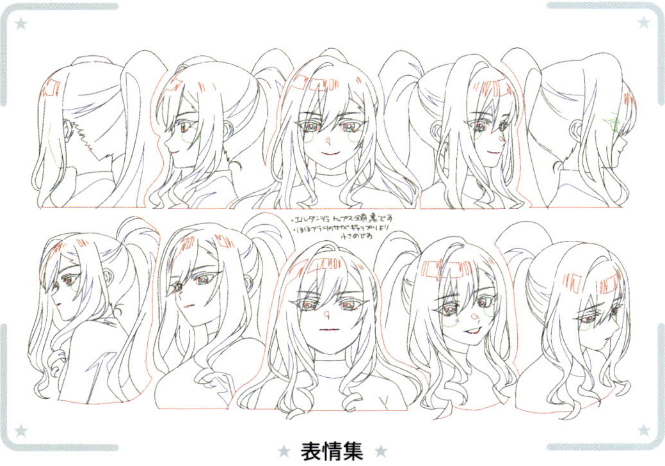

★ 表情集 ★

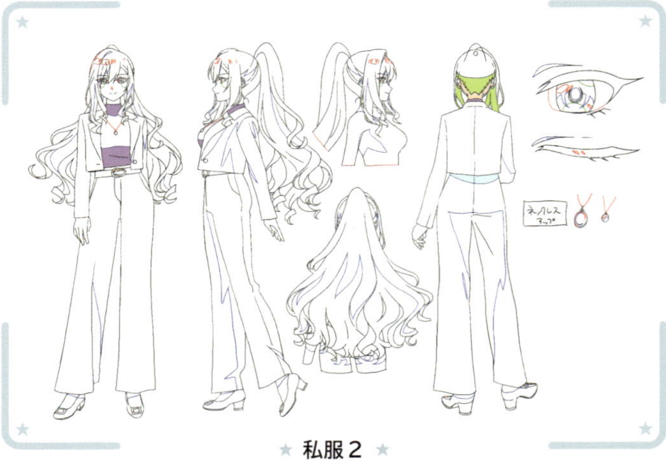


★ 私服2 ★

★ 劇場版ステージ衣装（ダブルス） ★

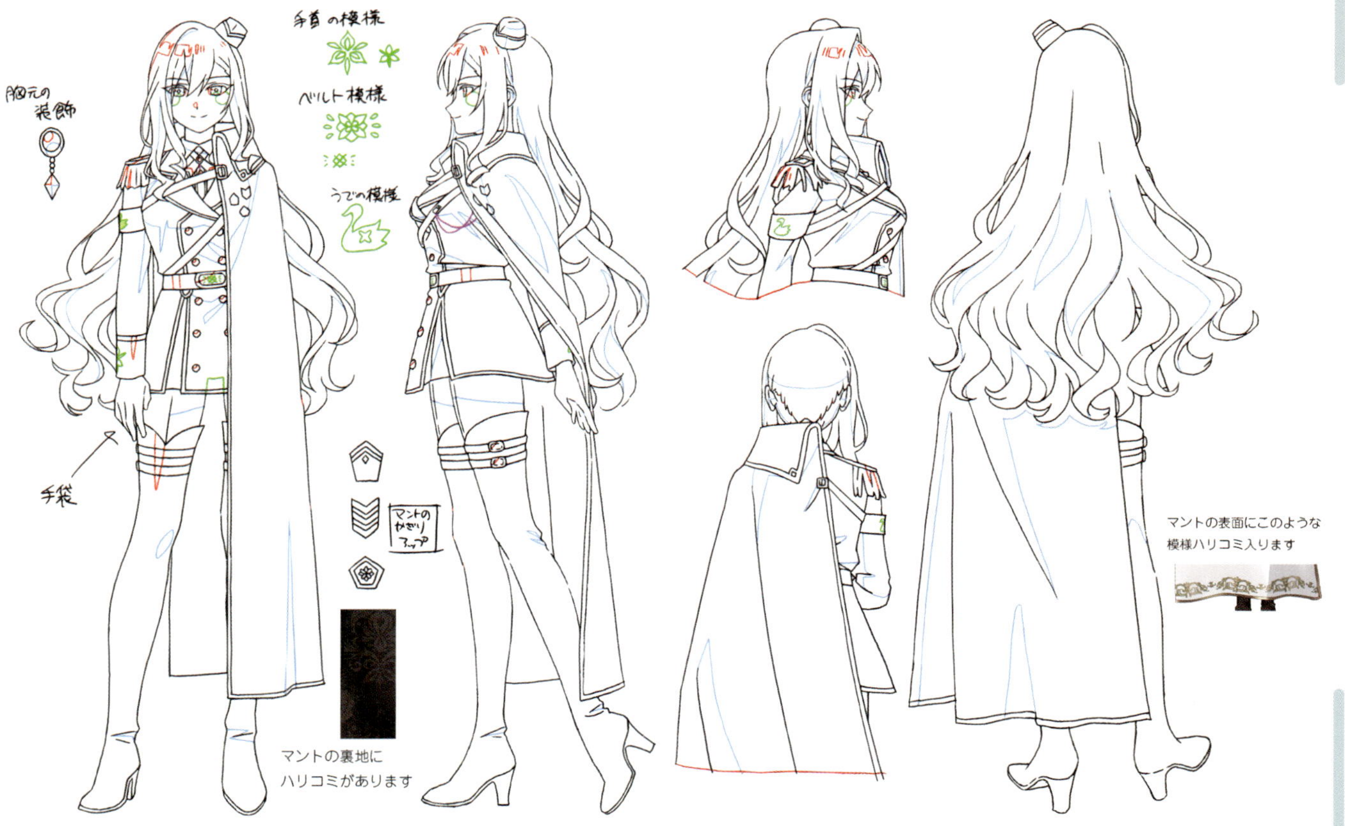


★ 劇場版ステージ衣装（シングル） ★

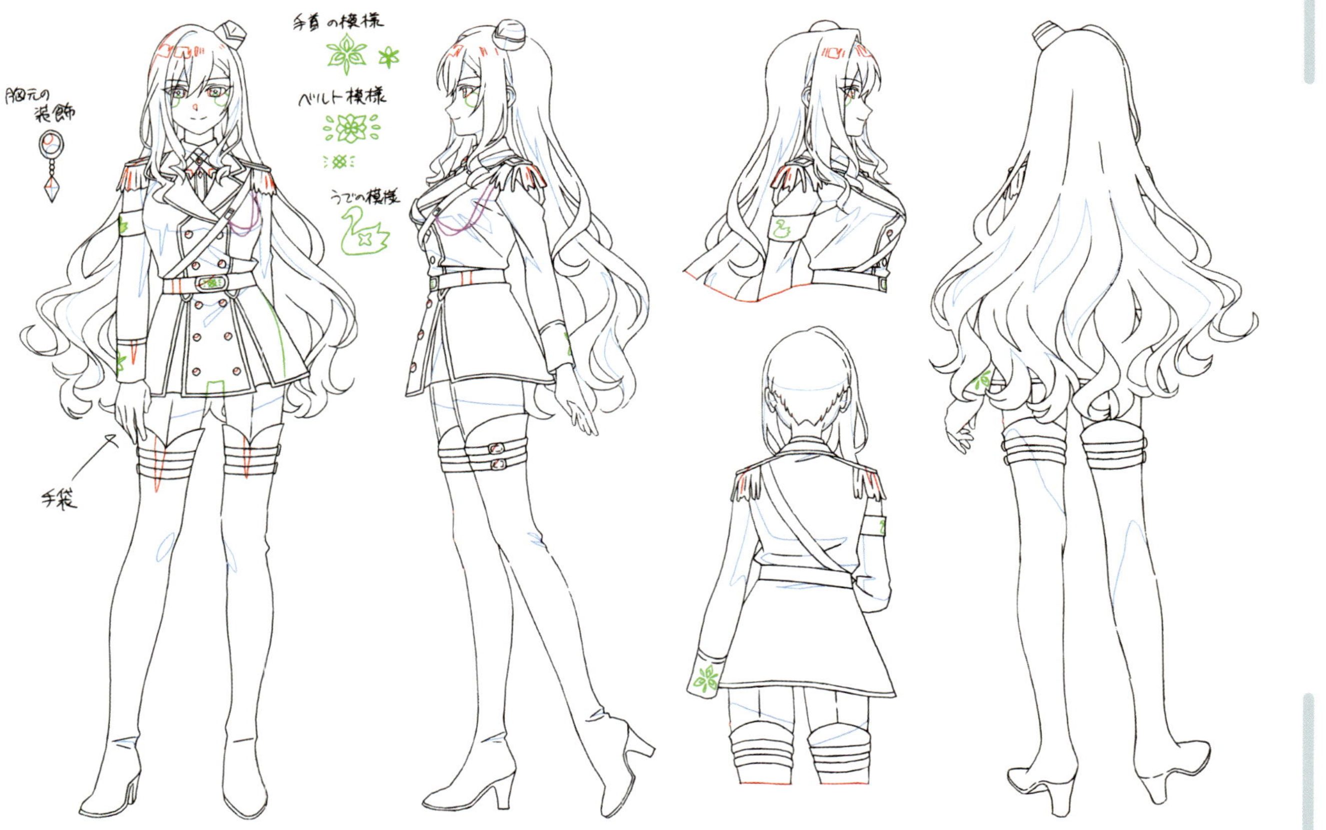


★ 劇場版ステージ衣装（シングル、マントなし） ★

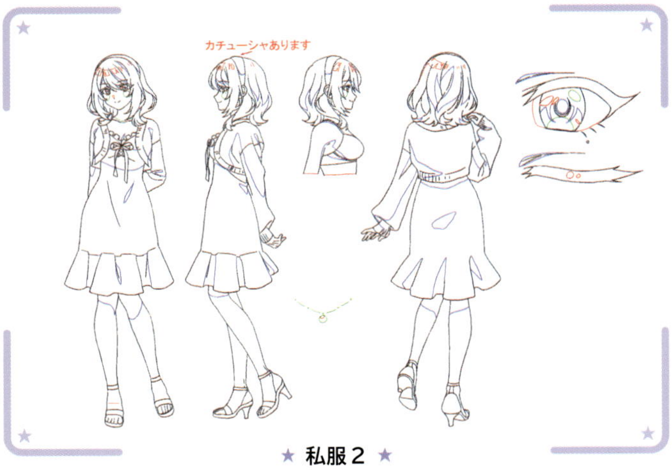


★ 私服2 ★

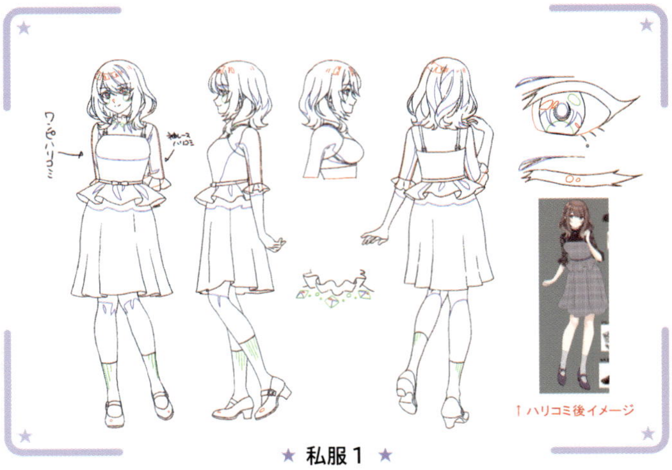


★ 私服1 ★

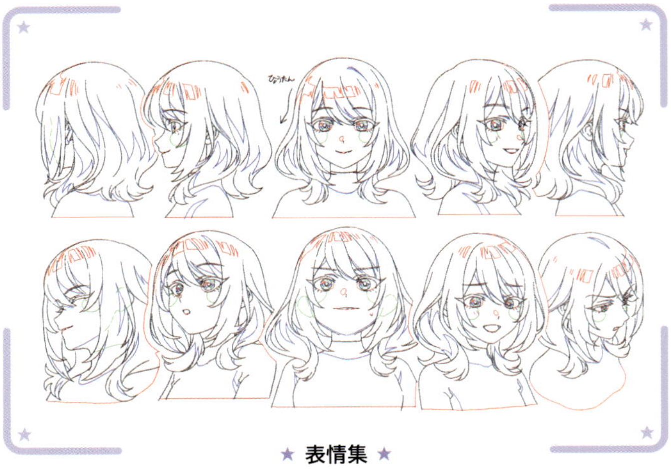

★ 表情集 ★

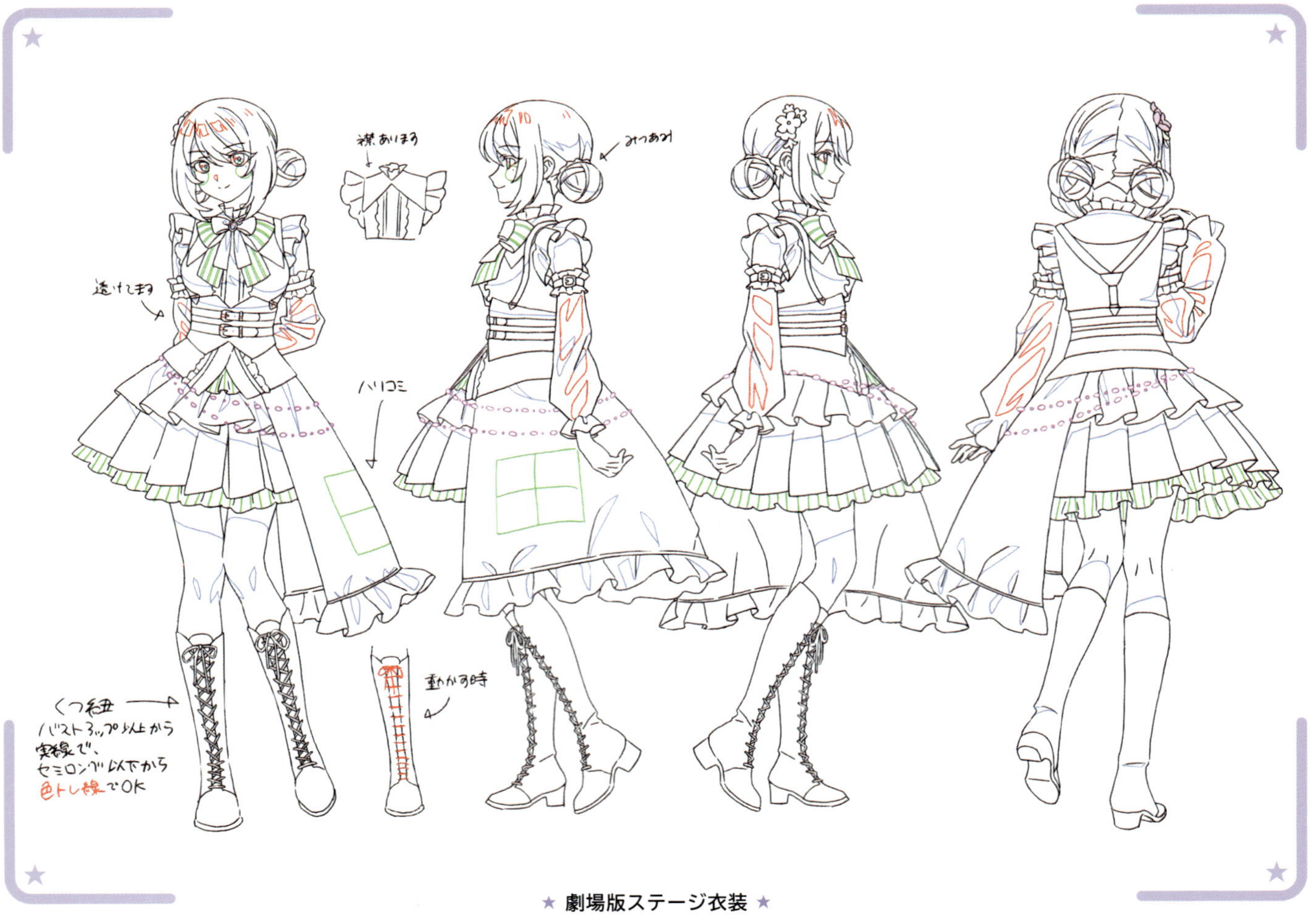


★ 劇場版ステージ衣装 ★

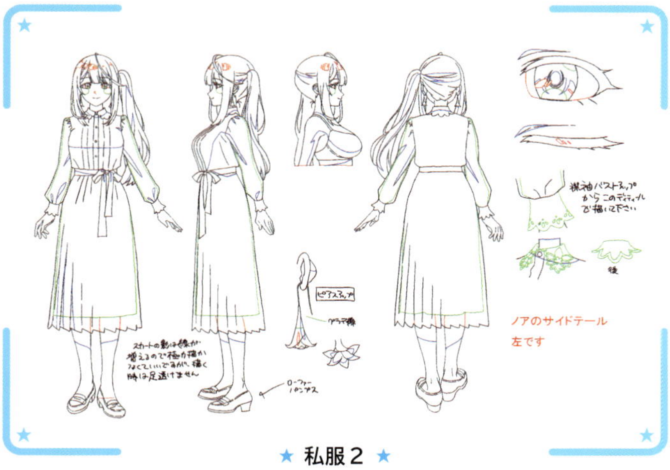


★ 私服2 ★

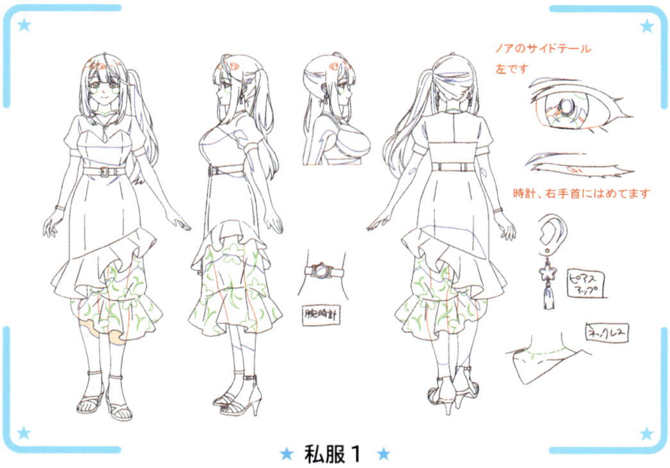


★ 私服1 ★

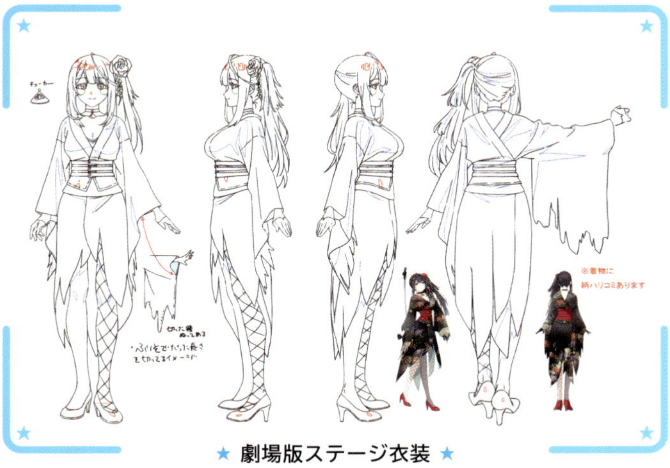

★ 劇場版ステージ衣装 ★

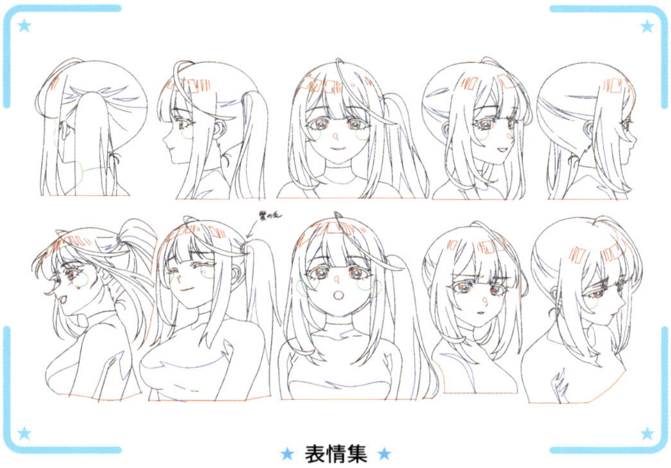

★ 表情集 ★

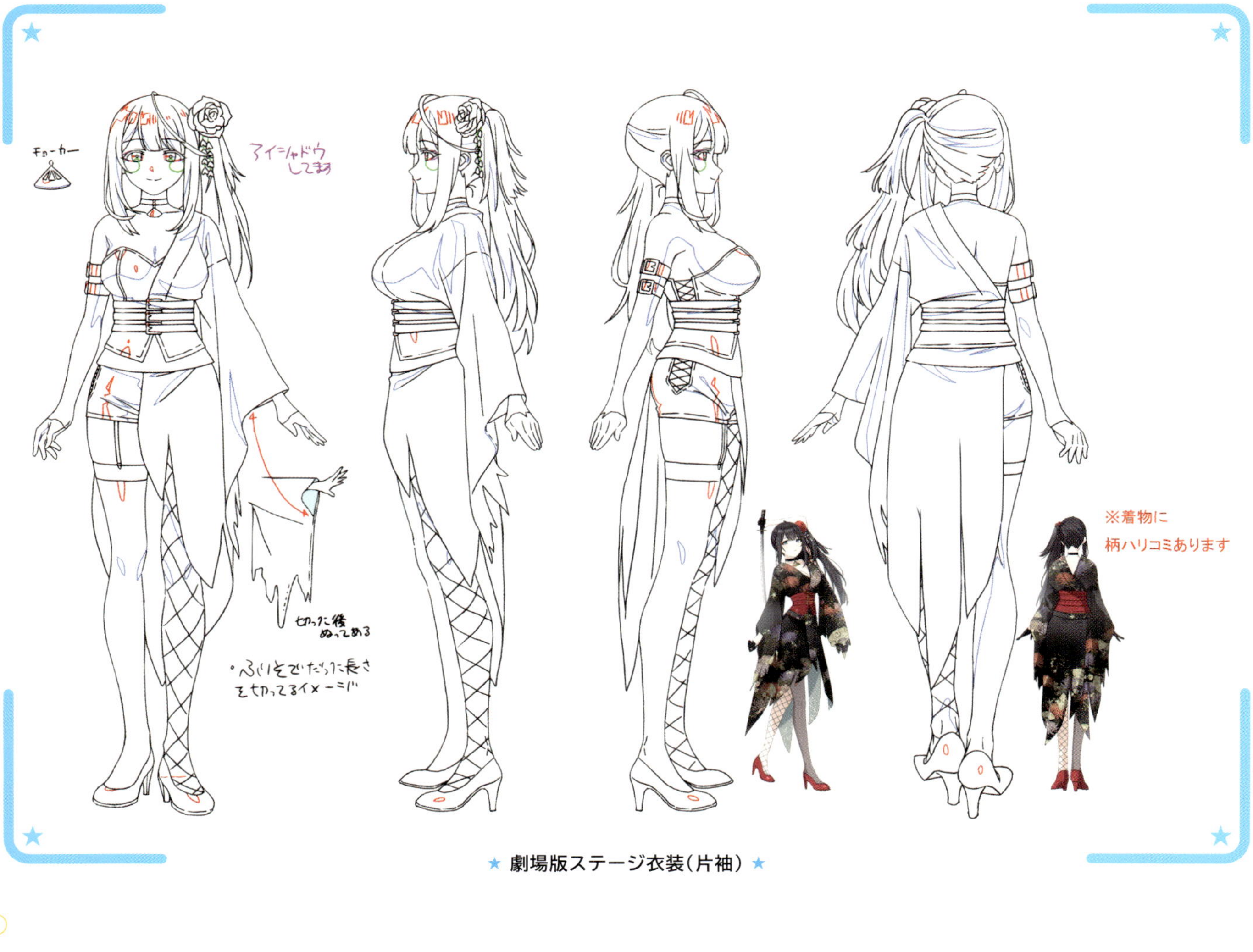


★ 劇場版ステージ衣装（片袖）★

## ✦芯央アズミ

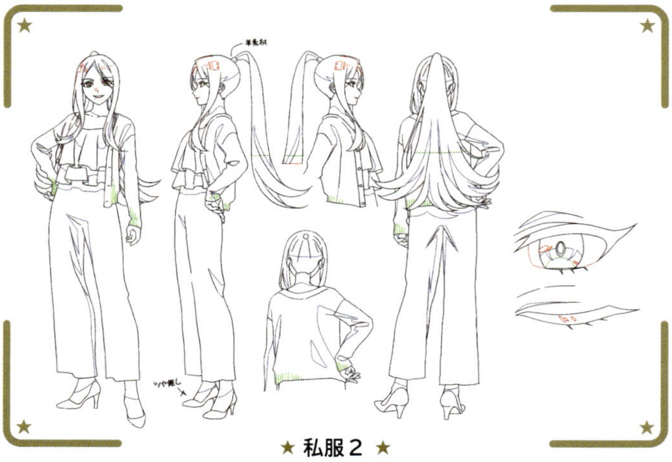

★ 私服２ ★

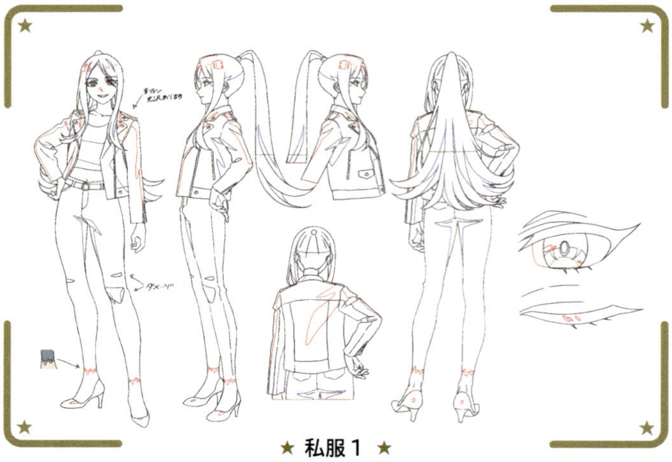

★ 私服１ ★

★ コーチ服（ハリコミ参考）★

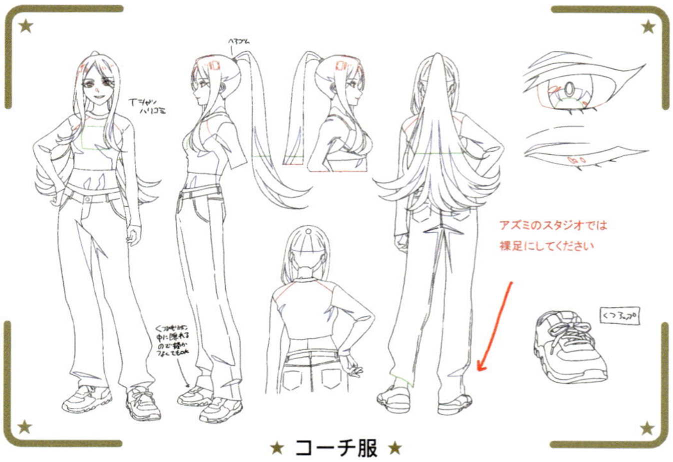


★ コーチ服 ★

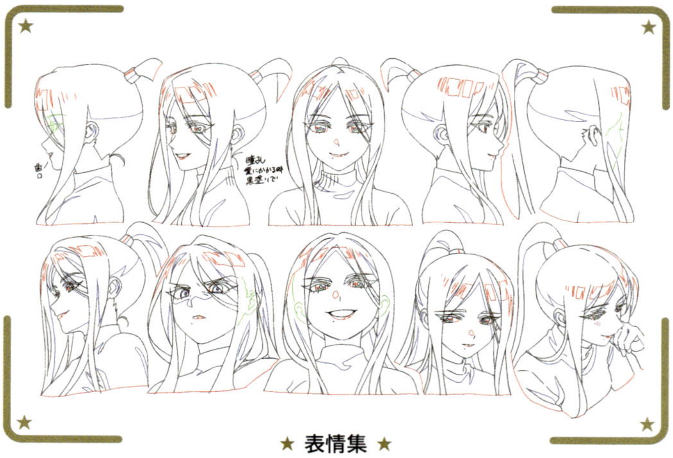

★ 表情集 ★

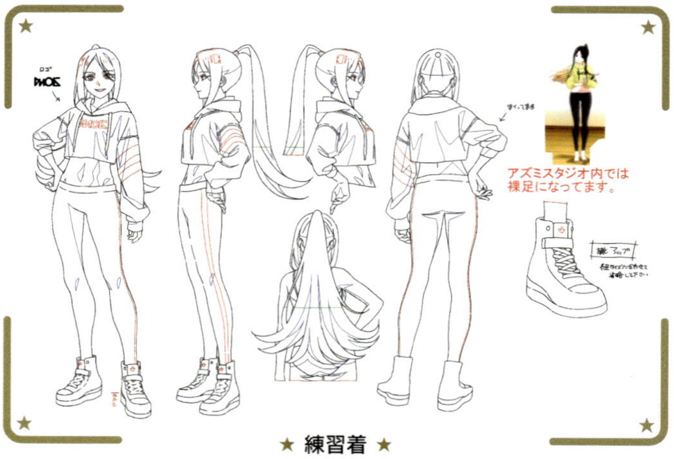


★ 練習着 ★

## ✦ヒナノのおばあちゃん

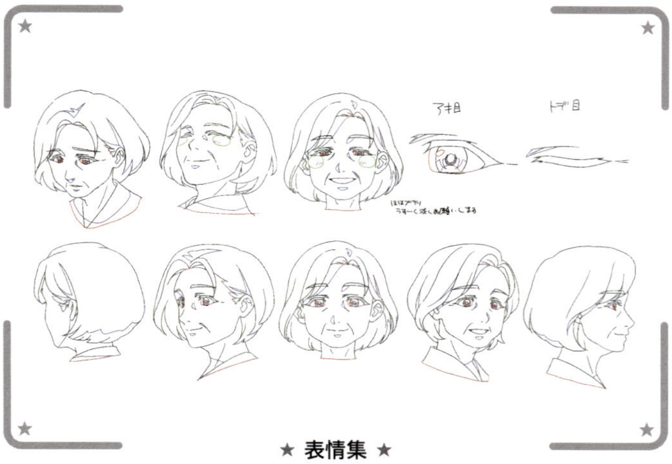

★ 表情集 ★

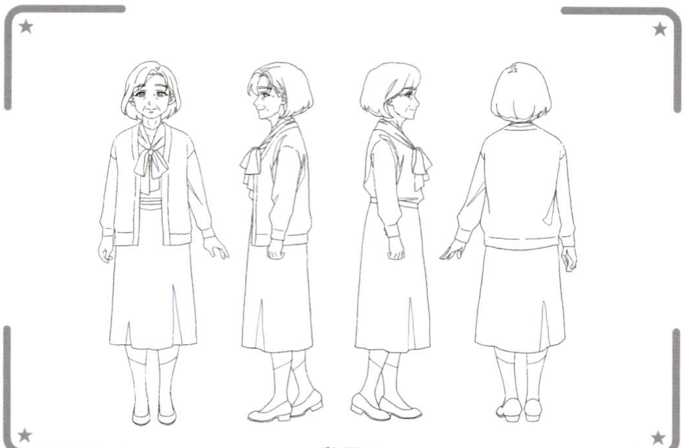

★ 私服 ★

ヒナノ

リリア

Hiでかい時
目通常色より濃く
したほうがいいかも
真剣
え!?
瞳Hi
動き
うるうる
はわわっ…!
C44
ハートでもいいと思います

★ ミオ ★

21
126

★ スバル ★

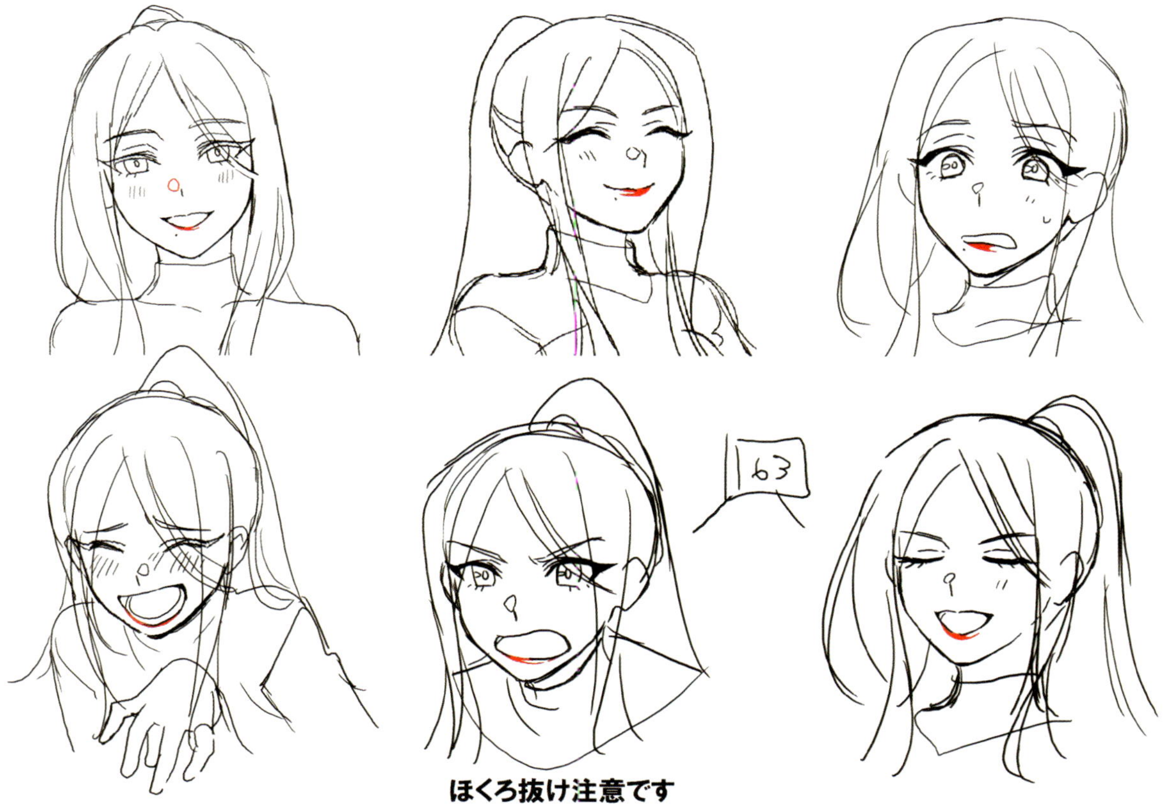

63
ほくろ抜け注意です


★ アズミ ★

C092
ファンサ
C105
C124
テレ顔
C206
C495
C193
うっとり
C197
C404
C393
C388
C485
※幼少ユカリ


★ ユカリ、サナ、ノア ★

# 3D CHARACTER MODEL

3Dキャラクターモデル

星北ヒナノ

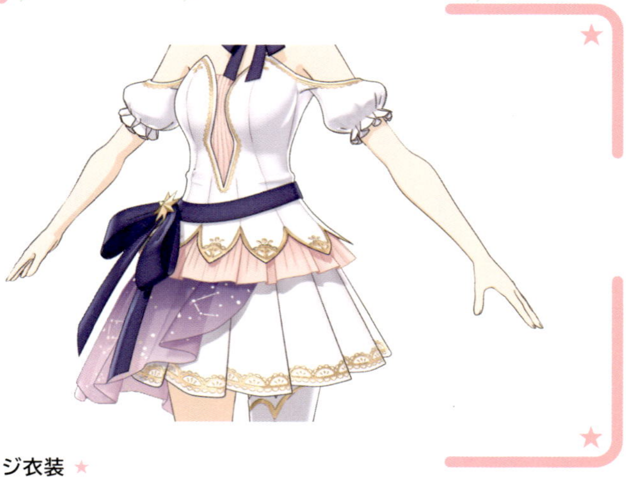

WEBドラマステージ衣装

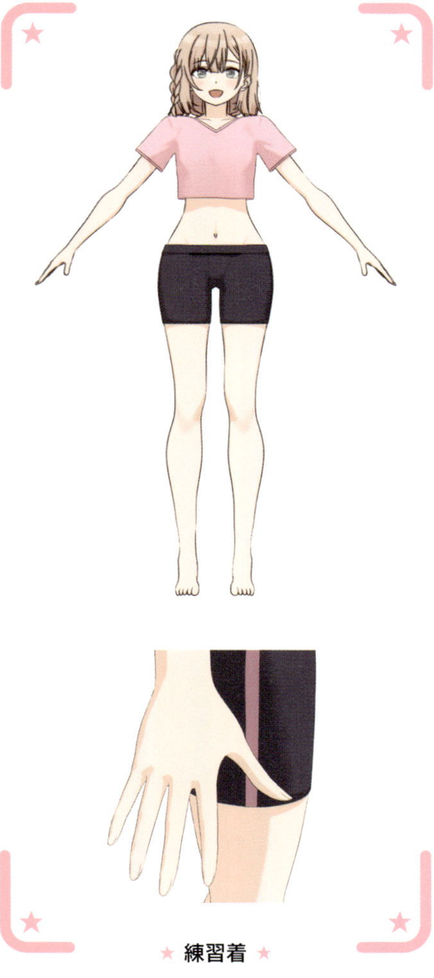

練習着

私服2

私服1

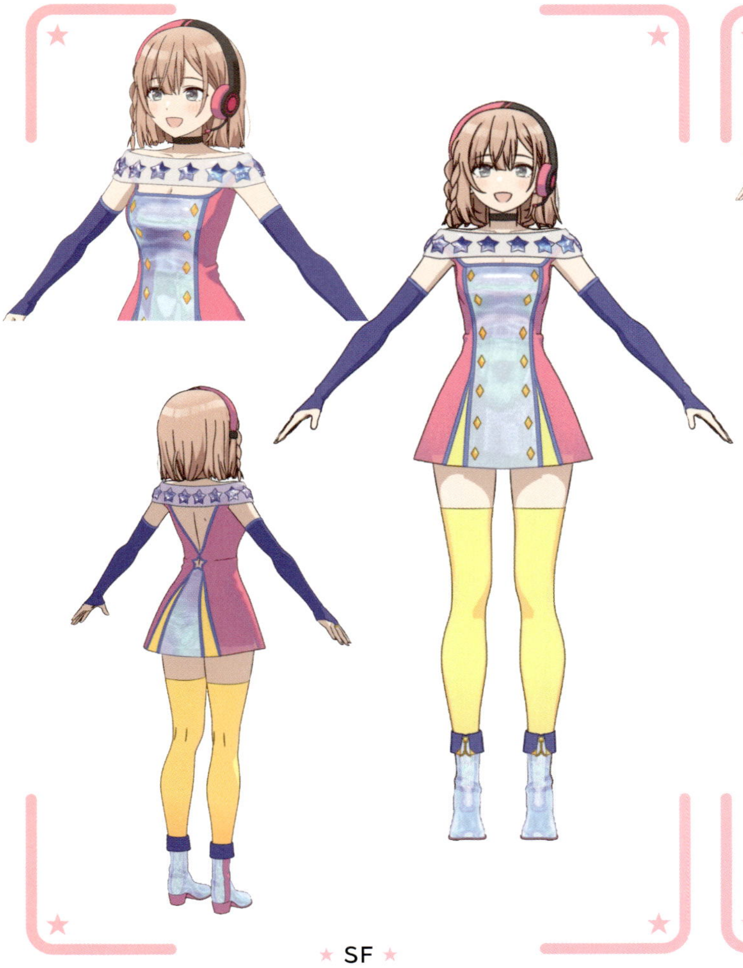

SF

劇場版ステージ衣装

振袖

ハロウィンキャット

★ WEBドラマステージ衣装 ★

★ 練習着 ★

★ 私服２ ★

★ 私服１ ★

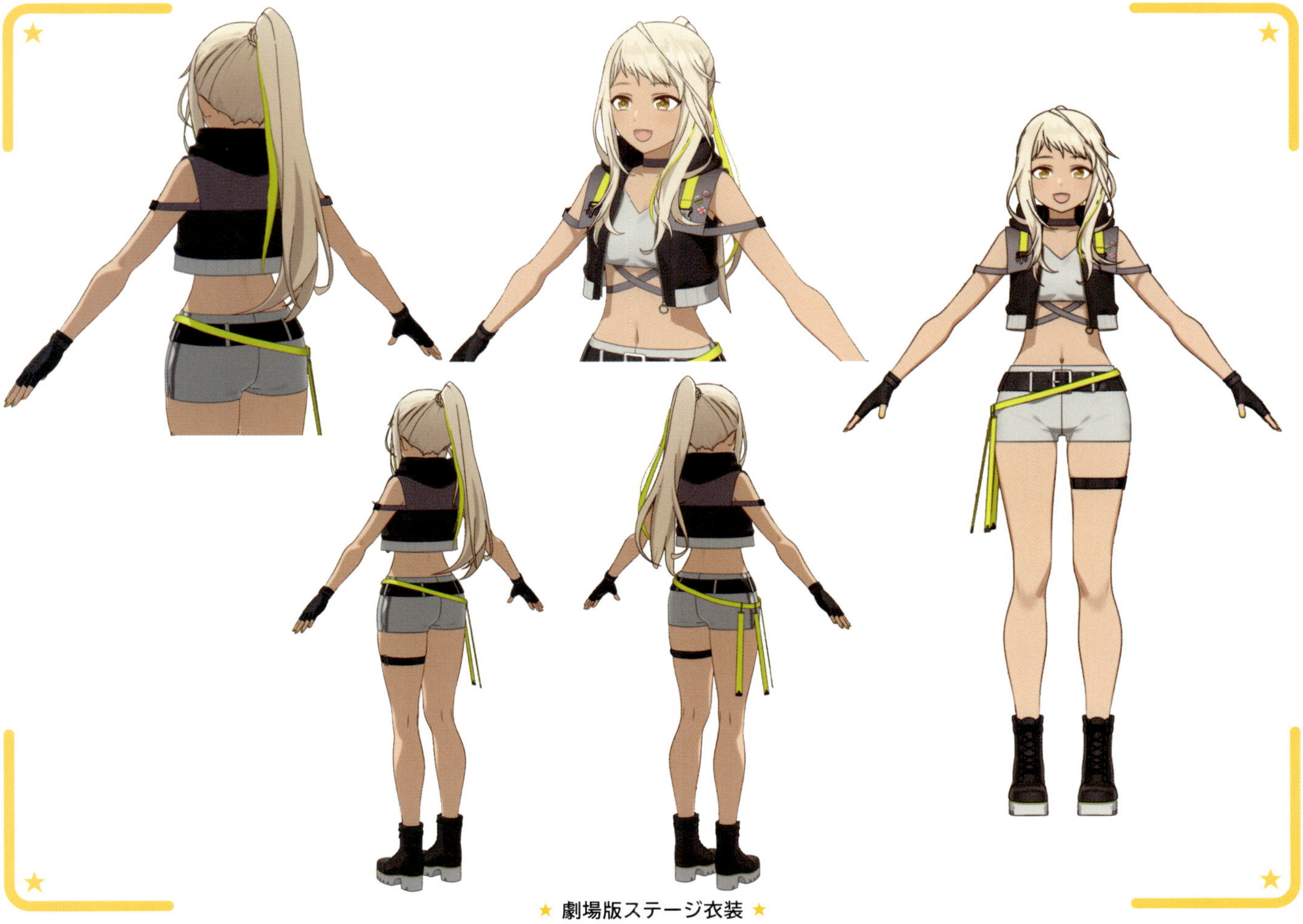

★ 劇場版ステージ衣装 ★

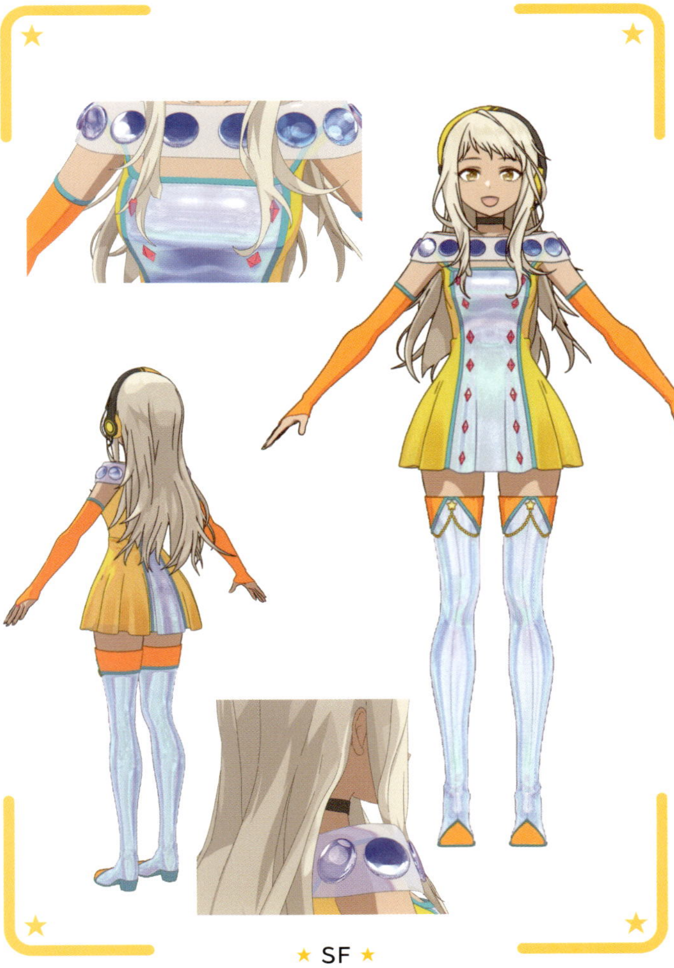

★ SF ★

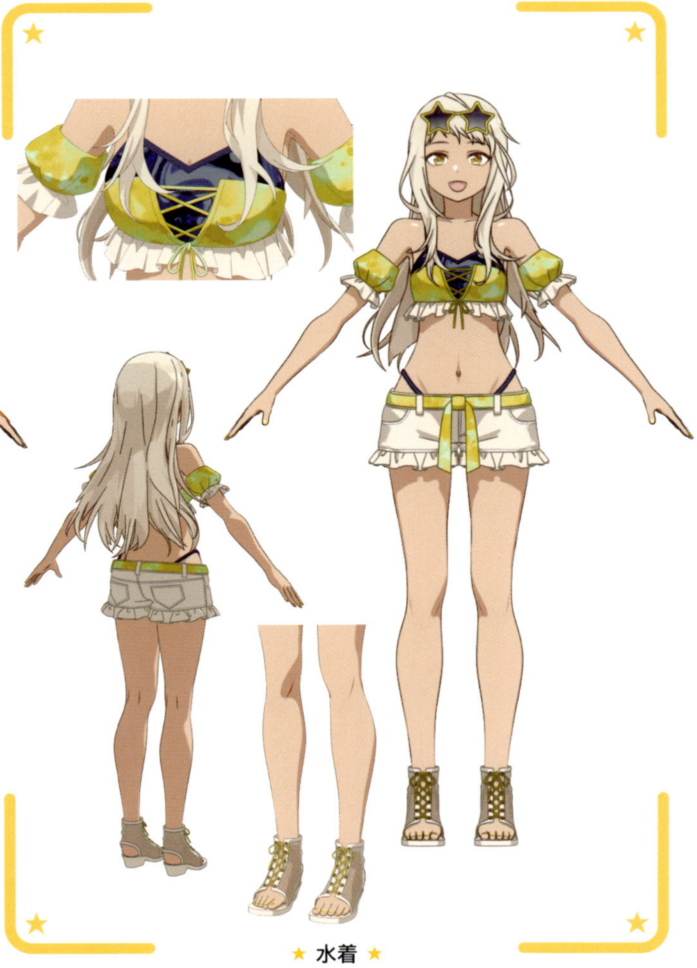

★ 水着 ★

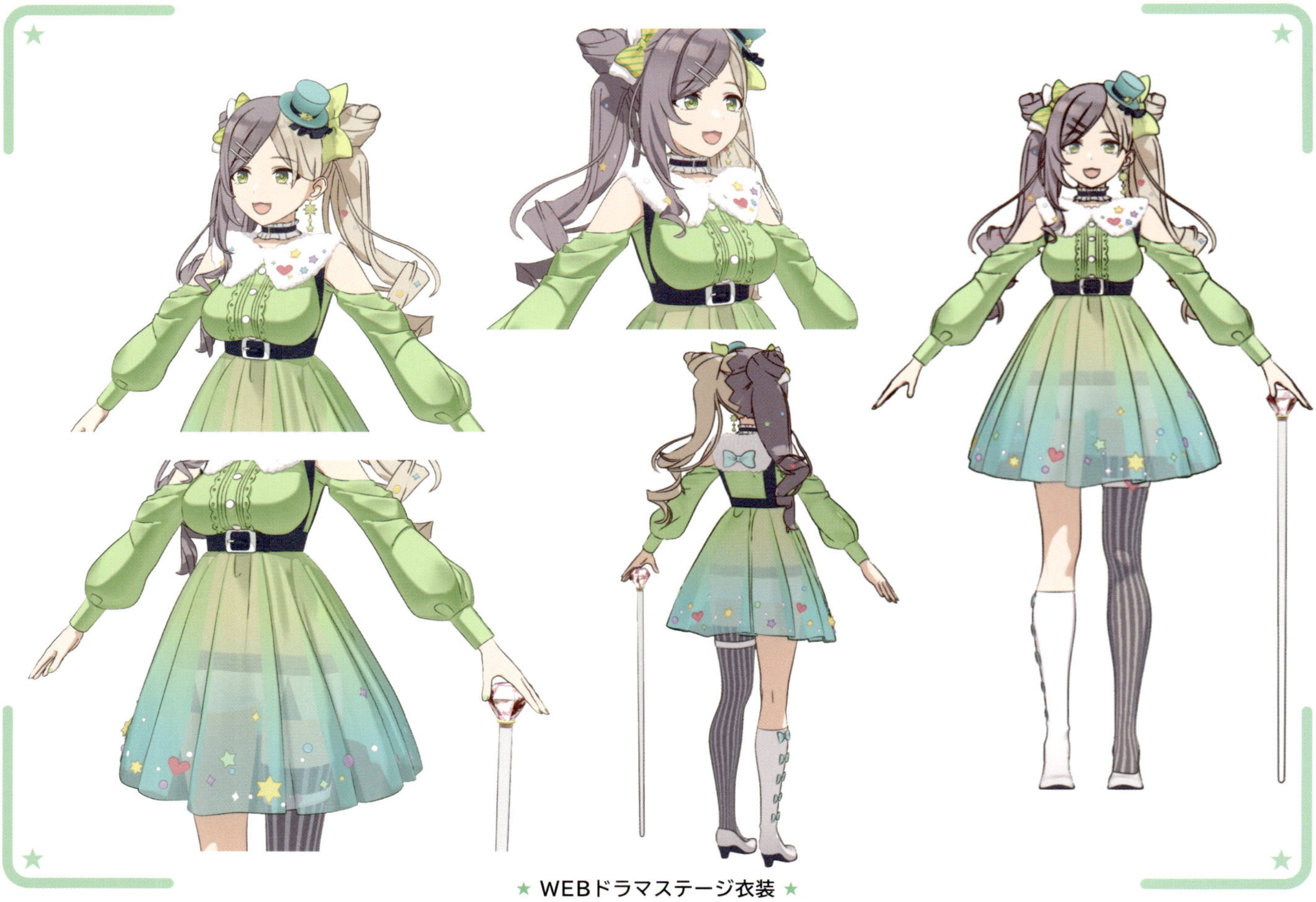

★ WEBドラマステージ衣装 ★

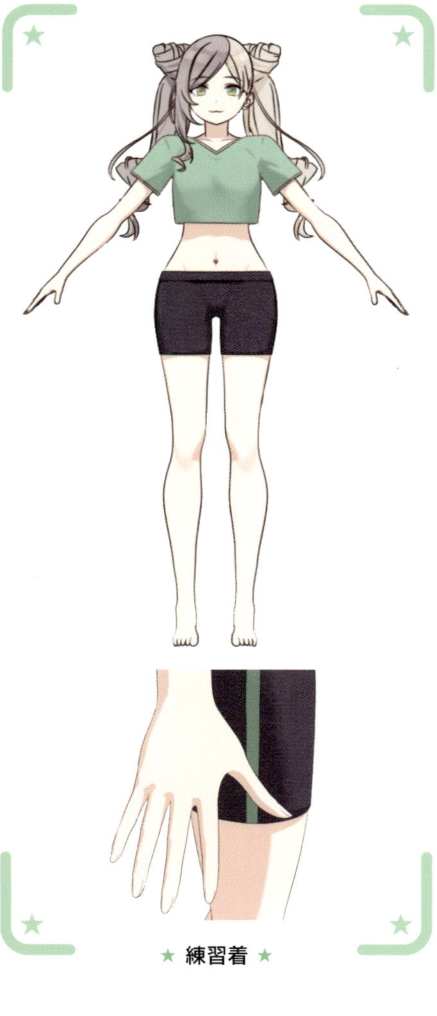

★ 練習着 ★

★ 私服2 ★

★ 私服1 ★

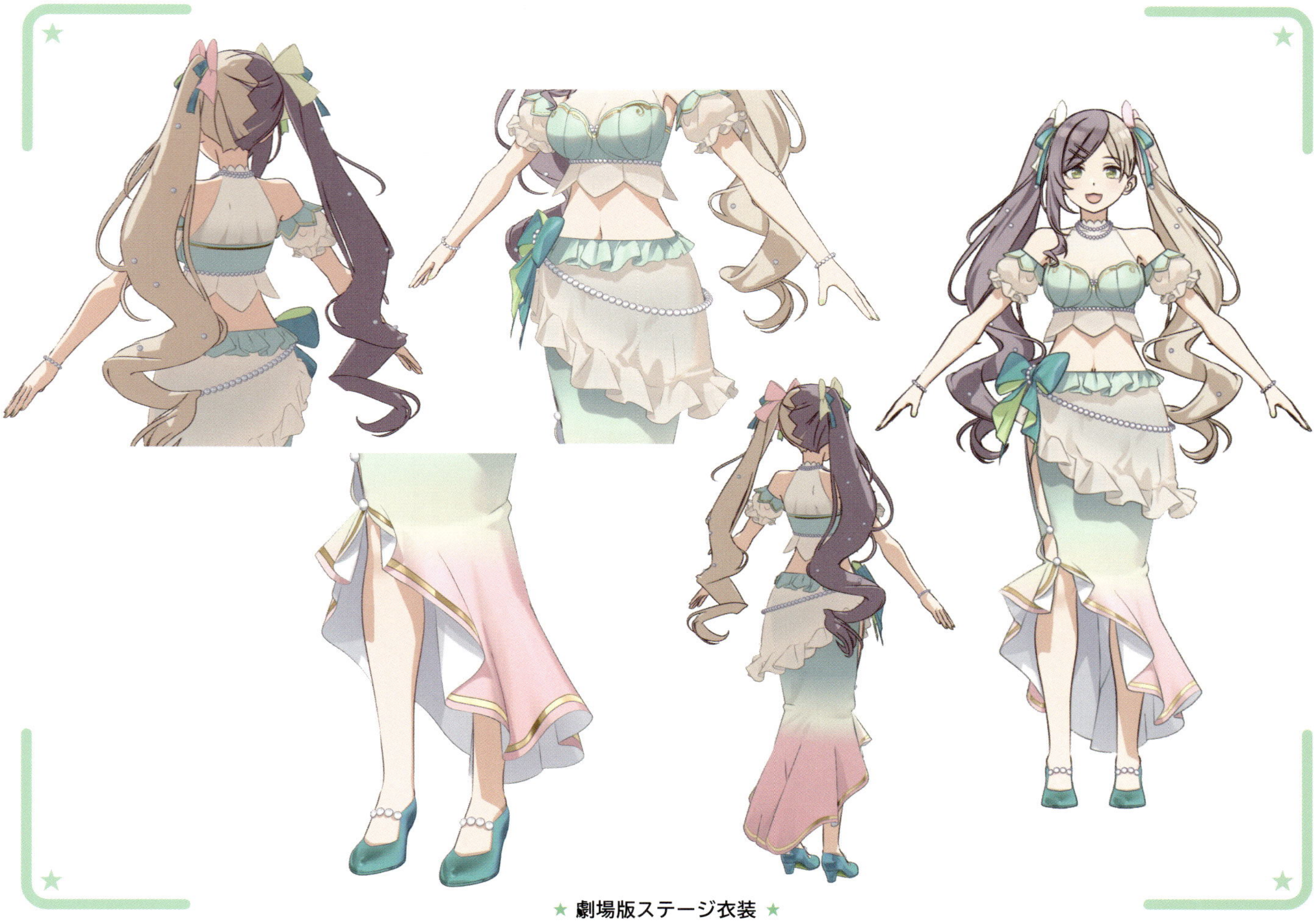

★ 劇場版ステージ衣装 ★

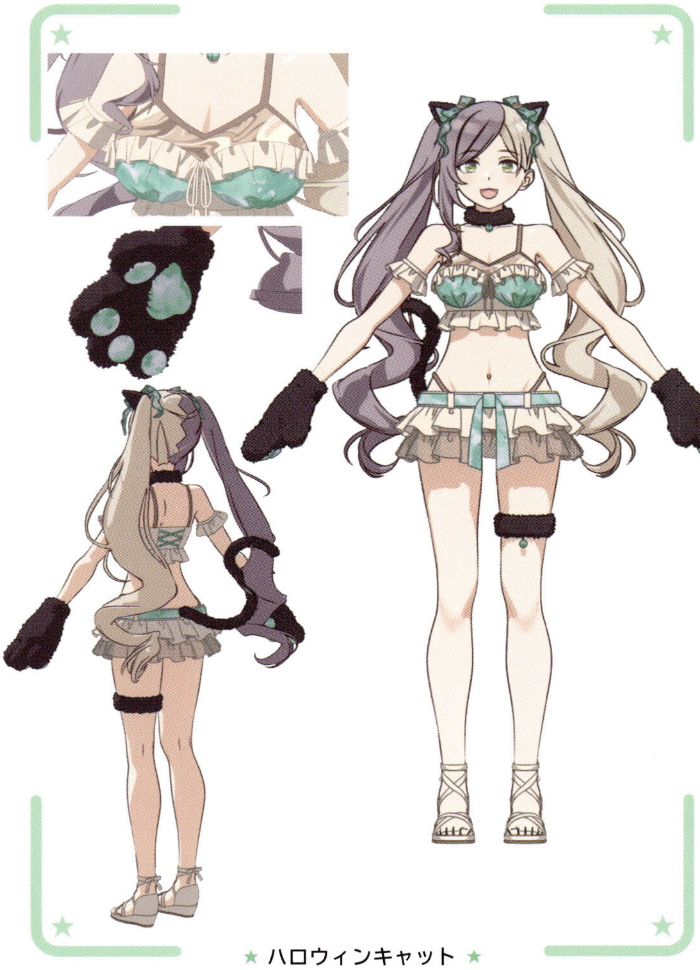

★ ハロウィンキャット ★

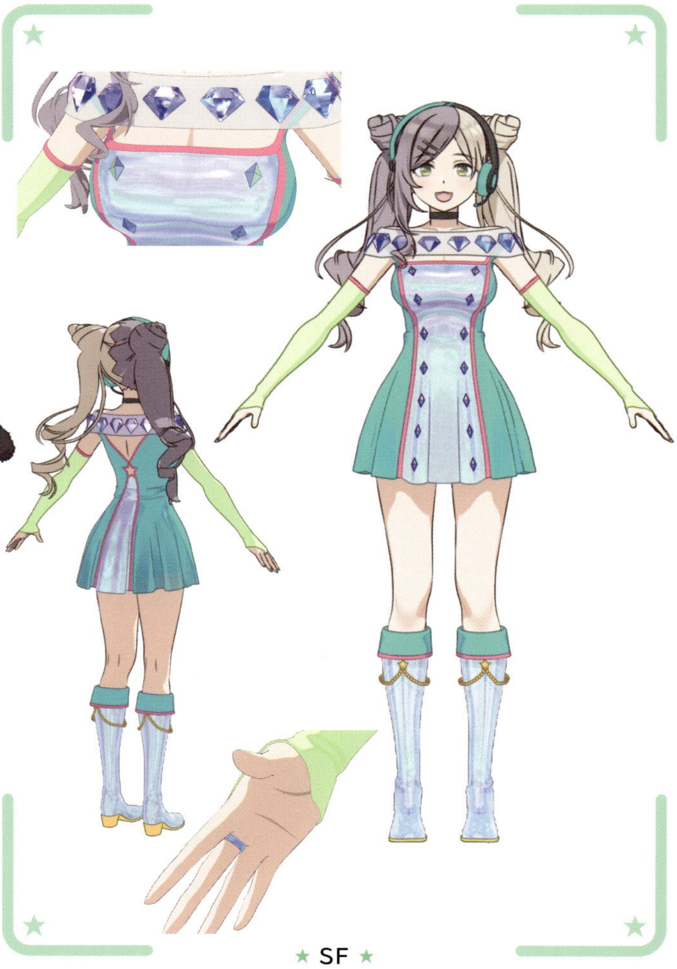

★ SF ★

## ✦南曜スバル

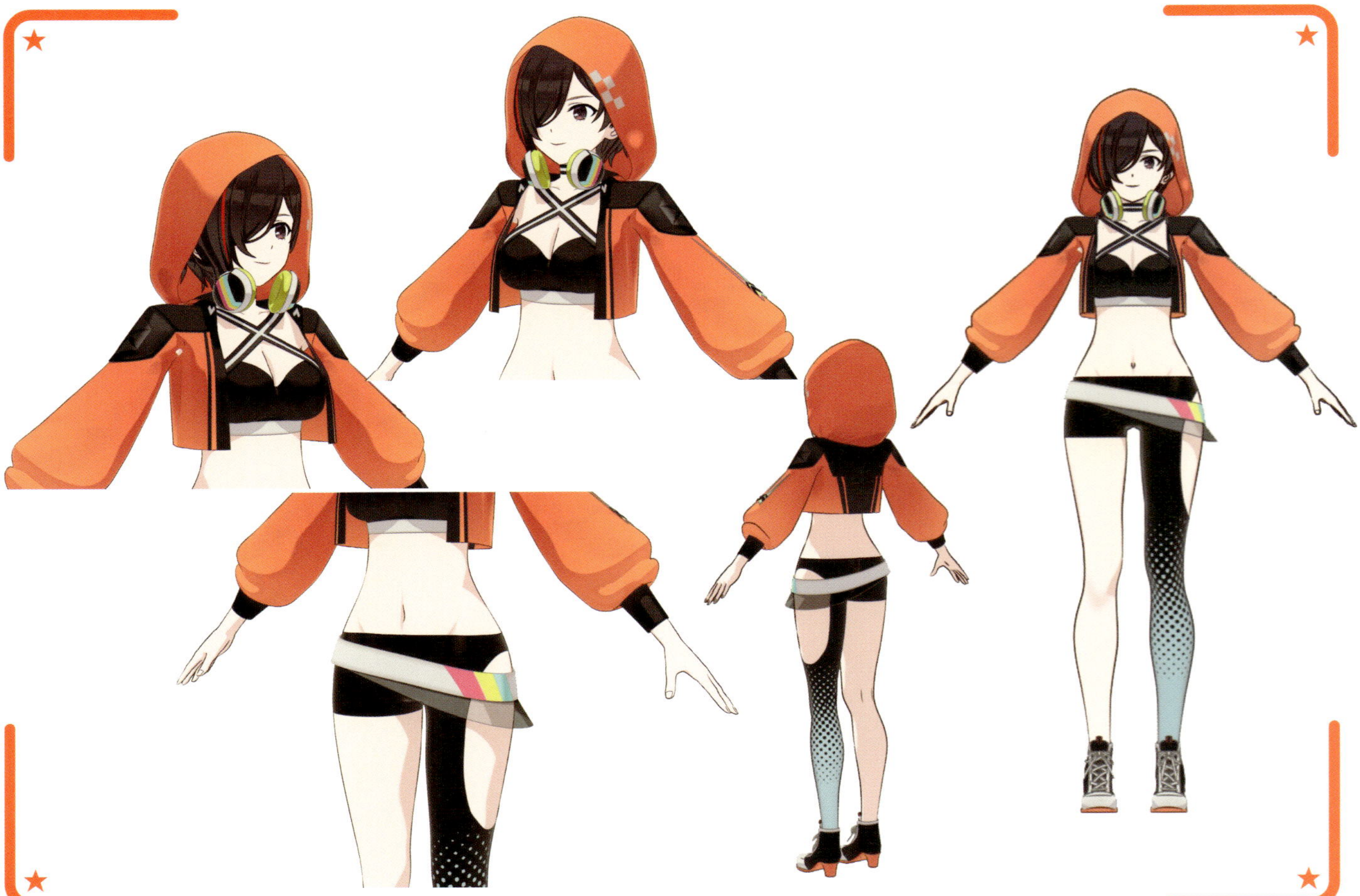

★ WEBドラマステージ衣装 ★

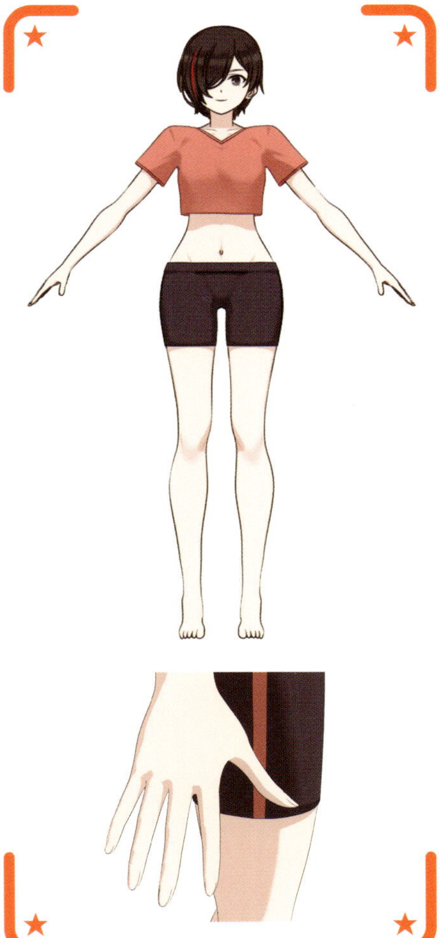

★ 練習着 ★

★ 私服 ★

★ Presto Pizza制服 ★

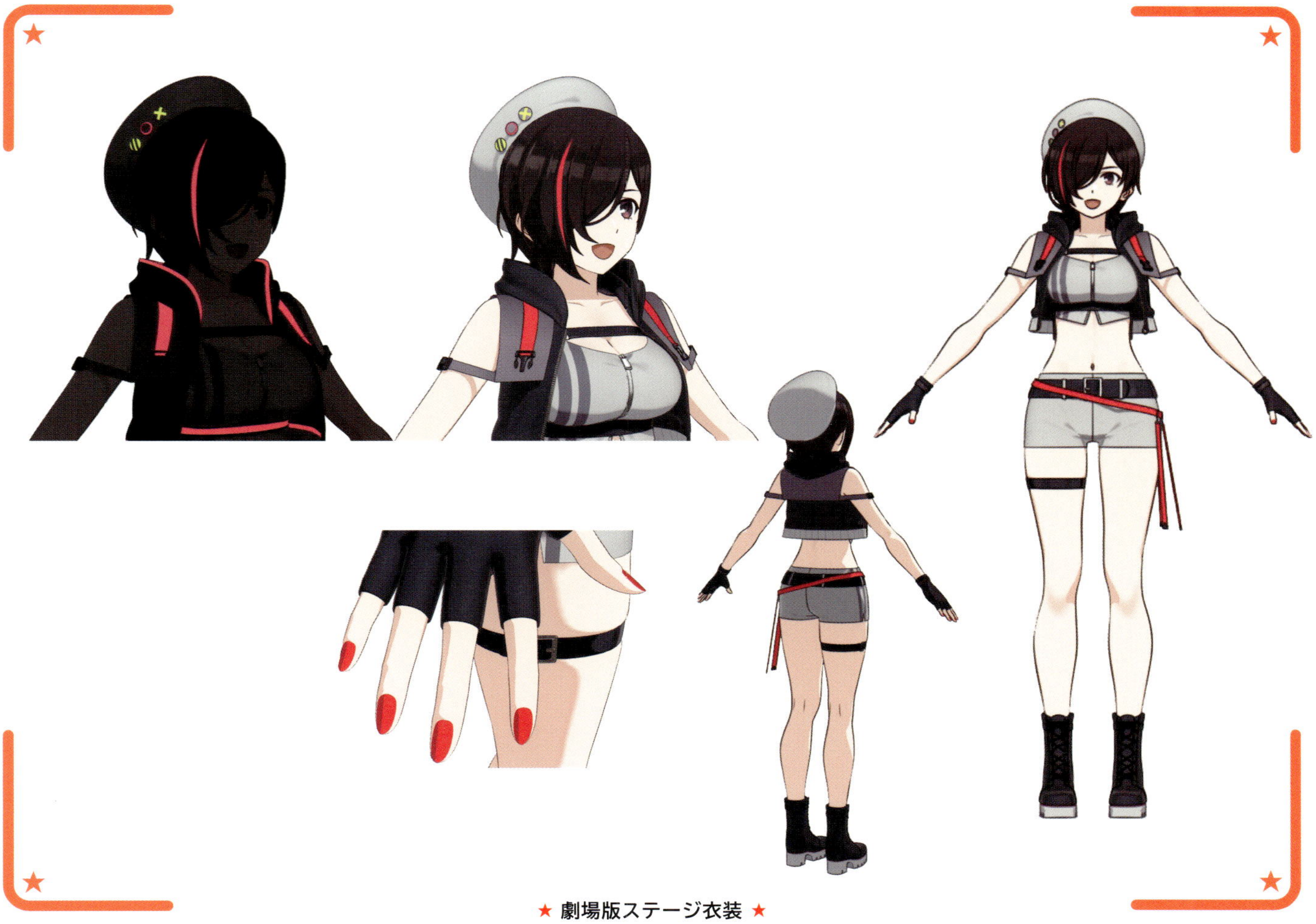

★ 劇場版ステージ衣装 ★

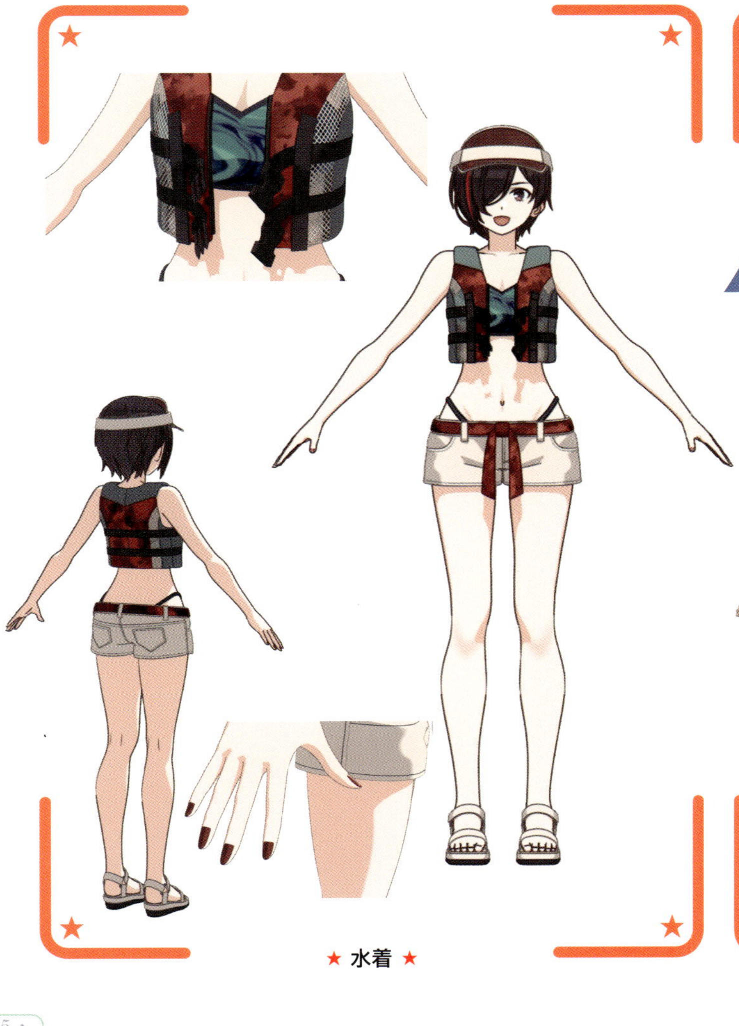

★ 水着 ★

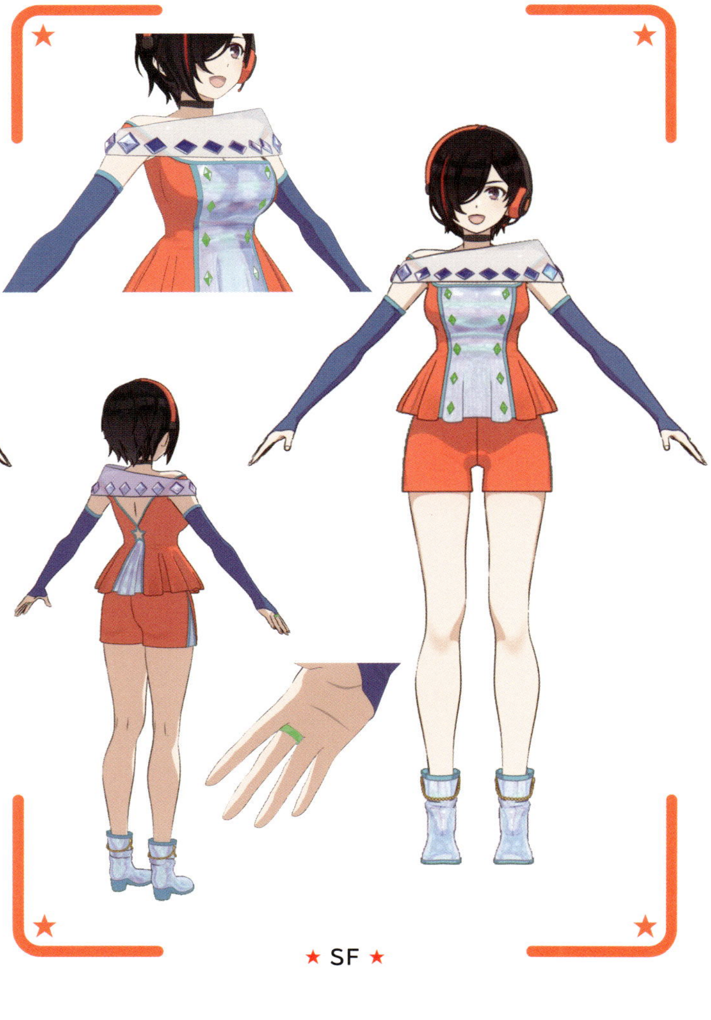

★ SF ★

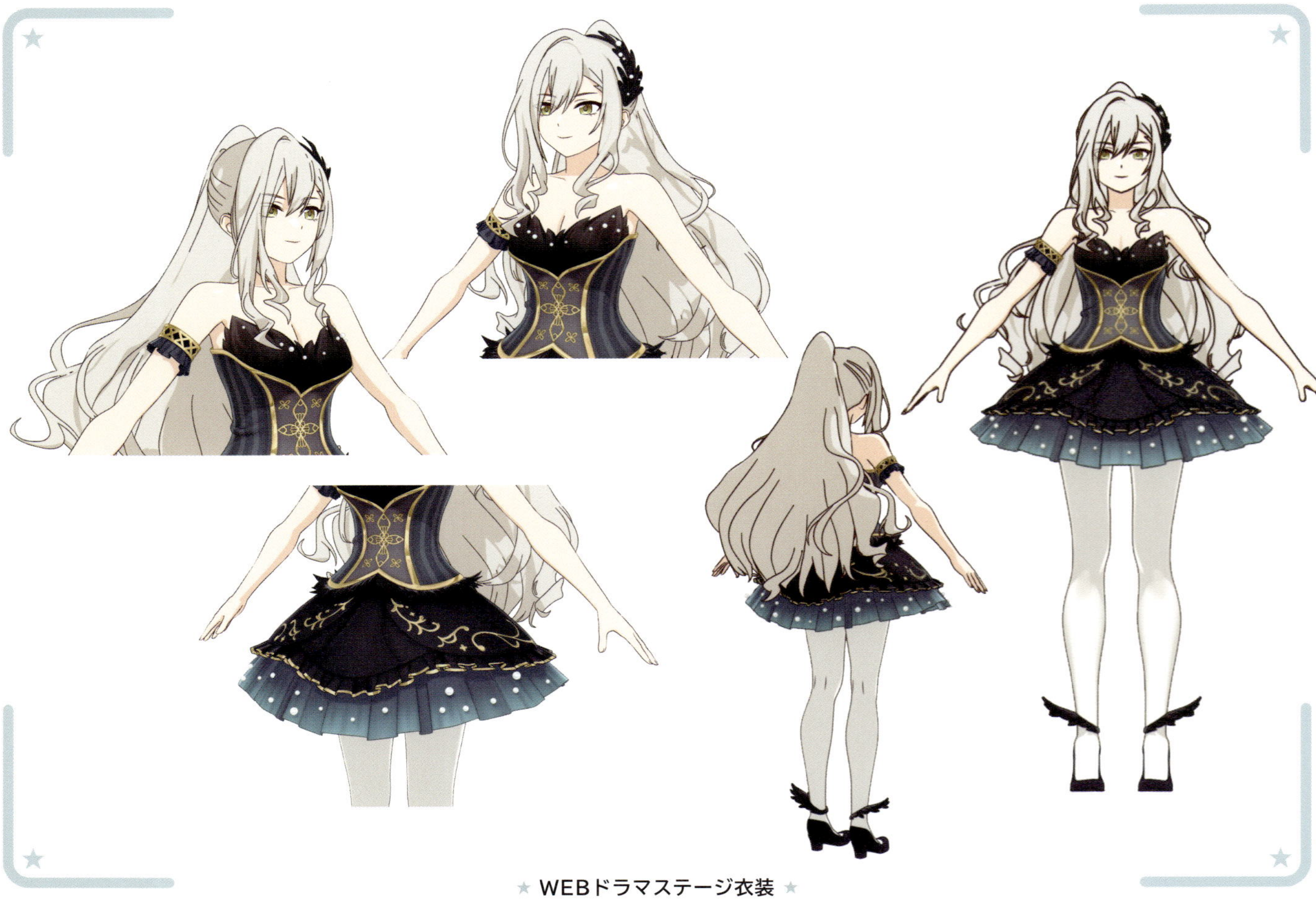

WEBドラマステージ衣装

振袖

水着

私服

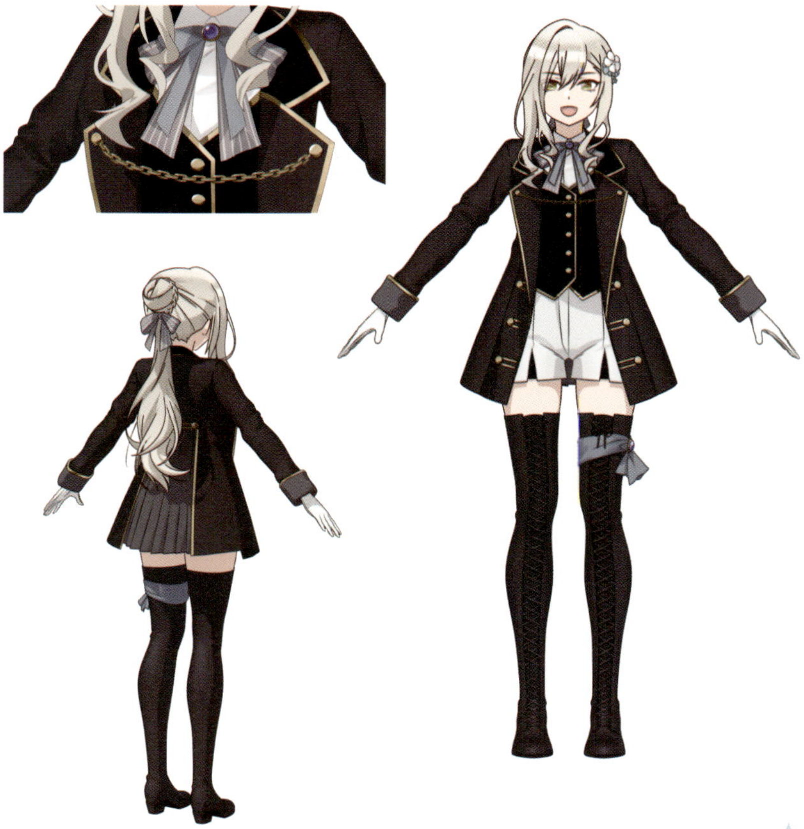

★ 劇場版ステージ衣装（ダブルス）★

★ クリスマス ★

★ 劇場版ステージ衣装（シングル）★

★ WEBドラマステージ衣装 ★

★ クリスマス ★

★ 水着 ★

★ 私服 ★

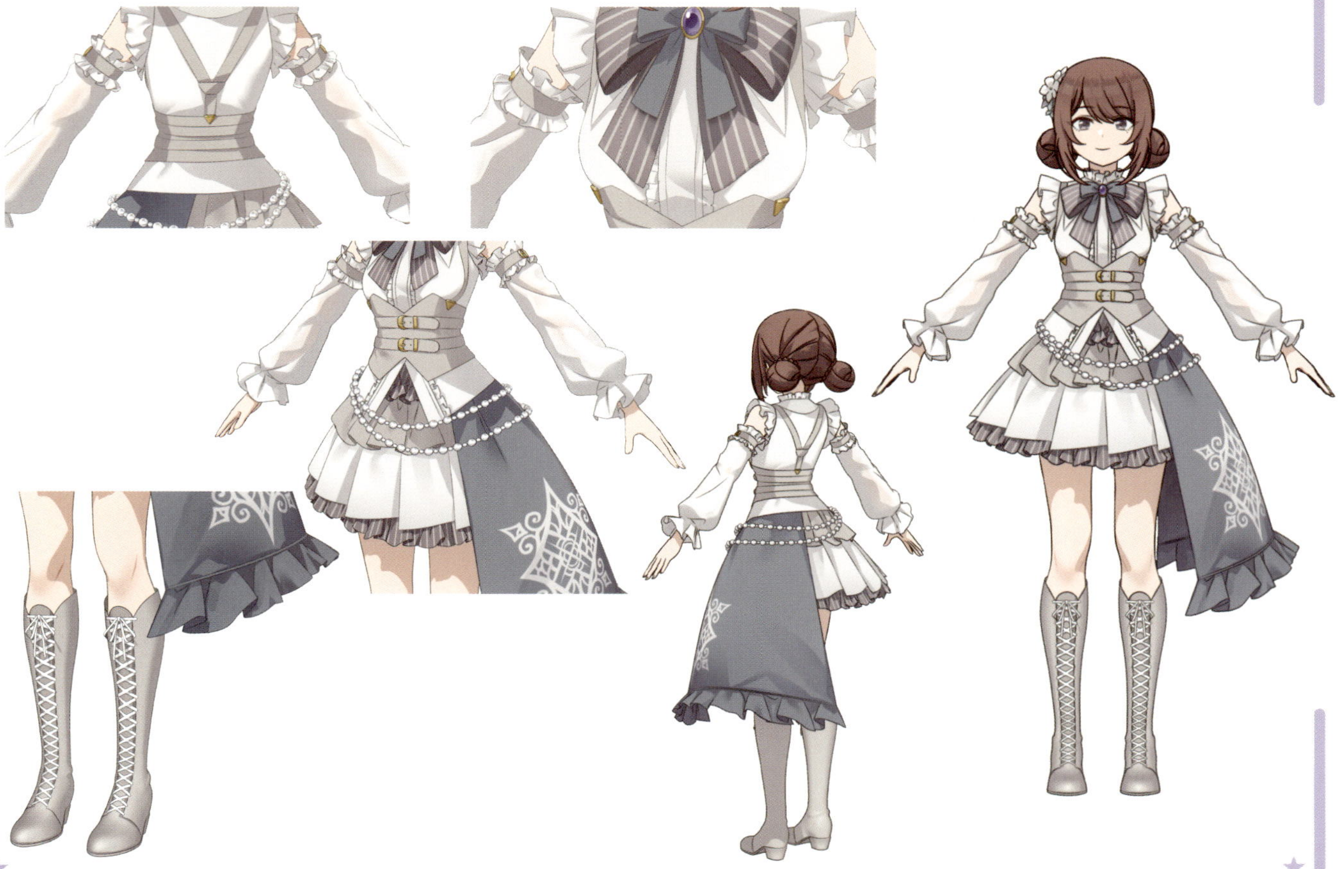

★ 劇場版ステージ衣装 ★

## ✦ 蒼唯ノア

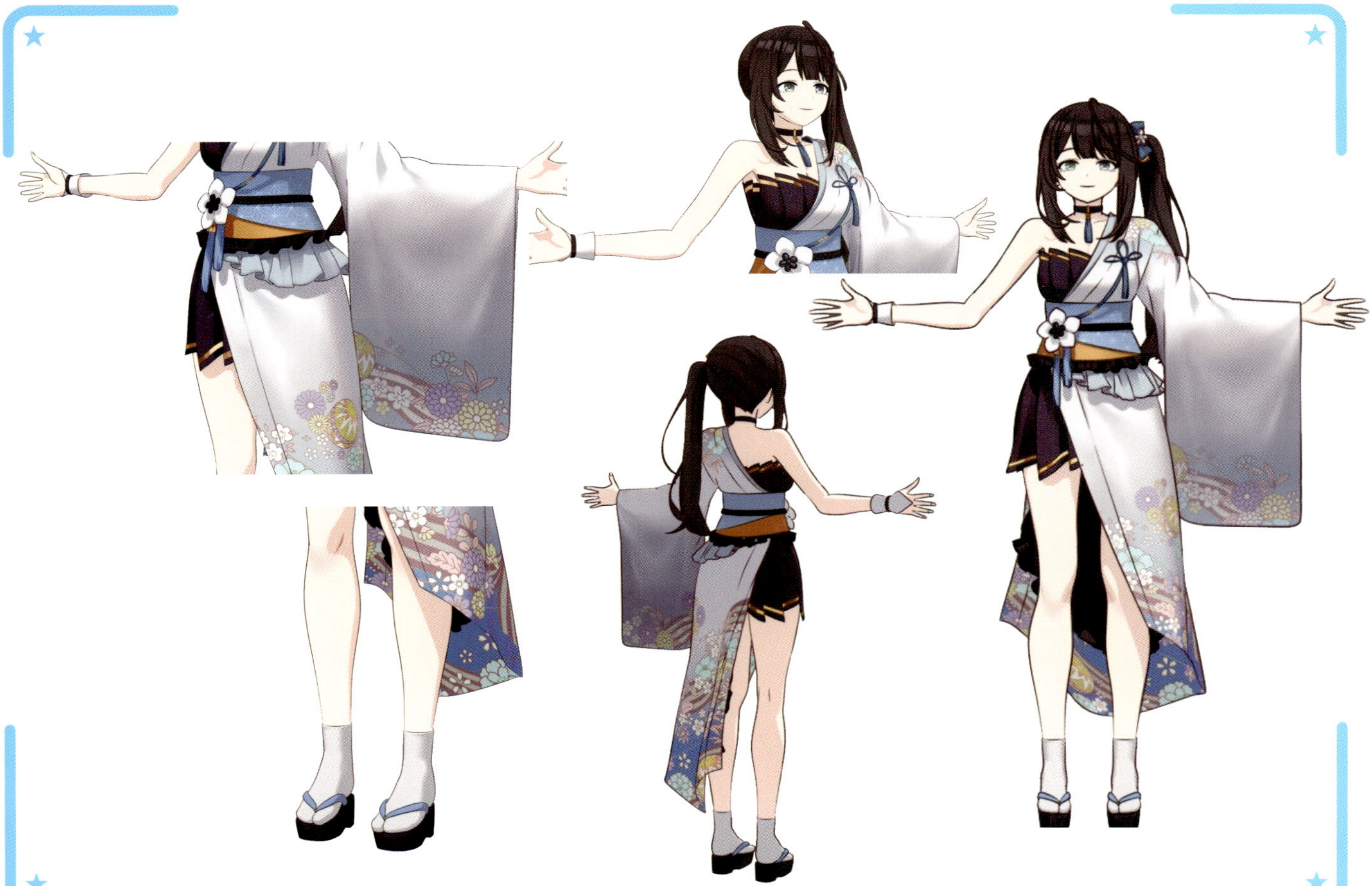

★ WEBドラマステージ衣装 ★

★ クリスマス ★

★ 水着 ★

★ 私服 ★

★ 劇場版ステージ衣装 ★

★ 劇場版ステージ衣装（片袖）★

## ✦芯央アズミ

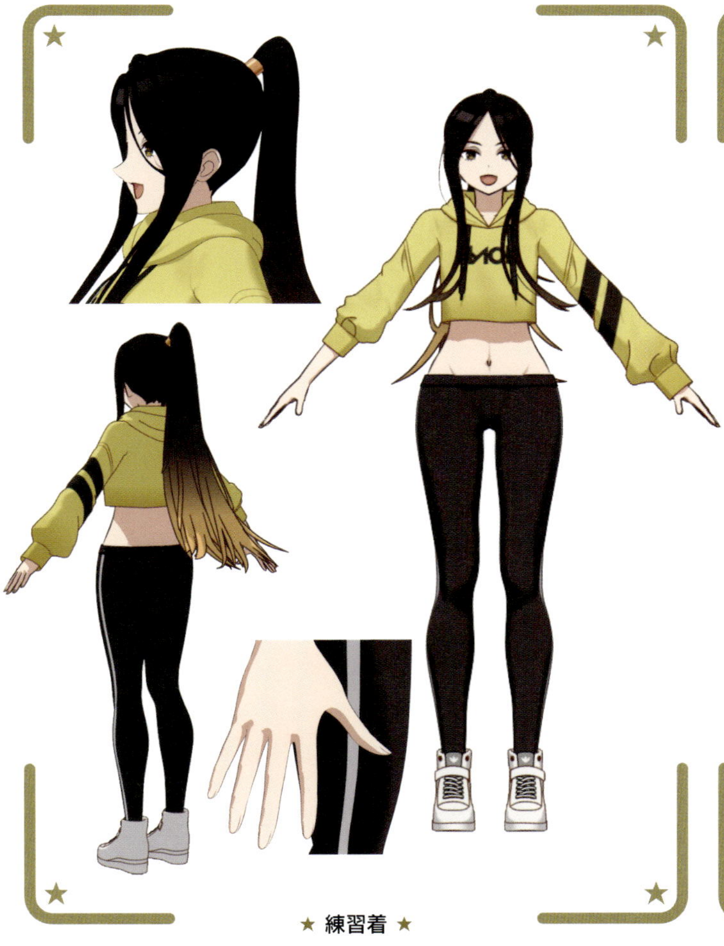

★ 練習着 ★

★ 衣装 ★

# PROP DESIGN SETTING PICTURE

## プロップデザイン

### ✶バッグ・リュック

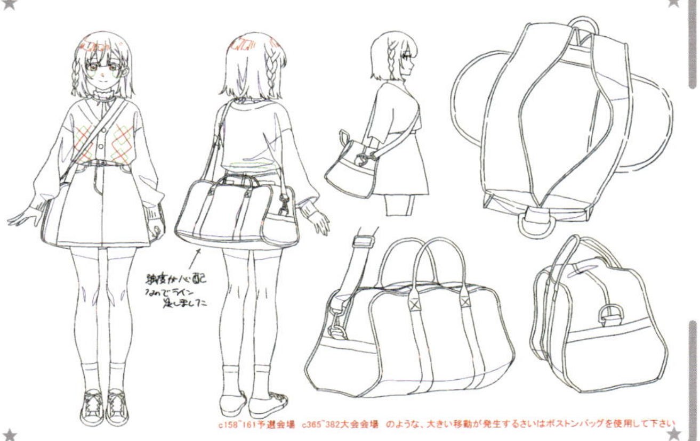


★ ヒナノのボストンバッグ ★

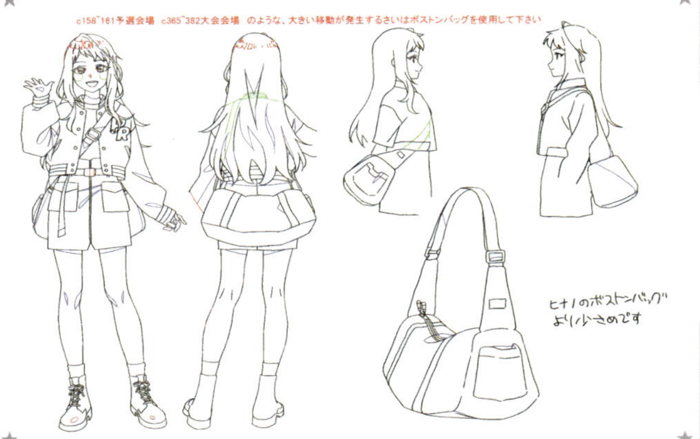


★ リリアのボストンバッグ ★

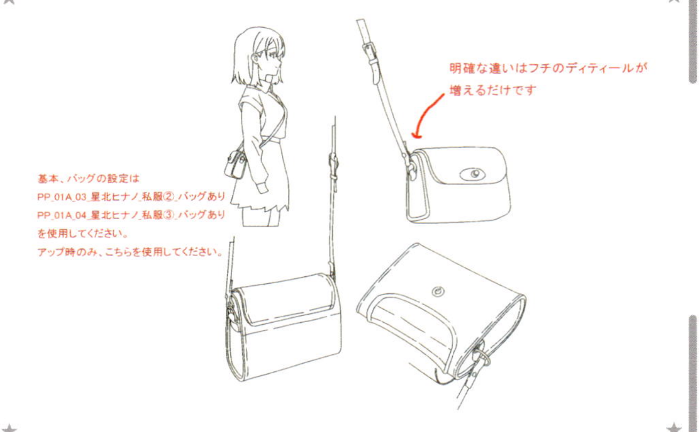


★ ヒナノのバッグ ★

★ ミオのボストンバッグ ★

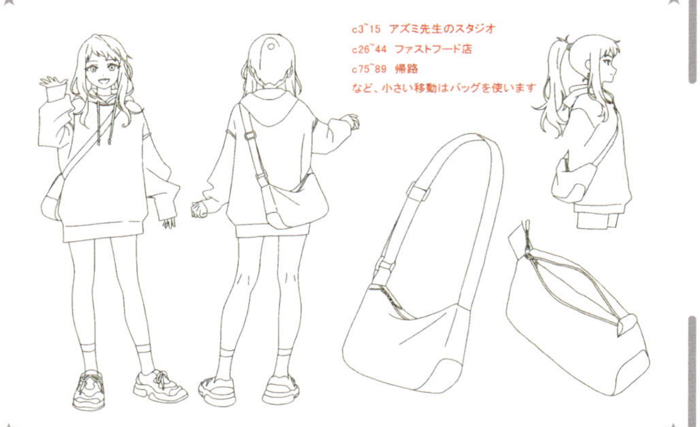


★ リリアのバッグ ★

★ アズミのバッグ ★

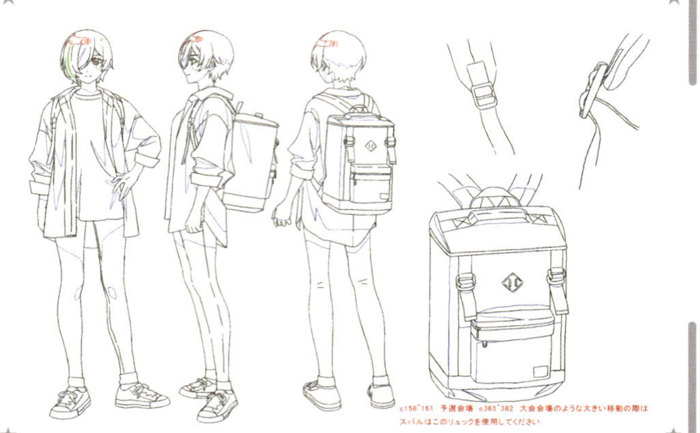


★ スバルのリュック ★

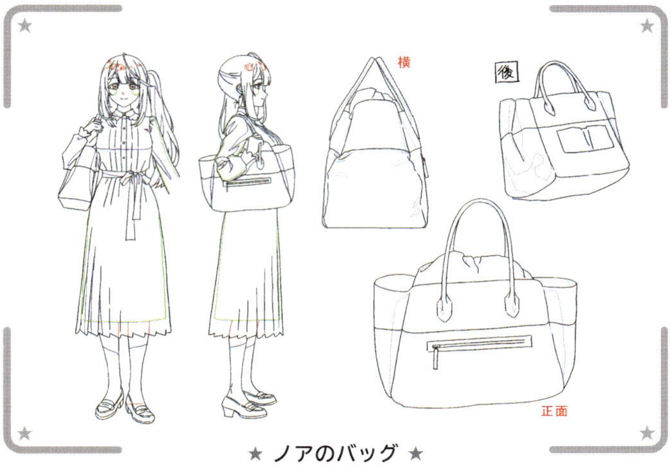


★ ノアのバッグ ★

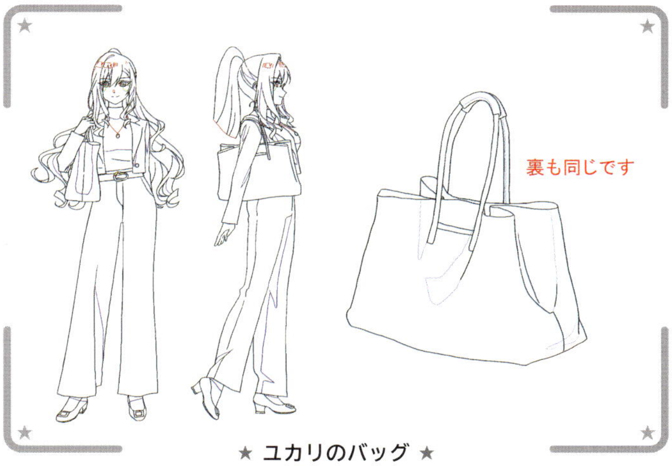


★ ユカリのバッグ ★

## ✦ヒナノのおばあちゃんのお守り

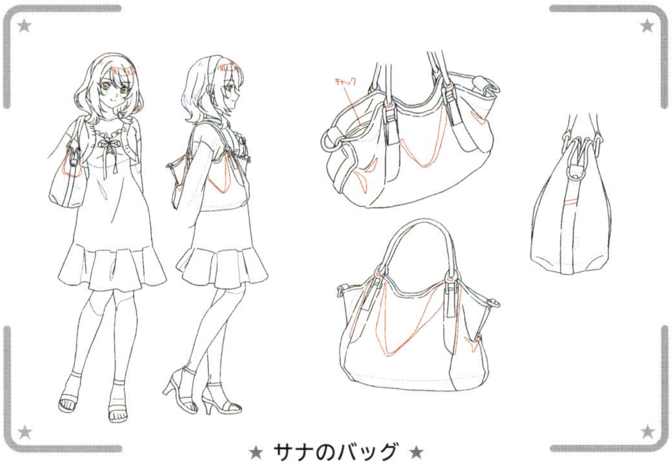

★ サナのバッグ ★

## ✦スマホ

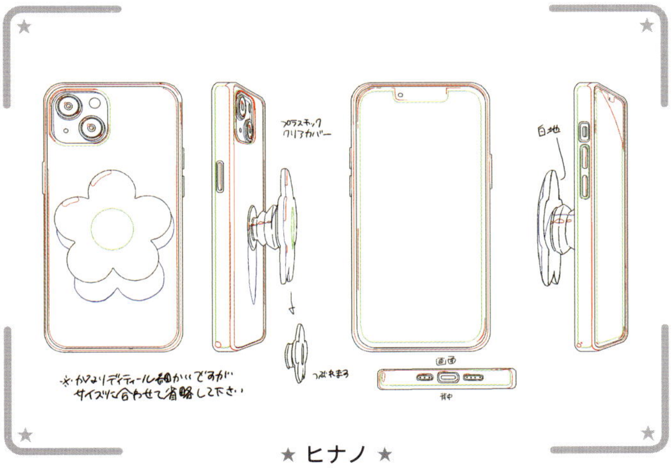


★ ヒナノ ★

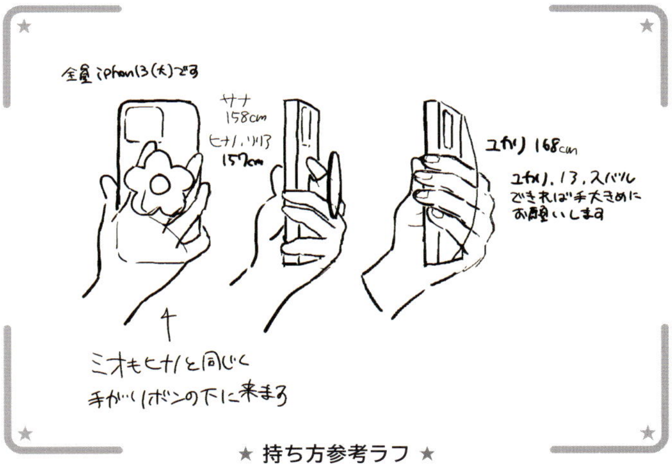


★ 持ち方参考ラフ ★

★ ヒナノとリリアのスマホ（カラーモデル）★

★ リリア ★

★ スバル ★

★ ミオ ★

★ スバルのスマホデザイン ★

★ ミオとスバルのスマホ（カラーモデル）★

★ サナ ★

★ ユカリ ★

★ ユカリのスマホケースの柄 ★

★ ユカリとサナのスマホ（カラーモデル）★

## ✦タブレット

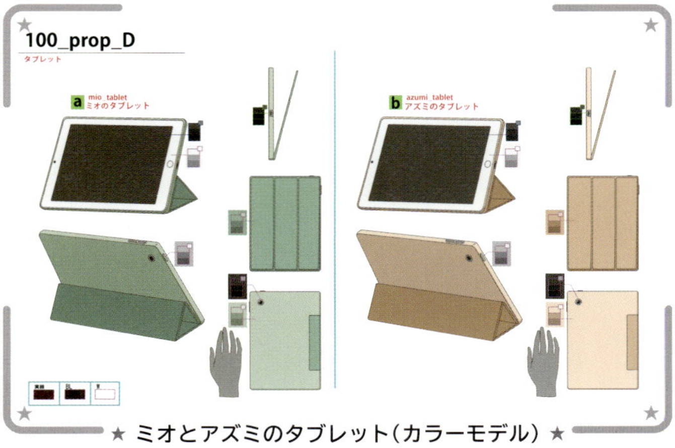

★ミオとアズミのタブレット(カラーモデル)★

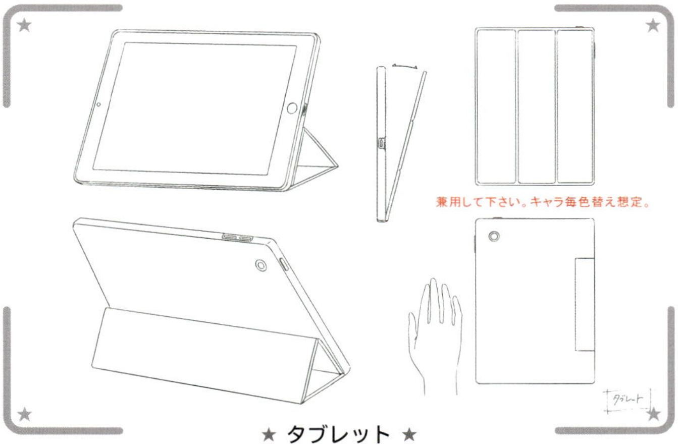

★タブレット★

## ✦水筒

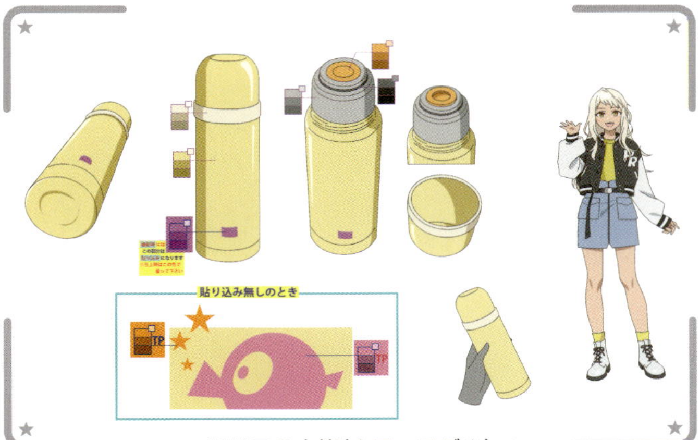

★リリアの水筒(カラーモデル)★

★水筒★

## ✦ミオの裁縫セット

★ミオの裁縫セット(カラーモデル)★

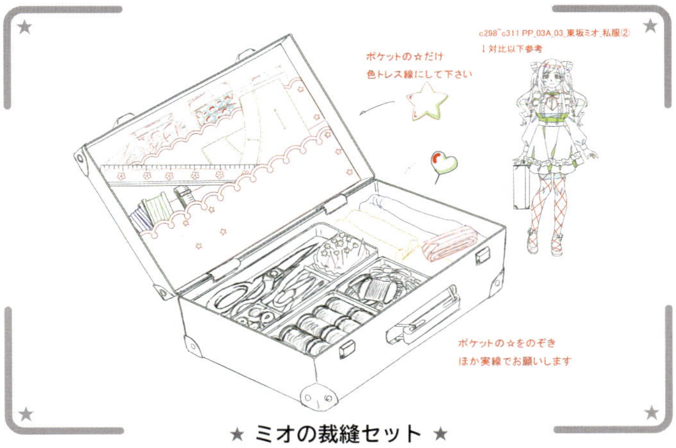

★ミオの裁縫セット★

## ✦アズミのサングラスとメガホン

★アズミのサングラスとメガホン(カラーモデル)★

★アズミのサングラスとメガホン★

## ✦ティーセット

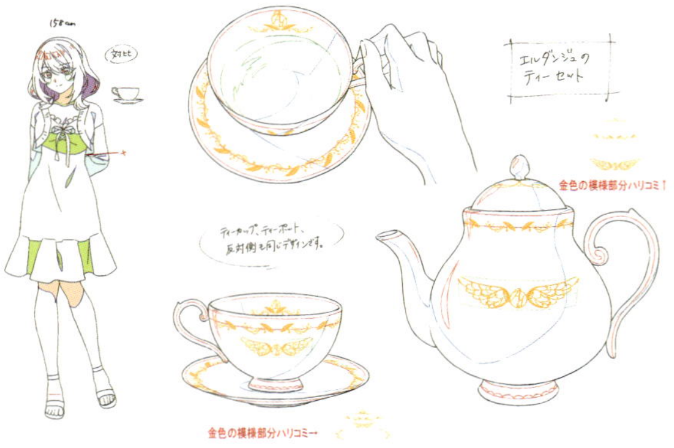


★ エルダンジュ ★

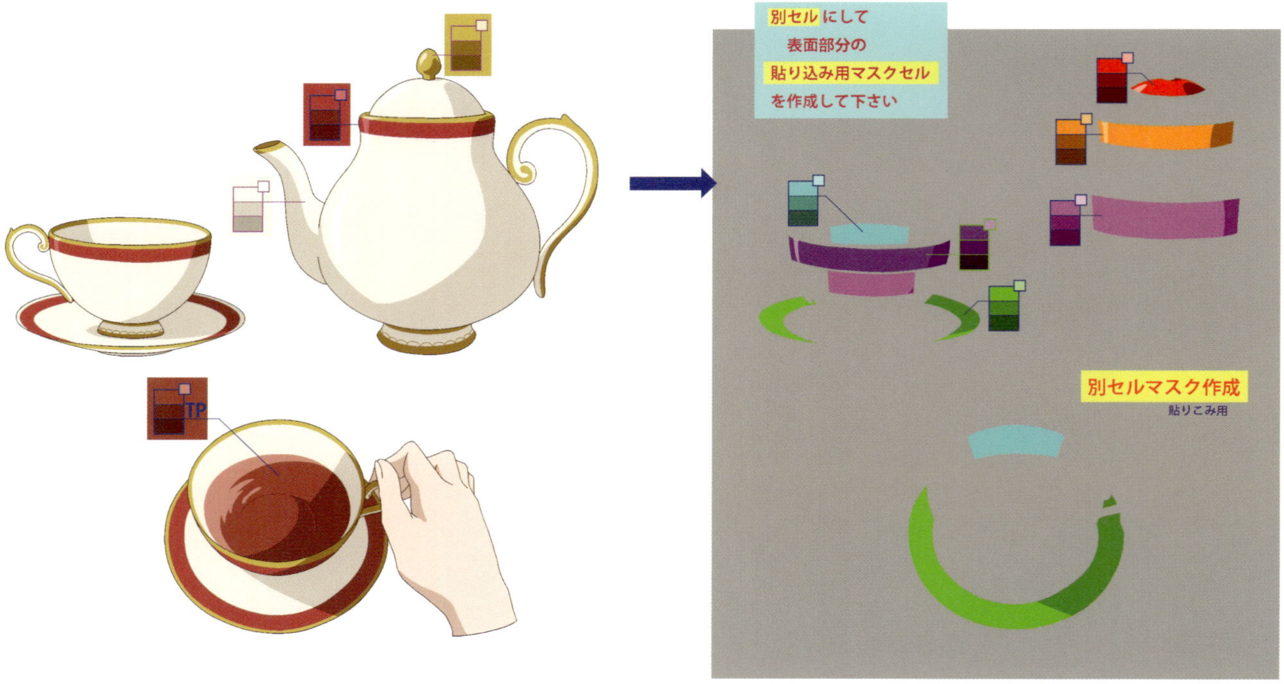


★ エルダンジュ（カラーモデル）★

## ✦焼き肉店

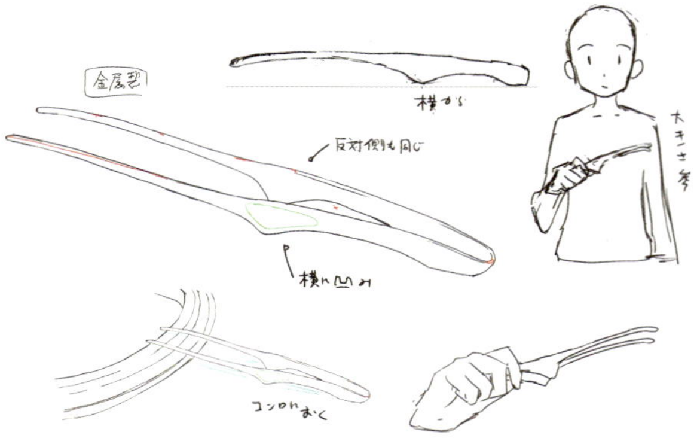


★ トング ★

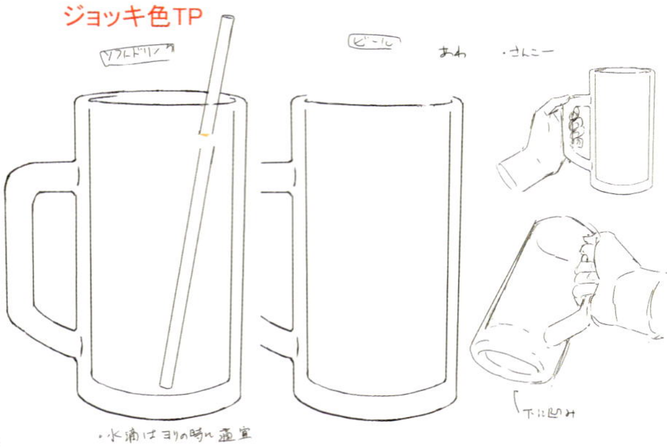


★ ジョッキ ★

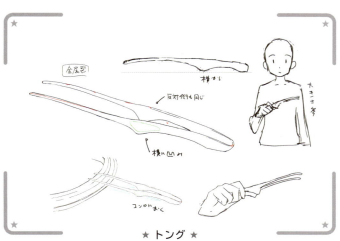

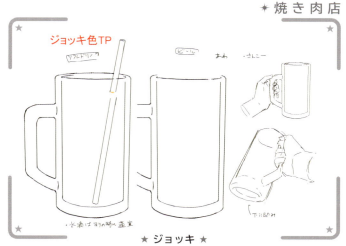

★ 焼き肉店（カラーモデル）★

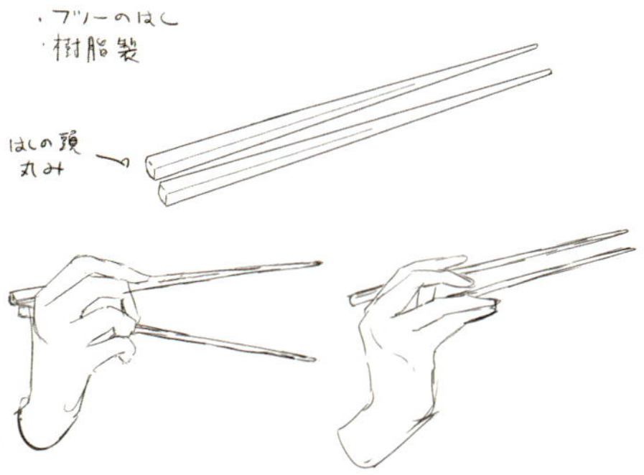


★ 箸 ★

✶ STAR LIGHT BURGER

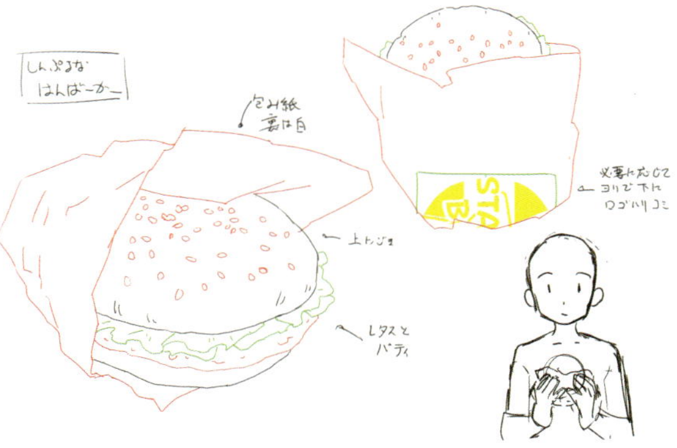


★ ハンバーガー ★

★ ハンバーガーセット ★

★ STAR LIGHT BURGER（カラーモデル）★

★ 豆とコーン ★

★ ロゴ ★

★ バーガーの包み紙 ★

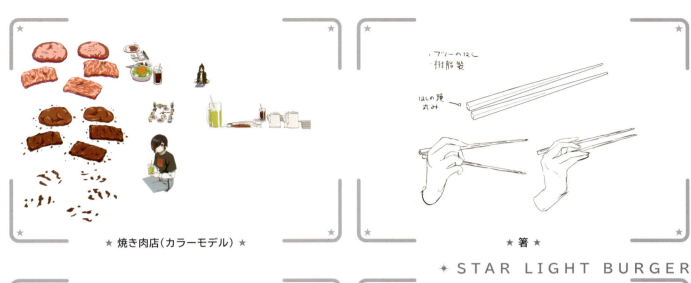

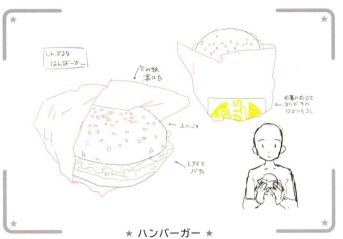

★ ONIマーク ★

★ Presto Pizzaのネームプレート ★

★ チーム魂とチーム下剋上 ★

★ 根性 ★

★ 配信サイトの枠 ★

★ エルダンジュ配信サイト ★

★ スポーツドリンク風ラベル ★

★ タツノコビール ★

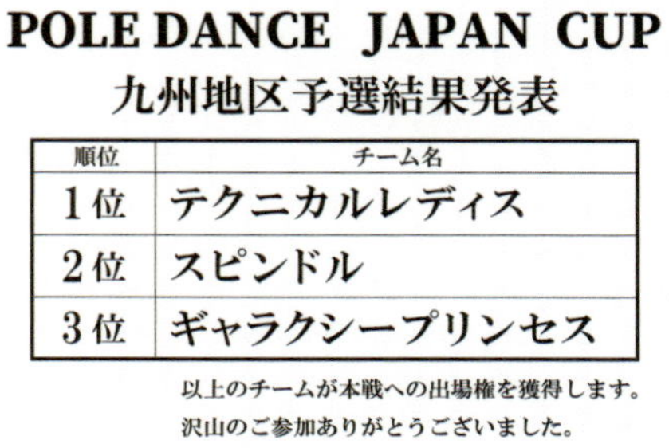

POLE DANCE JAPAN CUP
九州地区予選結果発表

| 順位 | チーム名 |
|---|---|
| 1位 | テクニカルレディス |
| 2位 | スピンドル |
| 3位 | ギャラクシープリンセス |

以上のチームが本戦への出場権を獲得します。
沢山のご参加ありがとうございました。

★ 九州地区予選結果ボード ★

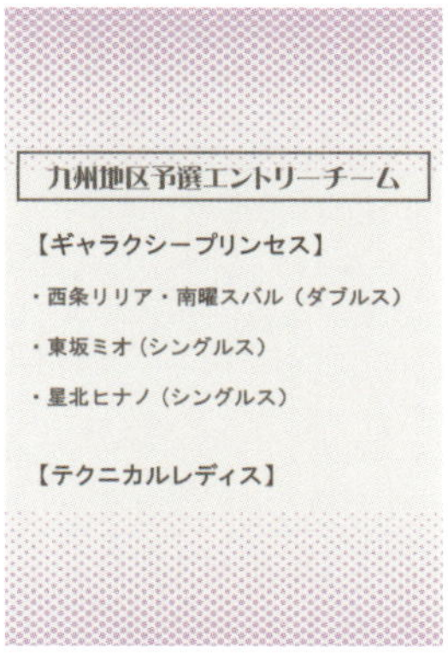

九州地区予選エントリーチーム

【ギャラクシープリンセス】
・西条リリア・南曜スバル（ダブルス）
・東坂ミオ（シングルス）
・星北ヒナノ（シングルス）

【テクニカルレディス】

★ 九州地区予選エントリーチーム ★

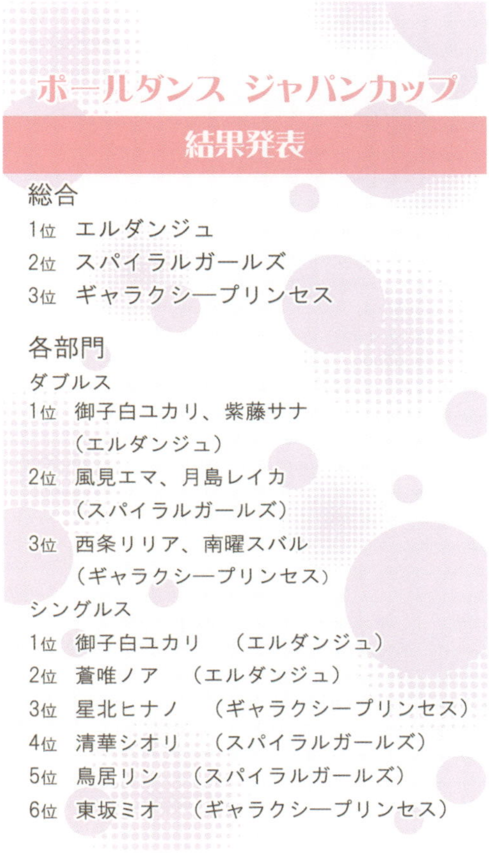

ポールダンス ジャパンカップ
結果発表

総合
1位　エルダンジュ
2位　スパイラルガールズ
3位　ギャラクシープリンセス

各部門
ダブルス
1位　御子白ユカリ、紫藤サナ
（エルダンジュ）
2位　風見エマ、月島レイカ
（スパイラルガールズ）
3位　西条リリア、南曜スバル
（ギャラクシープリンセス）
シングルス
1位　御子白ユカリ　（エルダンジュ）
2位　蒼唯ノア　（エルダンジュ）
3位　星北ヒナノ　（ギャラクシープリンセス）
4位　清華シオリ　（スパイラルガールズ）
5位　鳥居リン　（スパイラルガールズ）
6位　東坂ミオ　（ギャラクシープリンセス）

★ 大会結果発表 ★

★ 大会チラシ ★

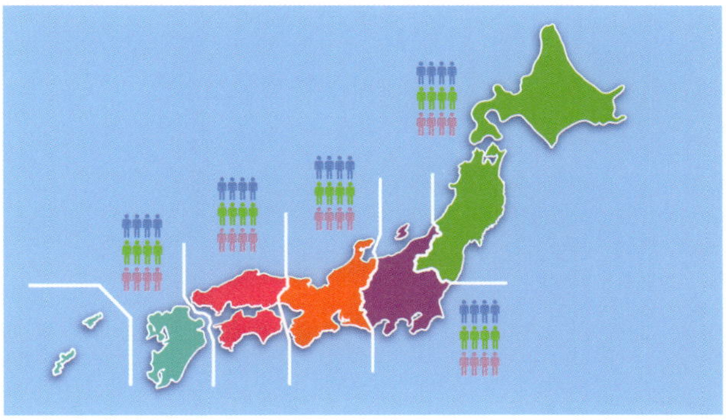

★ 日本地図 ★

★ タツノコマーク ★

★ ミオのスケッチイラスト ★

Prop Design Setting Picture

# POLE DANCE STAGE

## ポールダンス舞台

### ✶大会会場

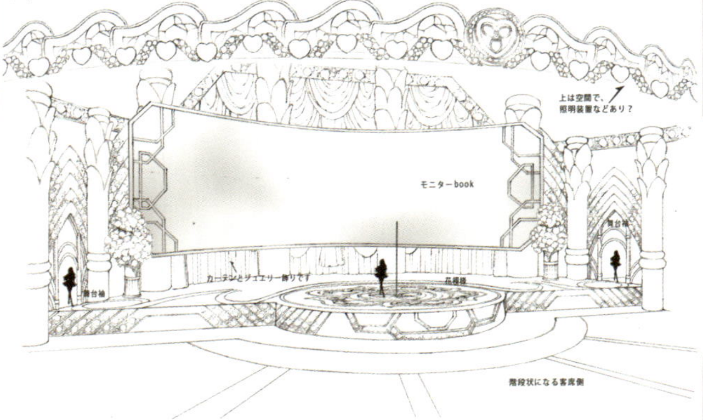

★ 劇場版大会会場のステージ ★

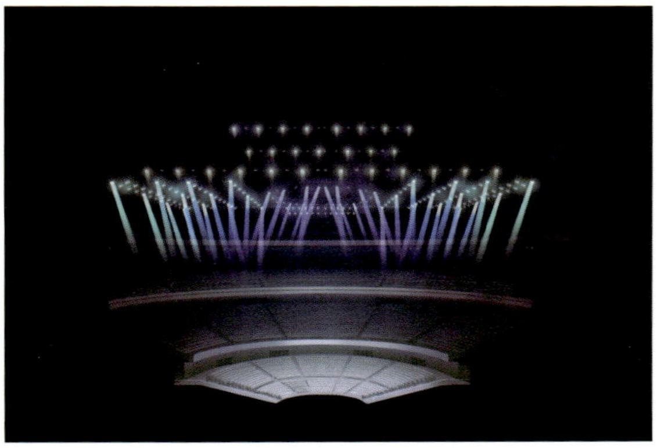

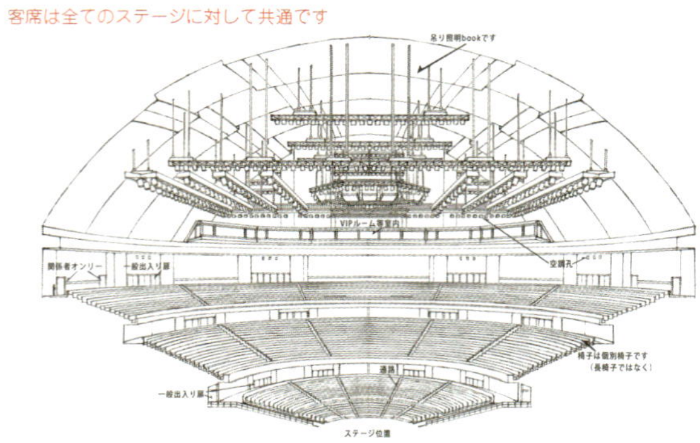


★ 劇場版大会会場の客席 ★

★劇場版ステージ★

WEB版MVステージ（夜）

WEB版MVステージ

ハーバリウム的な柱
ふわもこなブランコ
飾り窓
ハープのような
マカロン
ステージ
カップケーキ
花壇
花
レース帯
グリーン
手前床部分、bookです
リボン

WEB版MVステージ

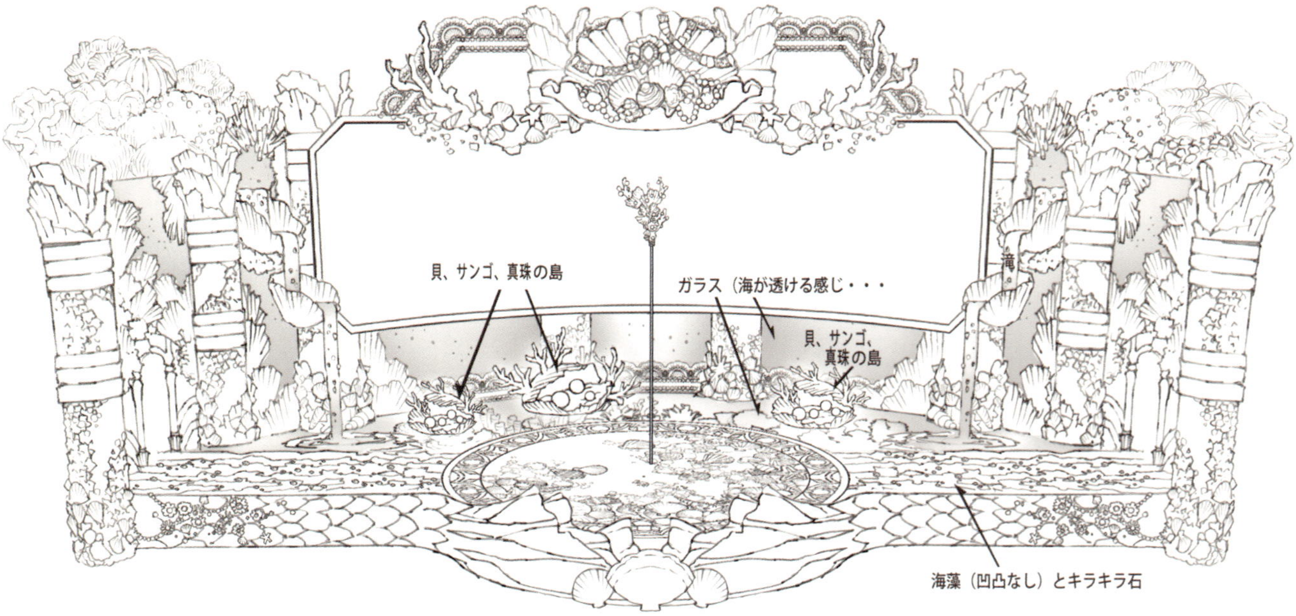
貝、サンゴ、真珠の島
ガラス（海が透ける感じ・・・
滝
貝、サンゴ、
真珠の島
海藻（凹凸なし）とキラキラ石

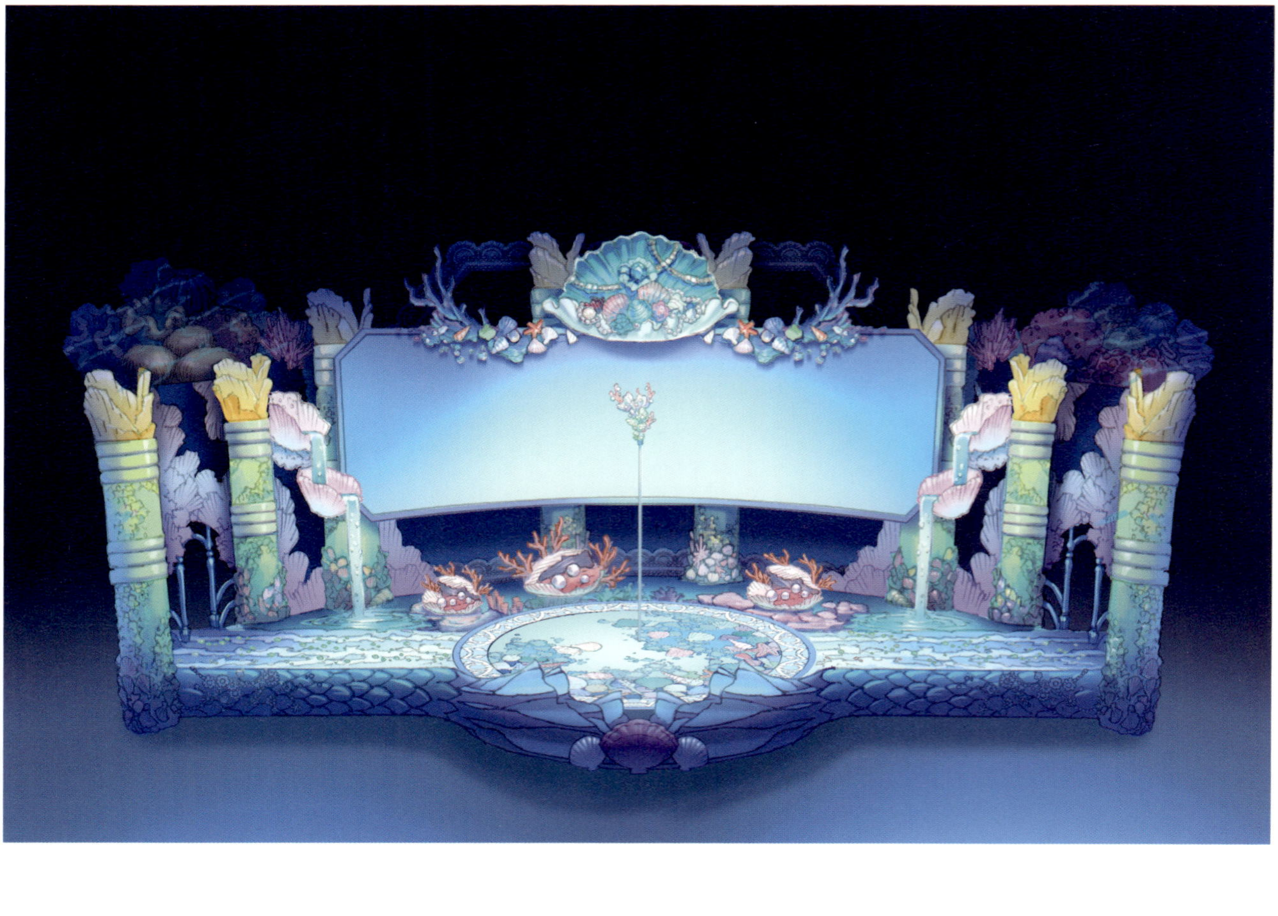

★ 劇場版ステージ ★

★ WEB版MVステージ ★

★ WEB版MVステージ(夜) ★

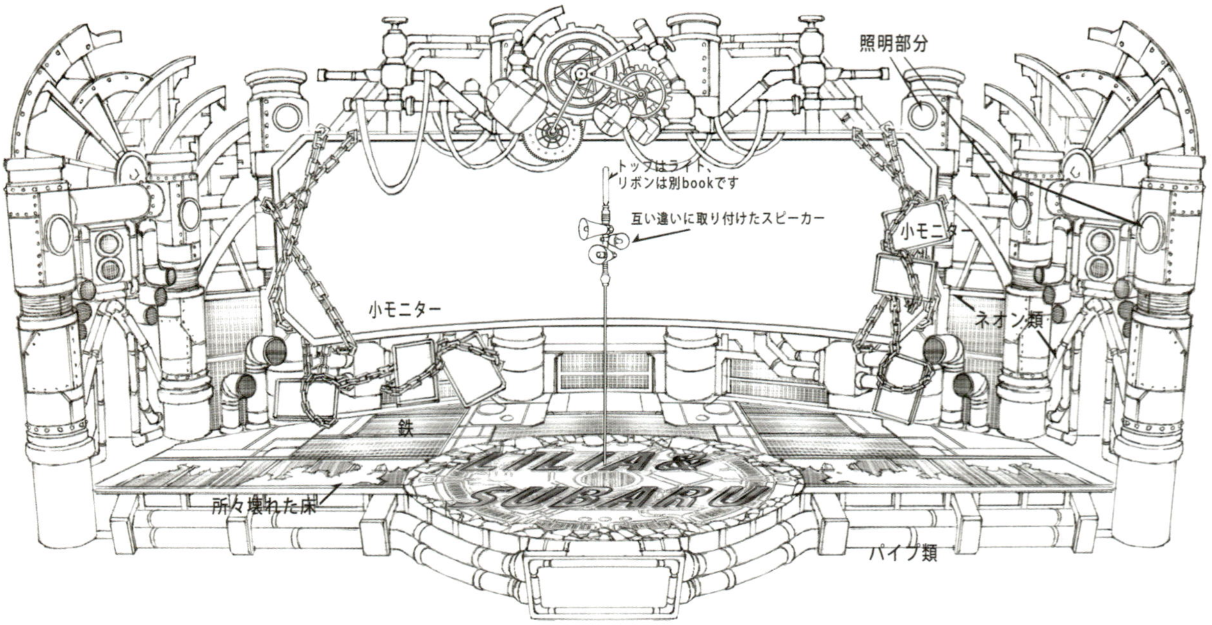
照明部分
トップはライト、
リボンは別bookです
互い違いに取り付けたスピーカー
小モニター
小モニター
ネオン類
鉄
LILIA&
SUBARU
所々壊れた床
パイプ類

劇場版ステージ

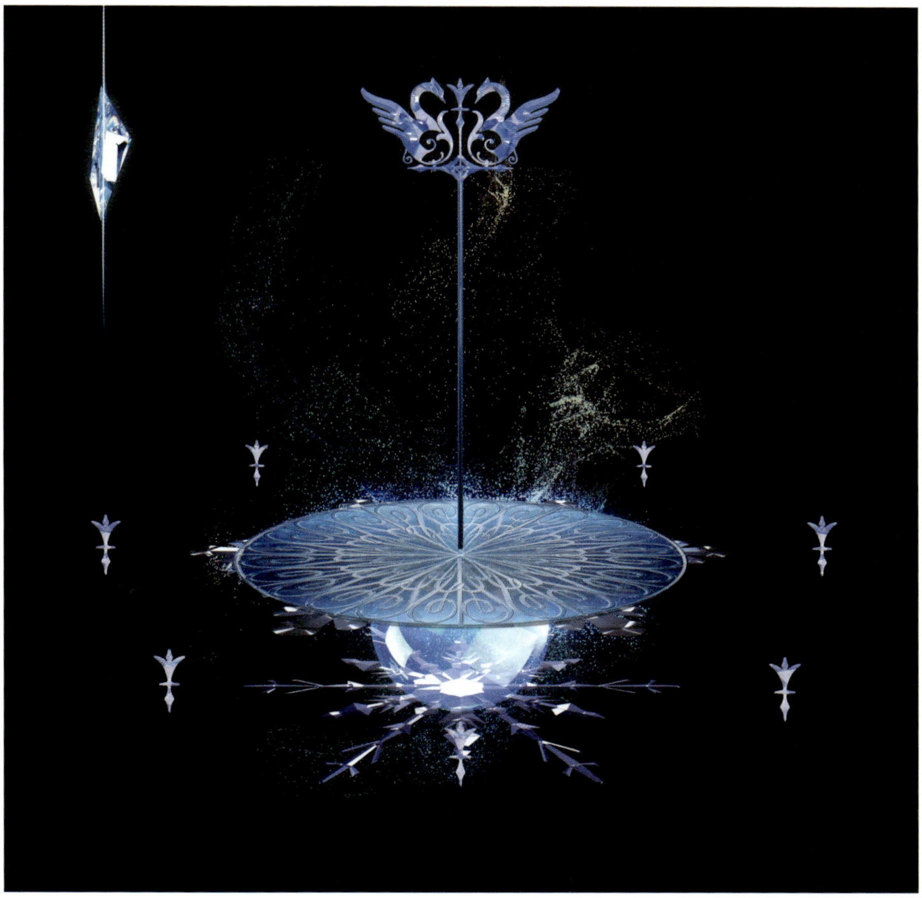

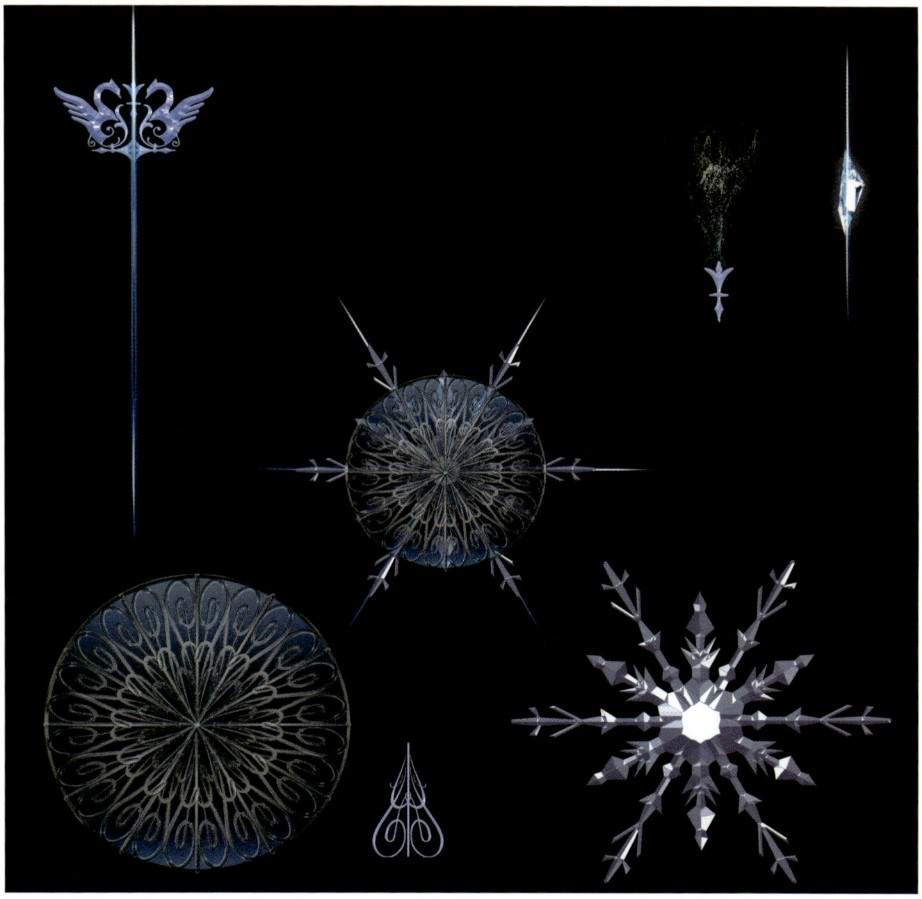

★ WEB版MVステージ ★

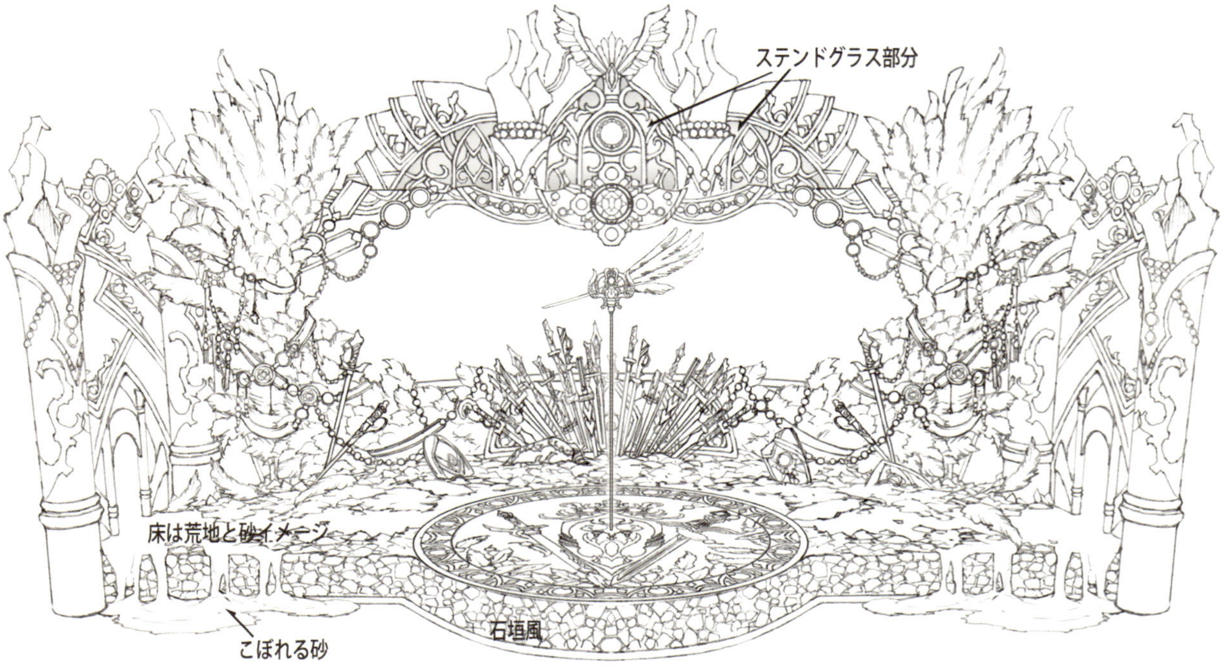
ステンドグラス部分
床は荒地と砂イメージ
こぼれる砂
石垣風

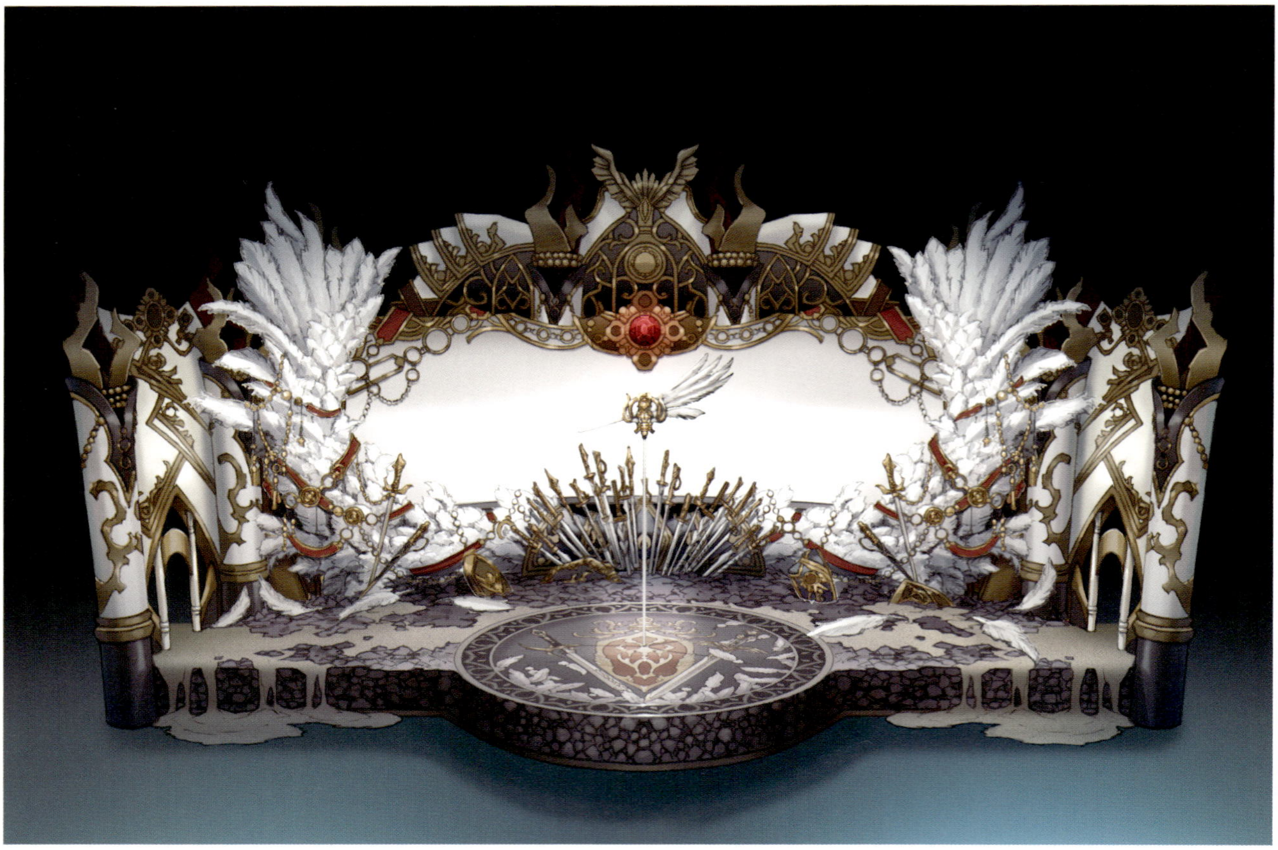

サナ

WEB版MVステージ

ノア

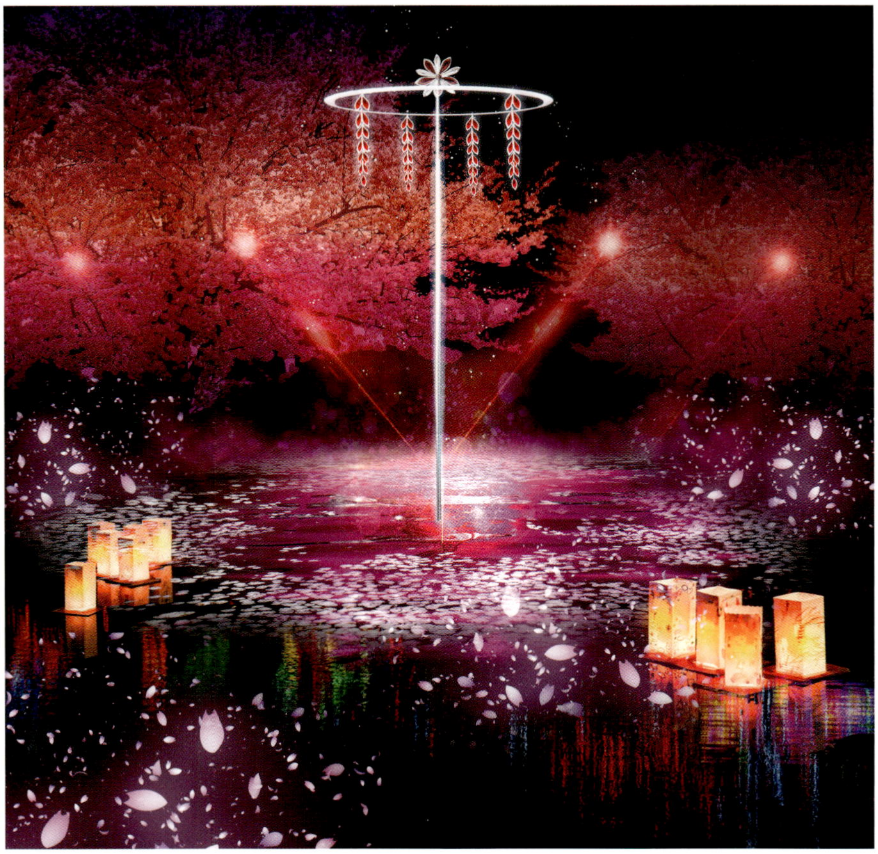

WEB版MVステージ

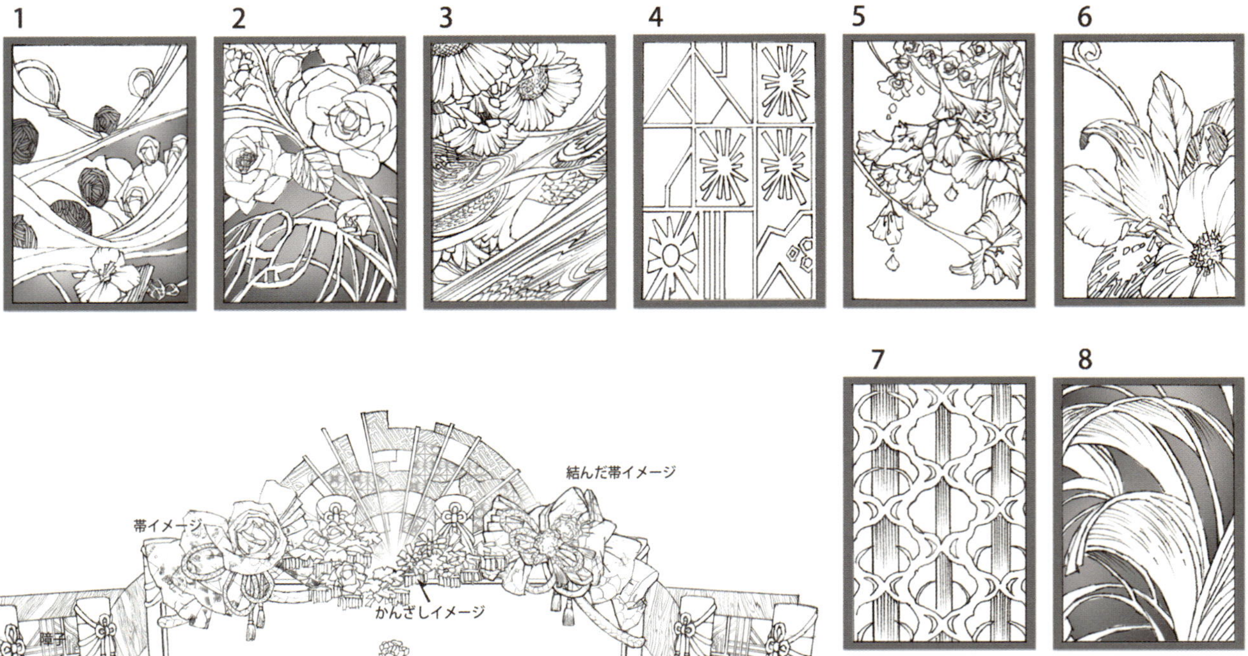


★ 劇場版ステージ（カルタ） ★

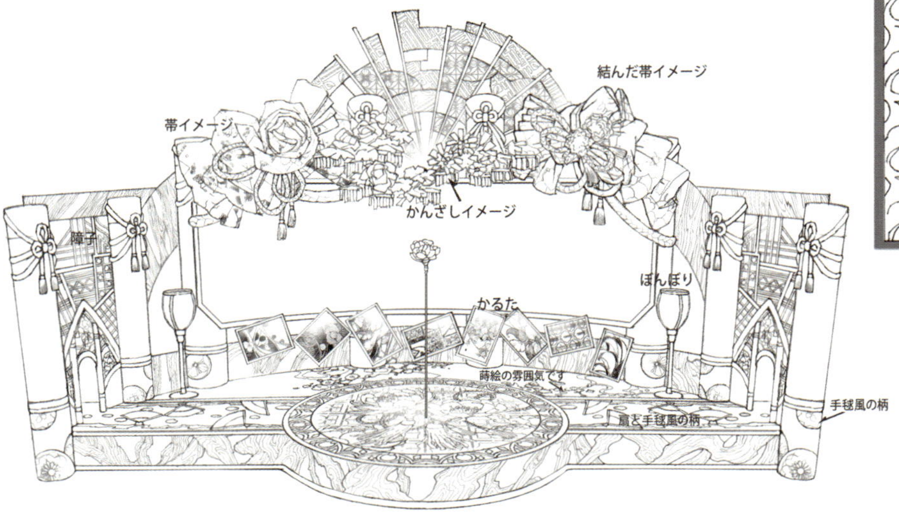

★ 劇場版ステージ ★

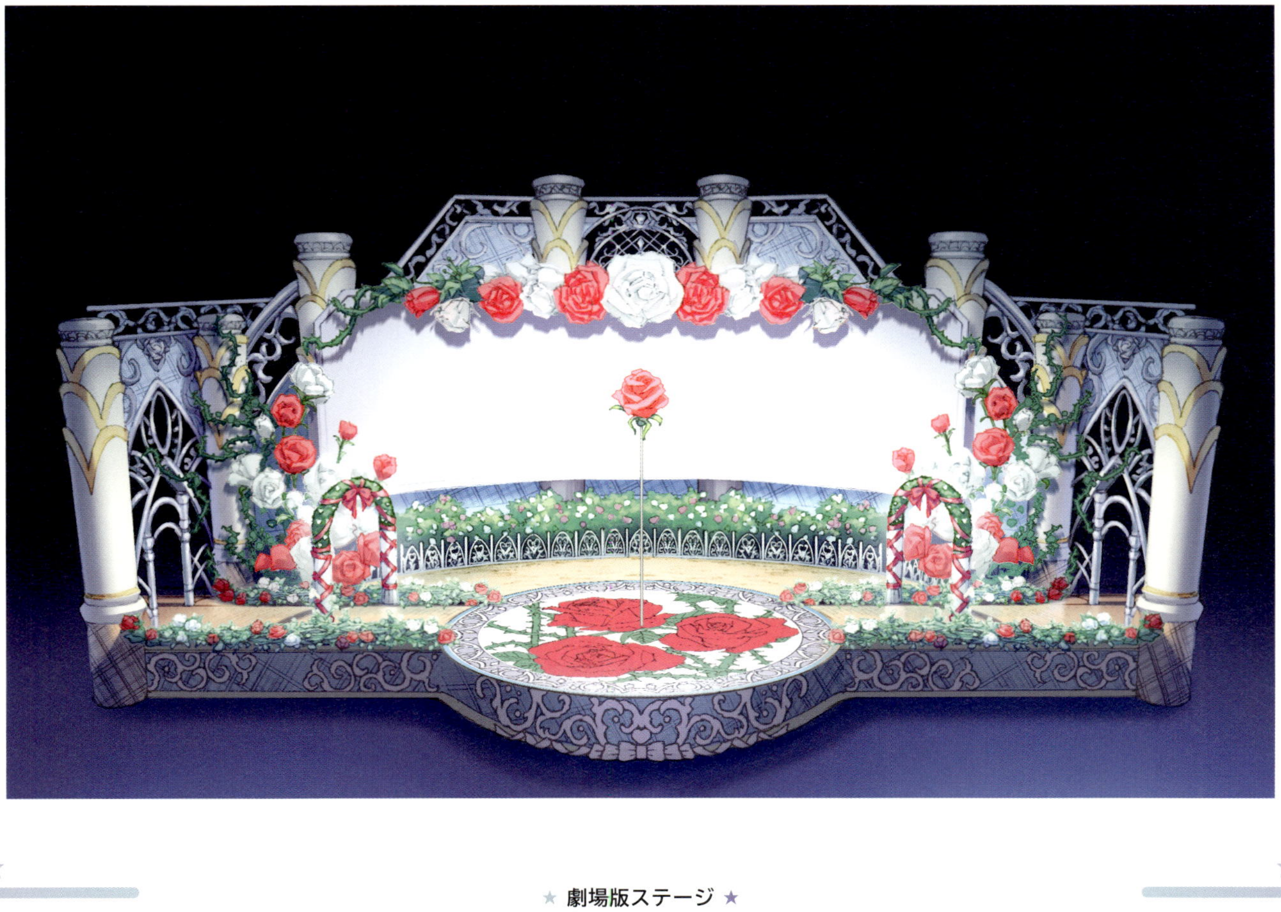

劇場版ステージ

# BACKGROUND ART

## 背景美術

### プラネタリウム

★ 外観1 ★

★ 外観1（夕）★

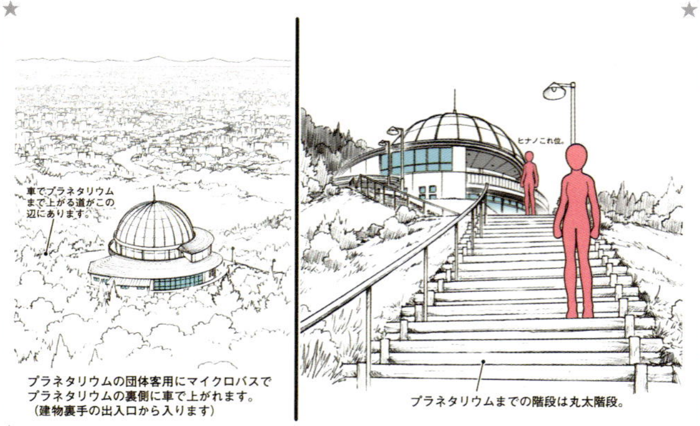


★ 外観2 ★

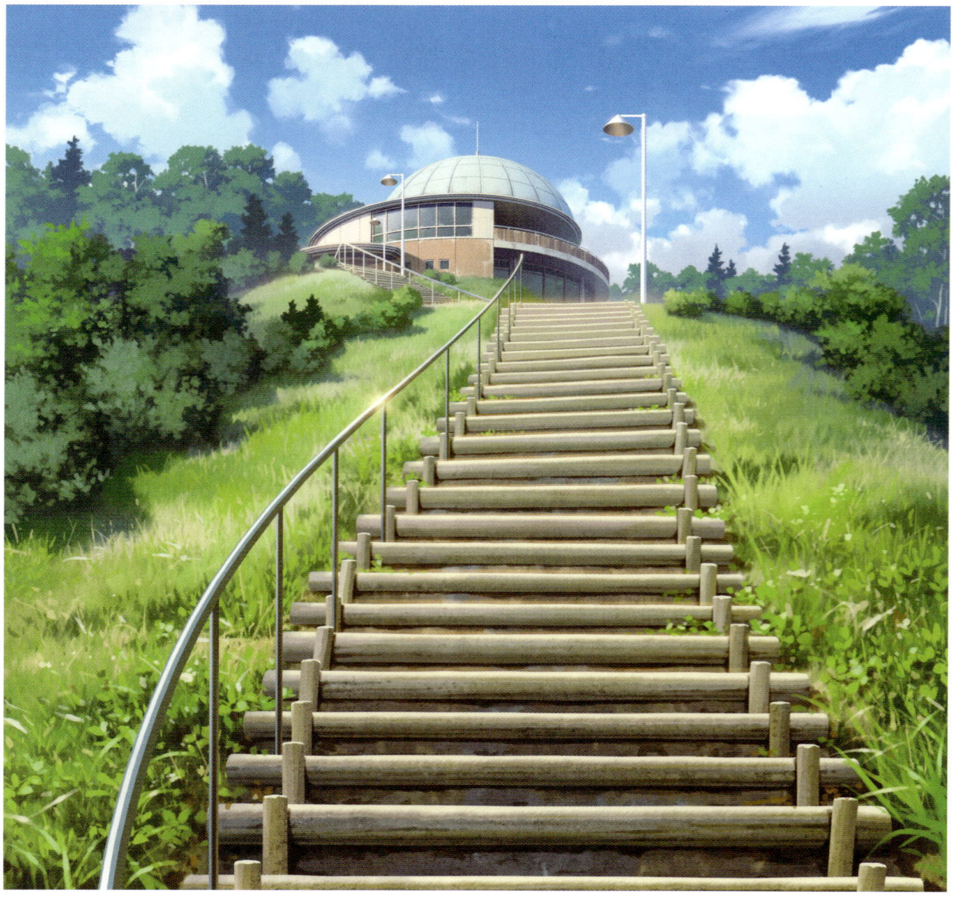

★ 入口前の階段 ★

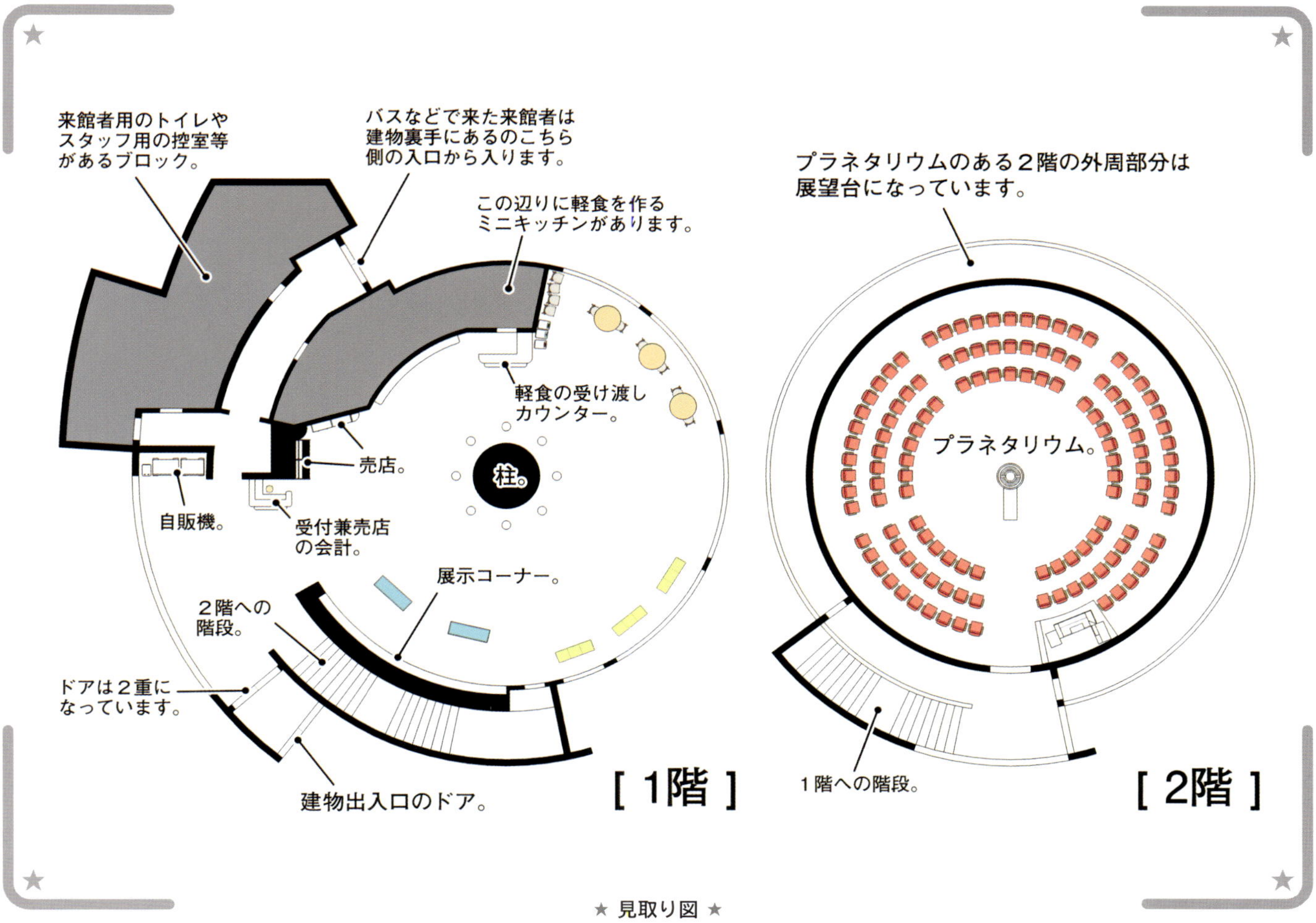


★ 見取り図 ★

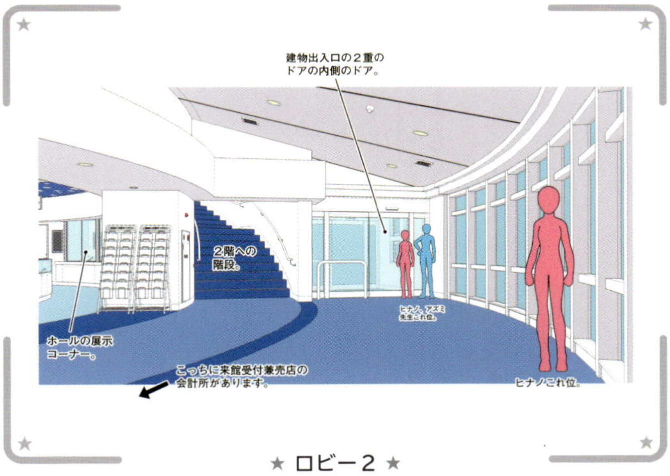


★ ロビー２ ★

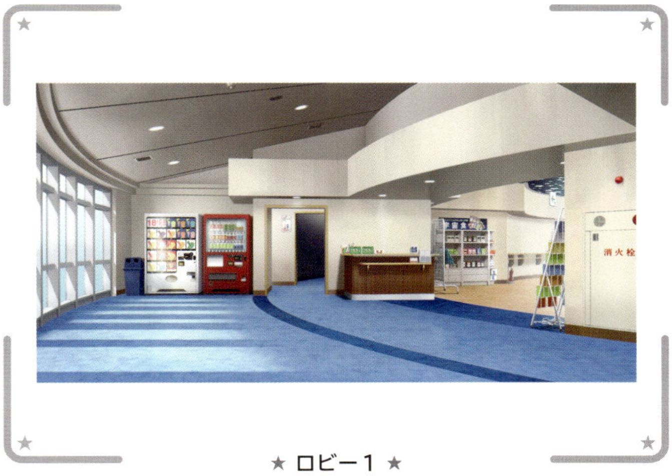


★ ロビー１ ★

★ 売店 ★

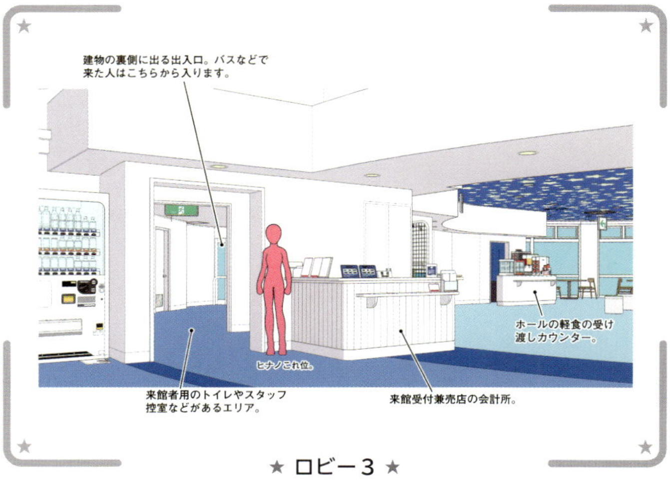


★ ロビー３ ★

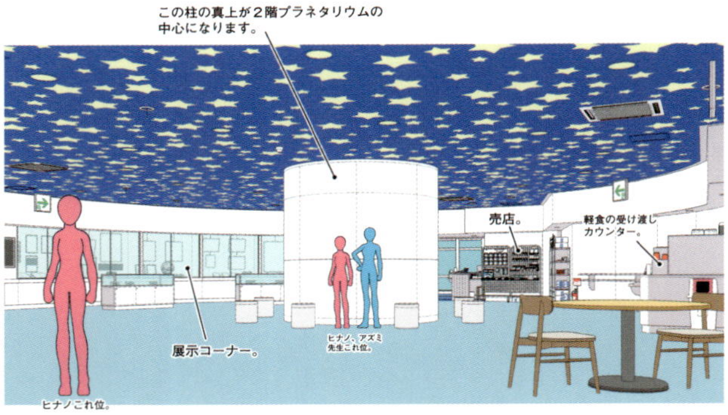


★ ホール２ ★

★ ホール１ ★

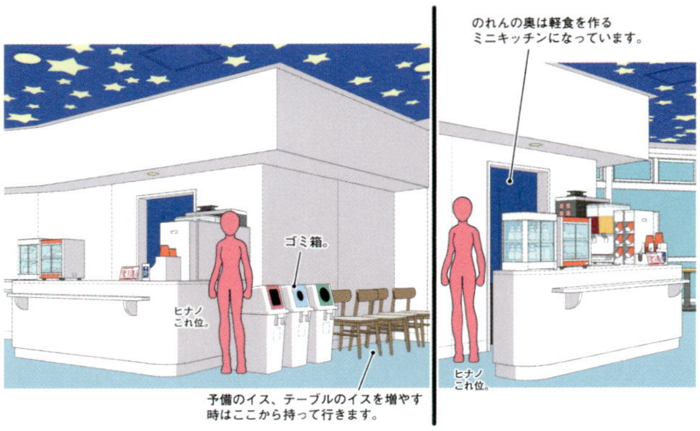


★ 飲食コーナー ★

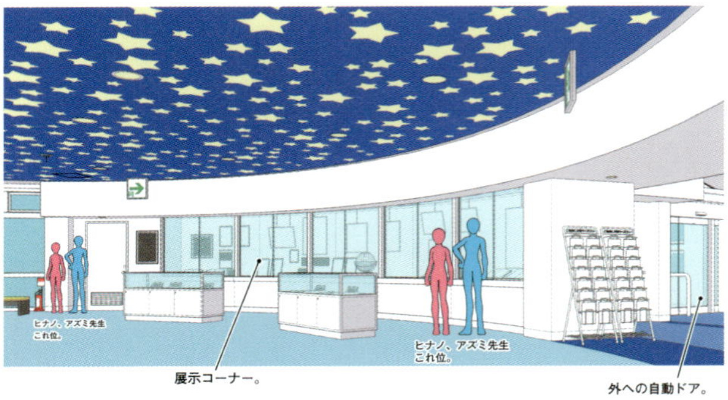


★ 展示コーナー ★

★ ２階廊下 ★

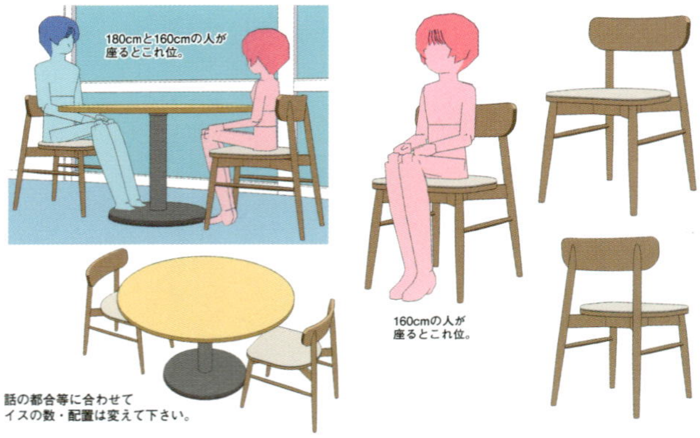


★ 設備 ★

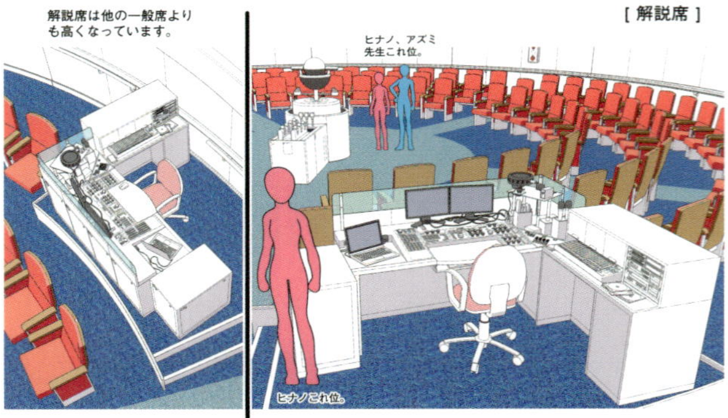


★ 投影機コントロール ★

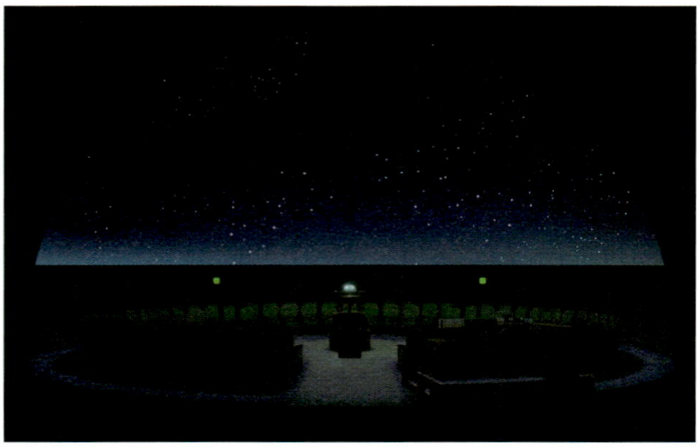

★ ドーム ★

★ ドーム（俯瞰）★

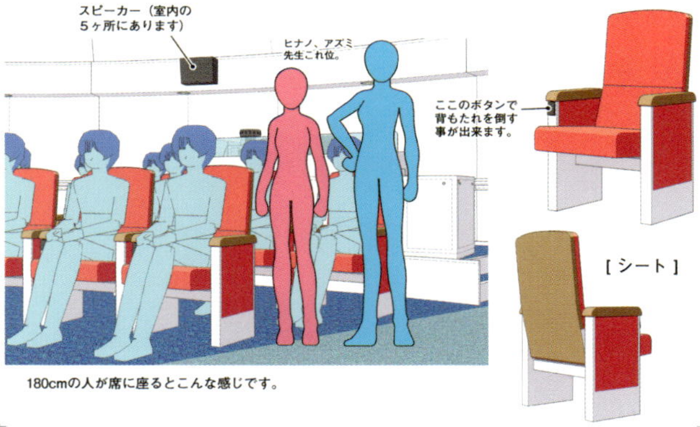


★ 客席 ★

## ★ アズミ先生のスタジオ

★ 外観（夜）★

★ 外観 ★

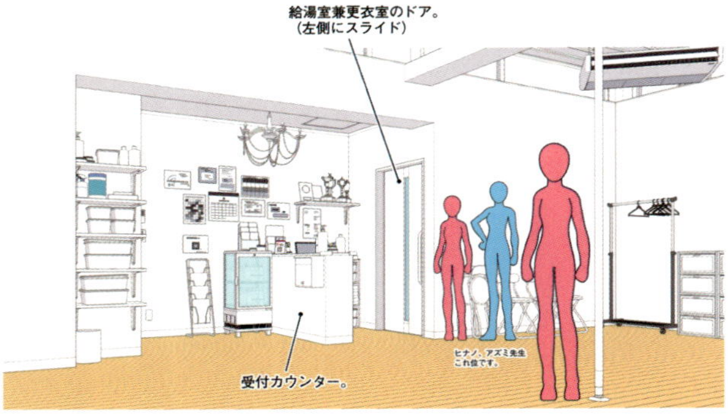


★ 受付１ ★

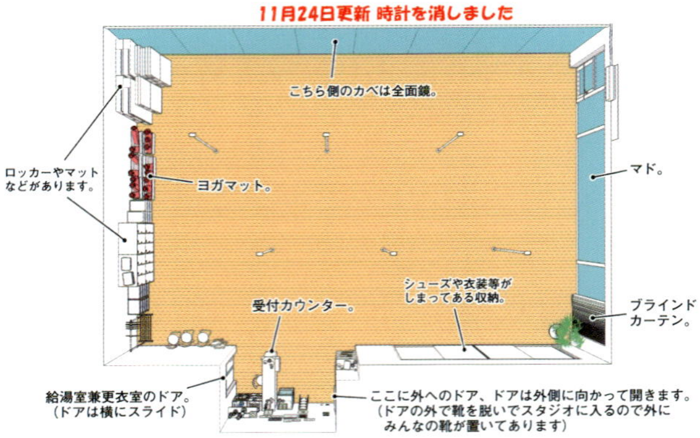


★ 見取り図 ★

★ 受付２ ★

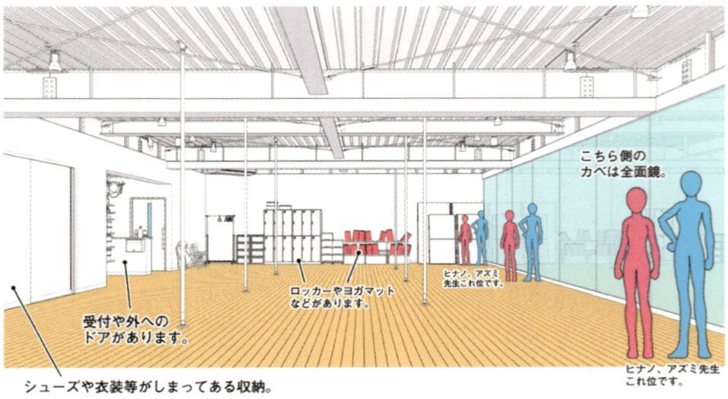


★ 室内２ ★

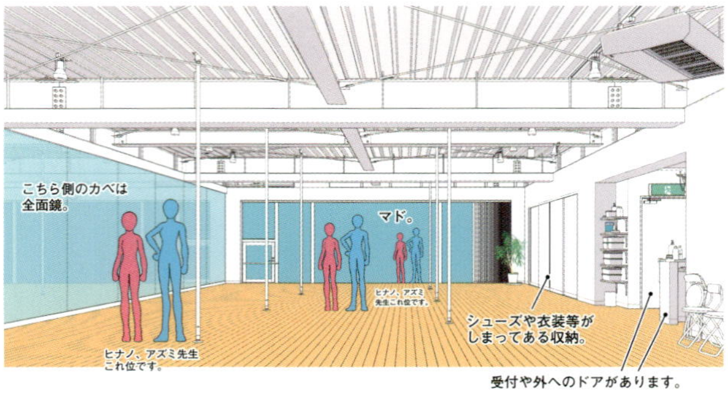


★ 室内１ ★

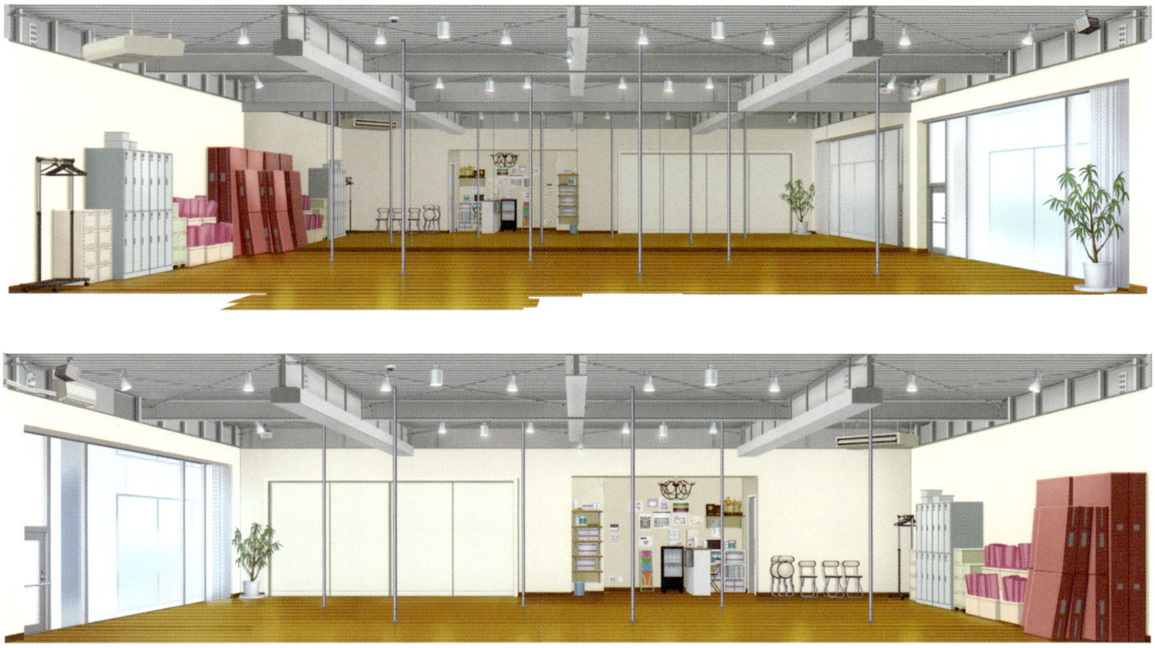

★ 室内3 ★

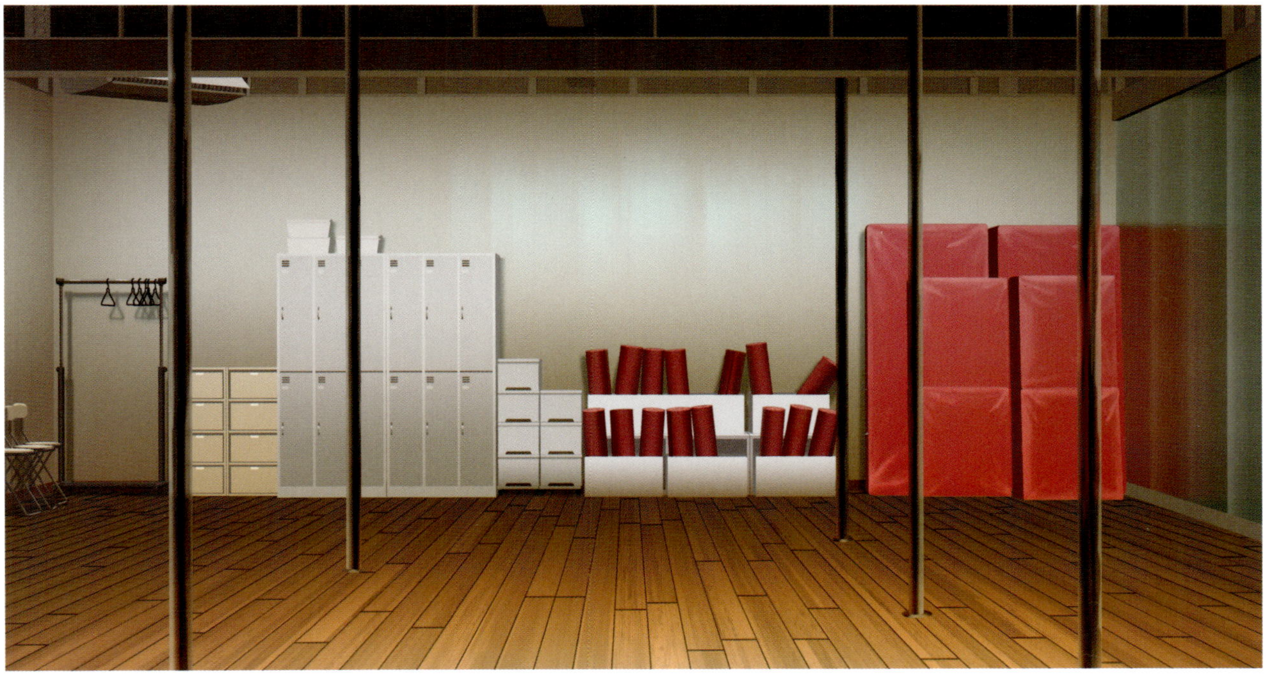

★ 室内3（夜）★

## ✦ 公園

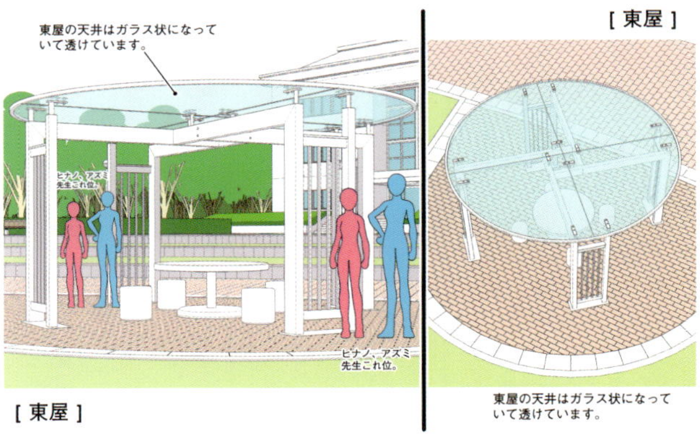


★ 東屋 ★

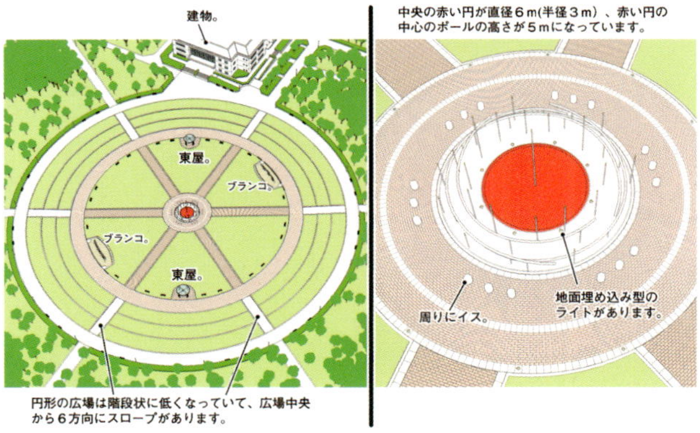


★ 俯瞰図 ★

★ 広場 ★

★ 広場（夕） ★

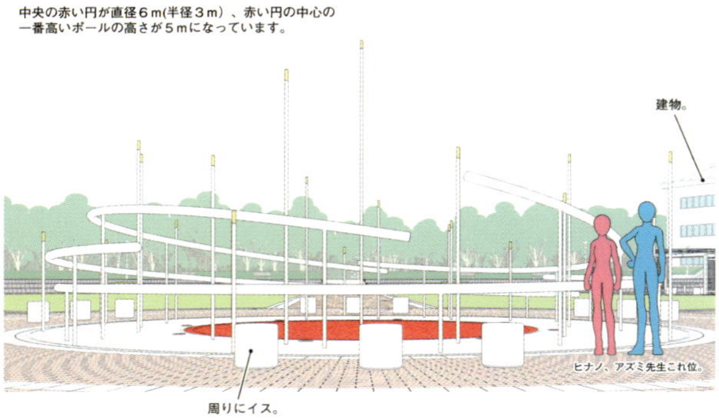
中央の赤い円が直径６ｍ(半径３ｍ)、赤い円の中心の
一番高いポールの高さが５ｍになっています。
建物。
ヒナノ、アズミ先生これ位。
周りにイス。

★ 広場（夜） ★

★ 歩道 ★

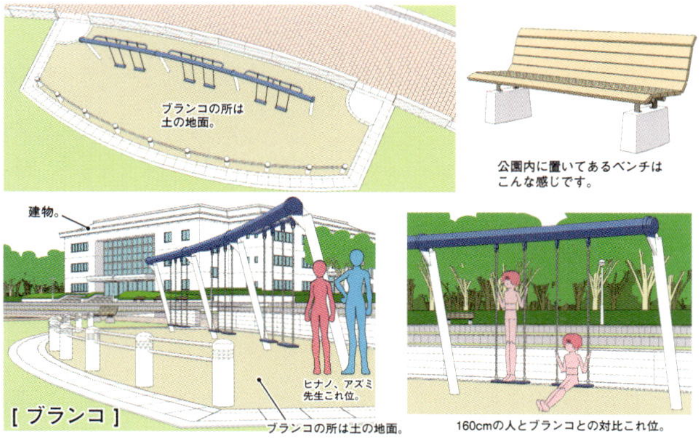


★ ブランコとベンチ ★

★ ブランコ（夜） ★

★ ブランコ ★

## ✴ 商店街

STAR LIGHT BURGER
STAR LIGHT BURGER
STAR LIGHT BURGER
ドライブスルー

★ 外観(夜) ★

STAR LIGHT BURGER
STAR LIGHT BURGER
STAR LIGHT BURGER
ドライブスルー

★ 外観(夕) ★

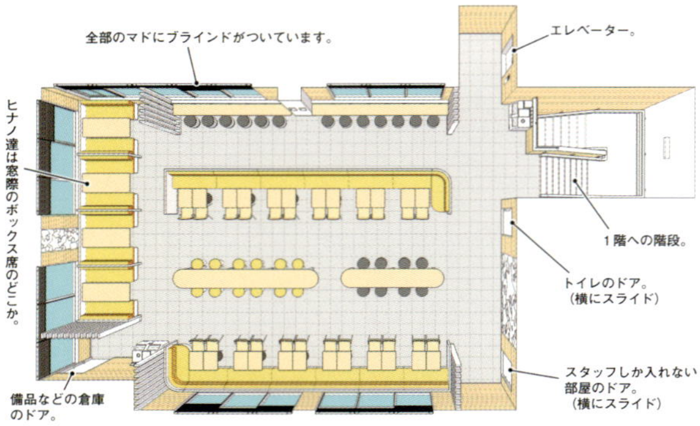
全部のマドにブラインドがついています。
エレベーター。
ヒナノ達は窓際のボックス席のどこか。
1階への階段。
トイレのドア。
(横にスライド)
スタッフしか入れない
部屋のドア。
(横にスライド)
備品などの倉庫
のドア。

★ 見取り図 ★

★ 店内1 ★

★ 店内2 ★

★ ボックス席 ★

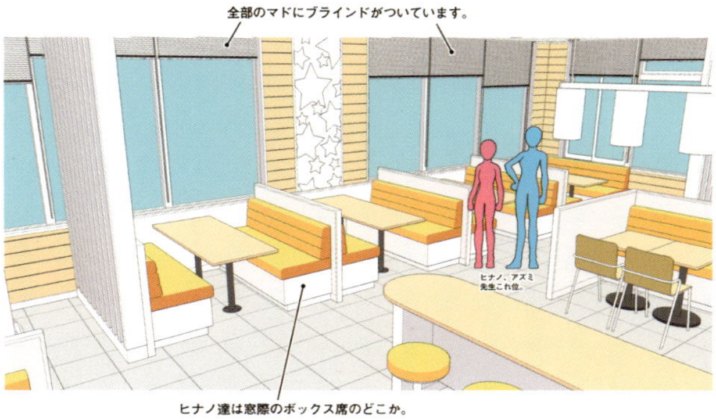


★ 店内３ ★

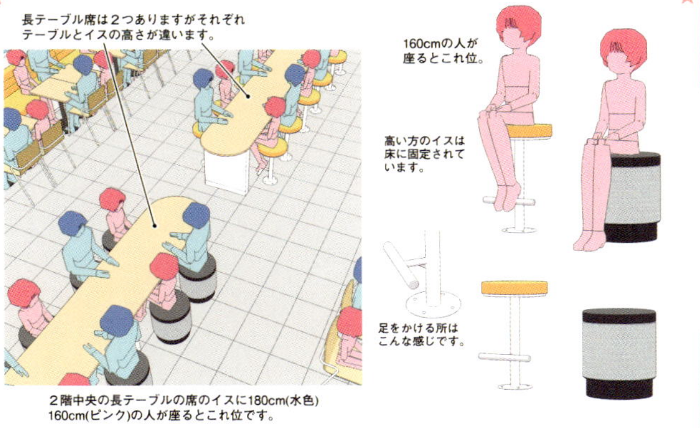


★ １人席 ★

★ テーブル席 ★

## ✦ 焼き肉店

★ 店内１ ★

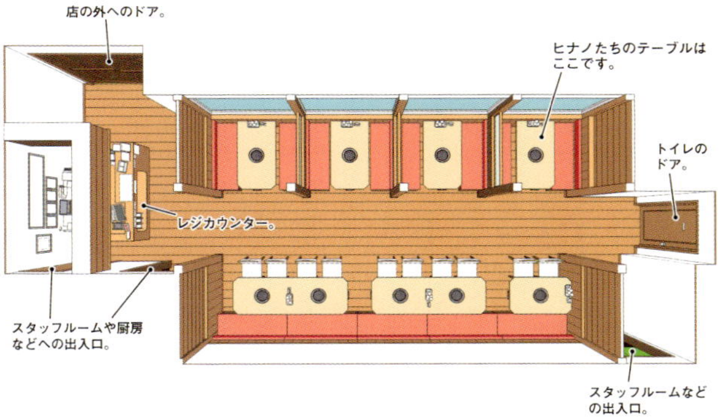


★ 見取り図 ★

★ 店内３ ★

★ 店内２ ★

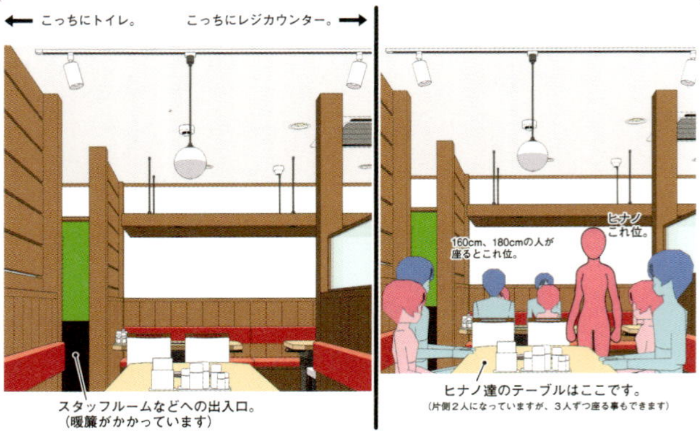


★ 店内５ ★

★ 店内４ ★

## ✦ 体操競技の大会会場

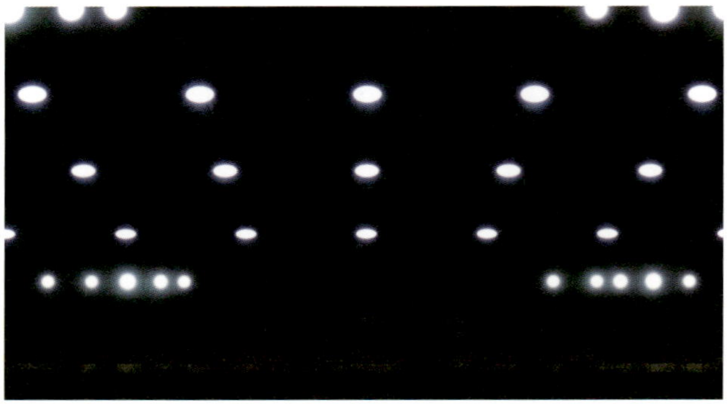

## ✦ スバルの学校の体育館

## ✦ バレエ発表会

★ 会場 ★

## ✦ ヒナノ家の玄関

★ 舞台袖 ★

★ ステージの天井 ★

## ✦エルダンジュスペシャルライブの控室

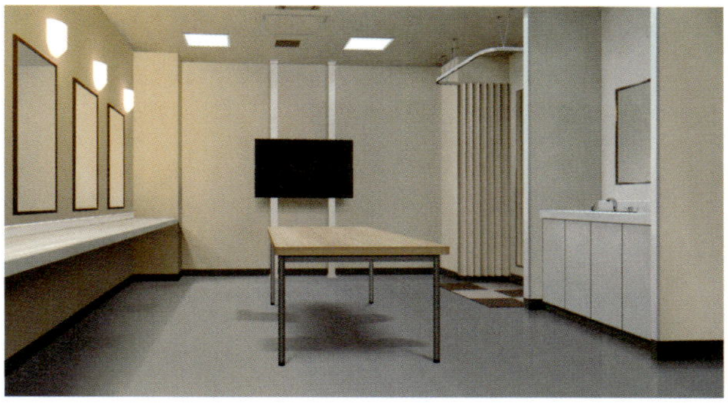

★ モニター側 ★

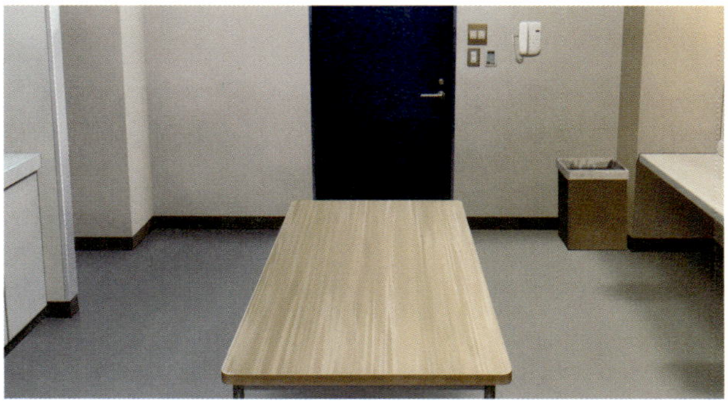

★ ドア側 ★

## ✦エルダンジュのサロン

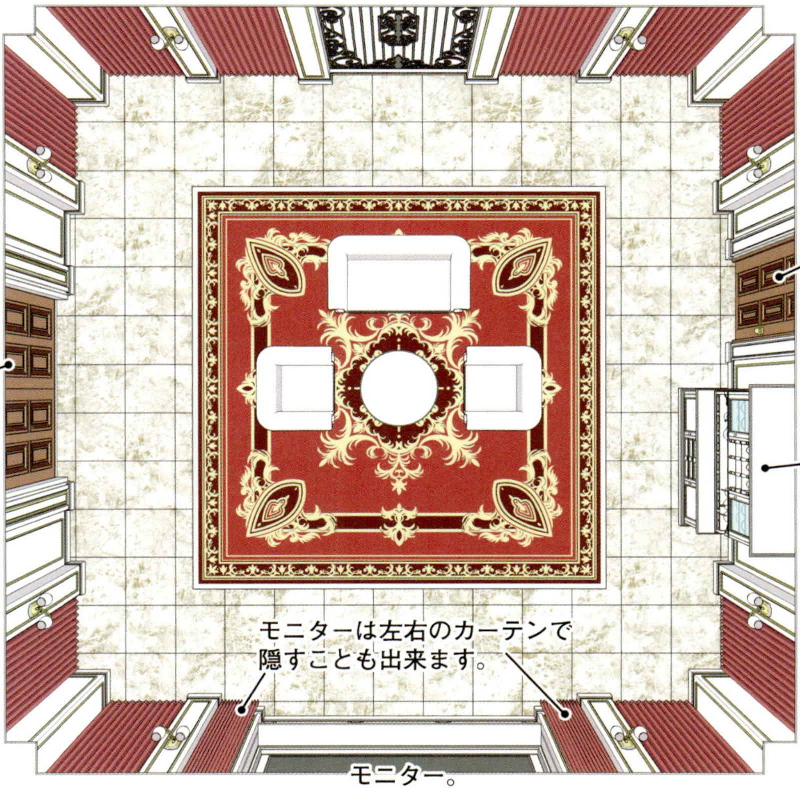


★ 見取り図 ★

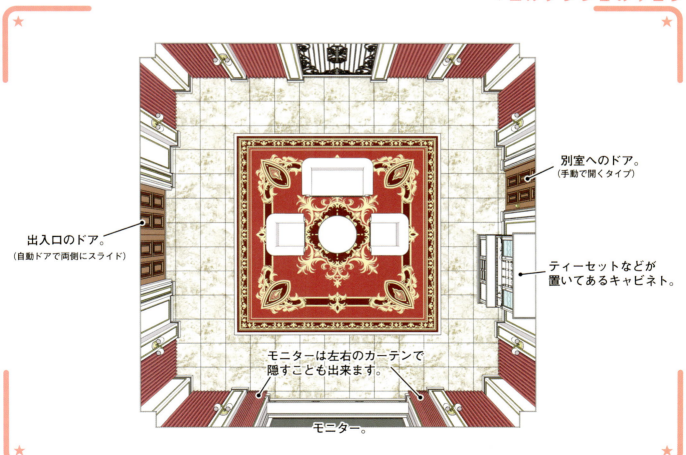

★ ソファーとテーブル ★

★ 室内 ★

★ モニター側 ★

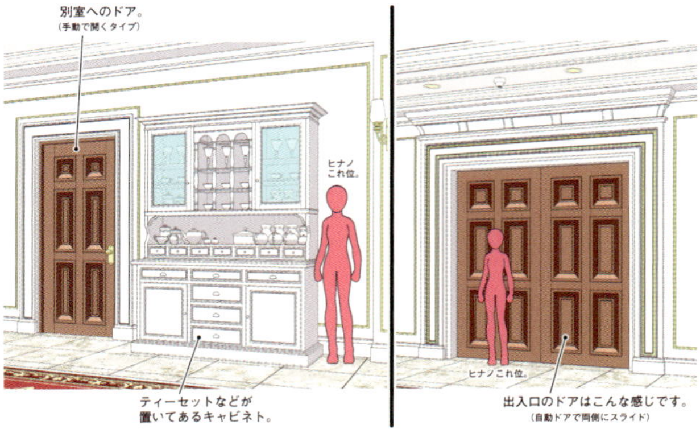


★ ドア ★

★ ソファー側 ★

## ✦ポールダンスジャパンカップ予選会場

## ✦ポールダンスジャパンカップ会場

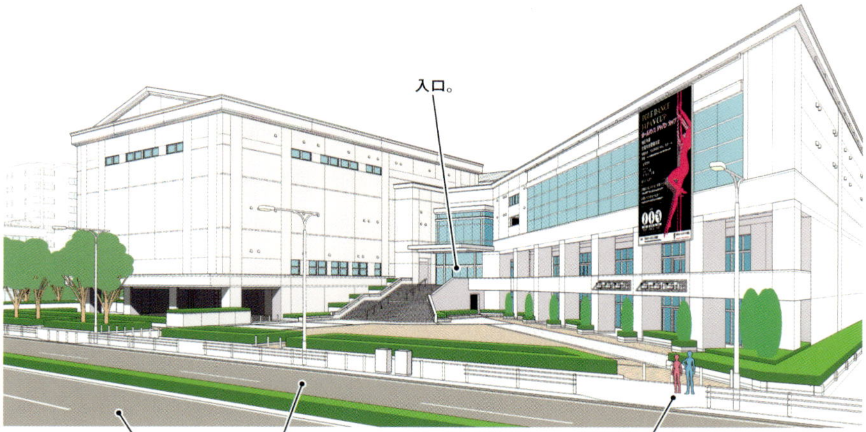


★ 外観 ★

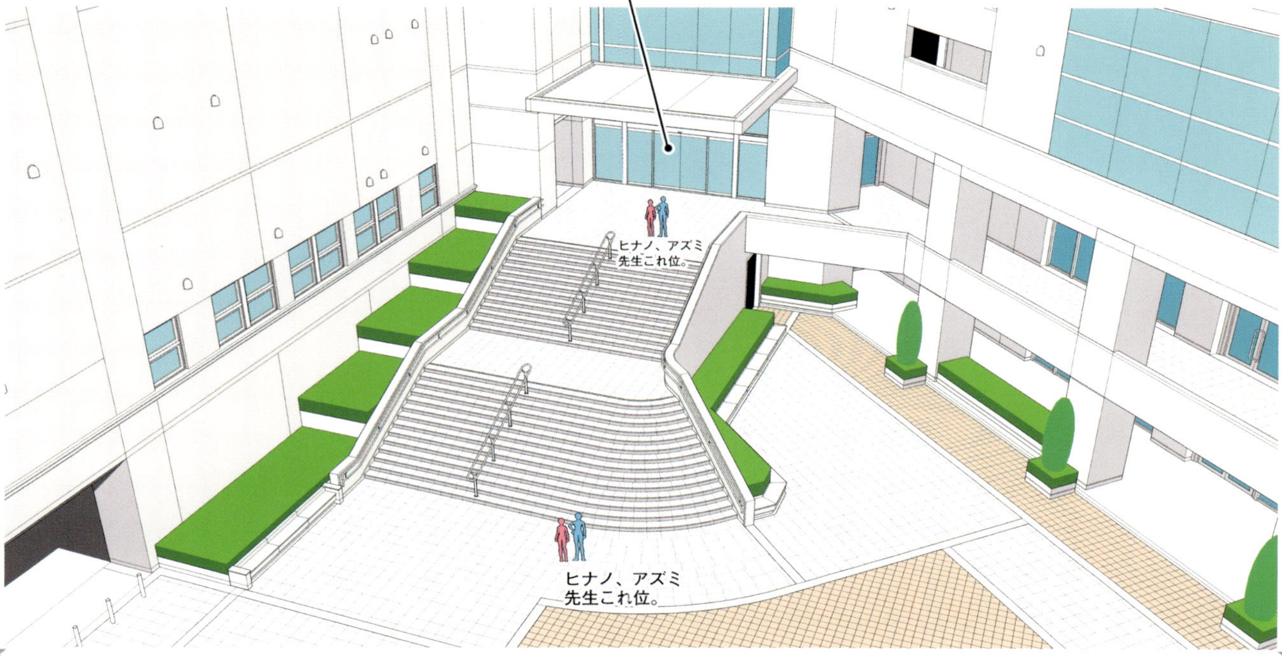


★ 入口俯瞰図 ★

★ 入口前 ★

★ 入口前(夕) ★

★ 控室（ドア側）★

★ 控室（モニター側）★

★ 舞台袖２ ★

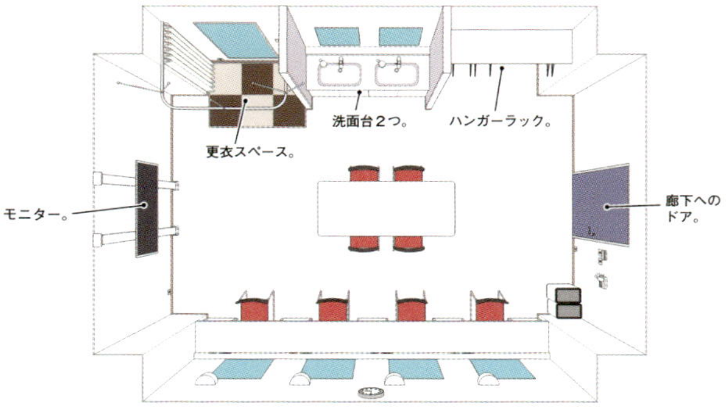


★ 控室見取り図 ★

★ 舞台袖１ ★

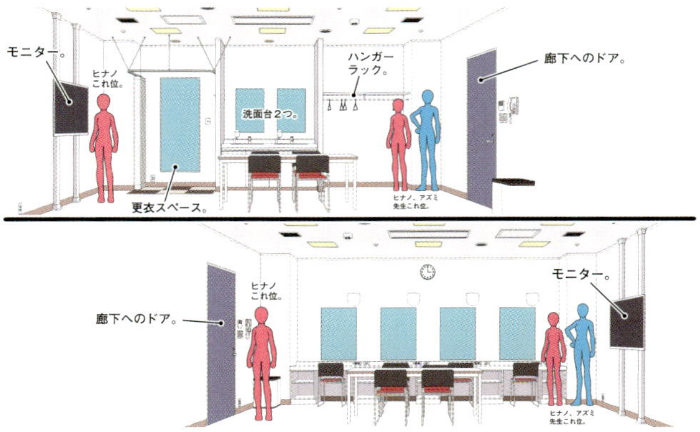


★ 控室（サイド）★

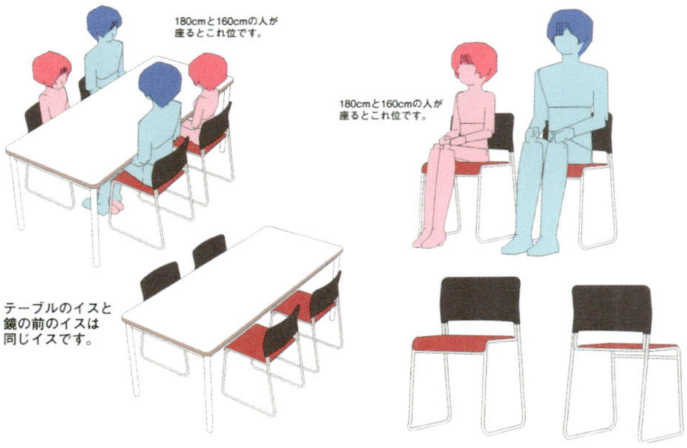


★ テーブルと椅子 ★

# ANIMEORIGINAL PICTURE

原画

✴C 079、085、088

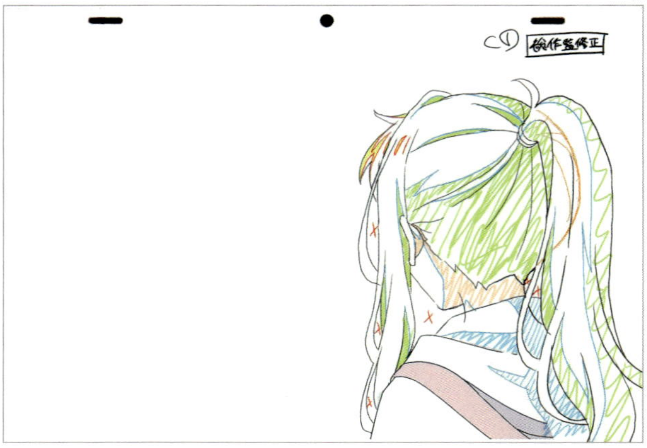

✴C 058

総作監修正
原画として使用
A①

総作監修正
原画として使用
A②

総作監修正
原画として使用
A③

総作監修正
原画として使用

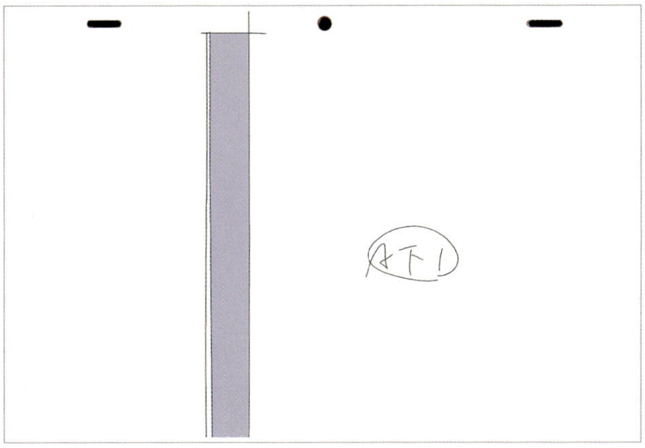
A下1

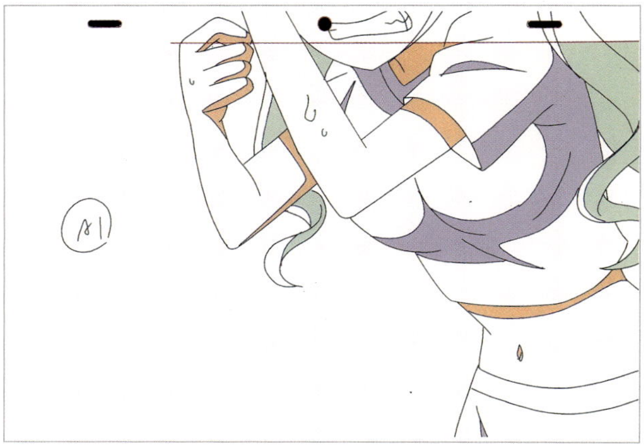
A1

A③

C④

C③
A②

C②

C①
A①

✦C 147

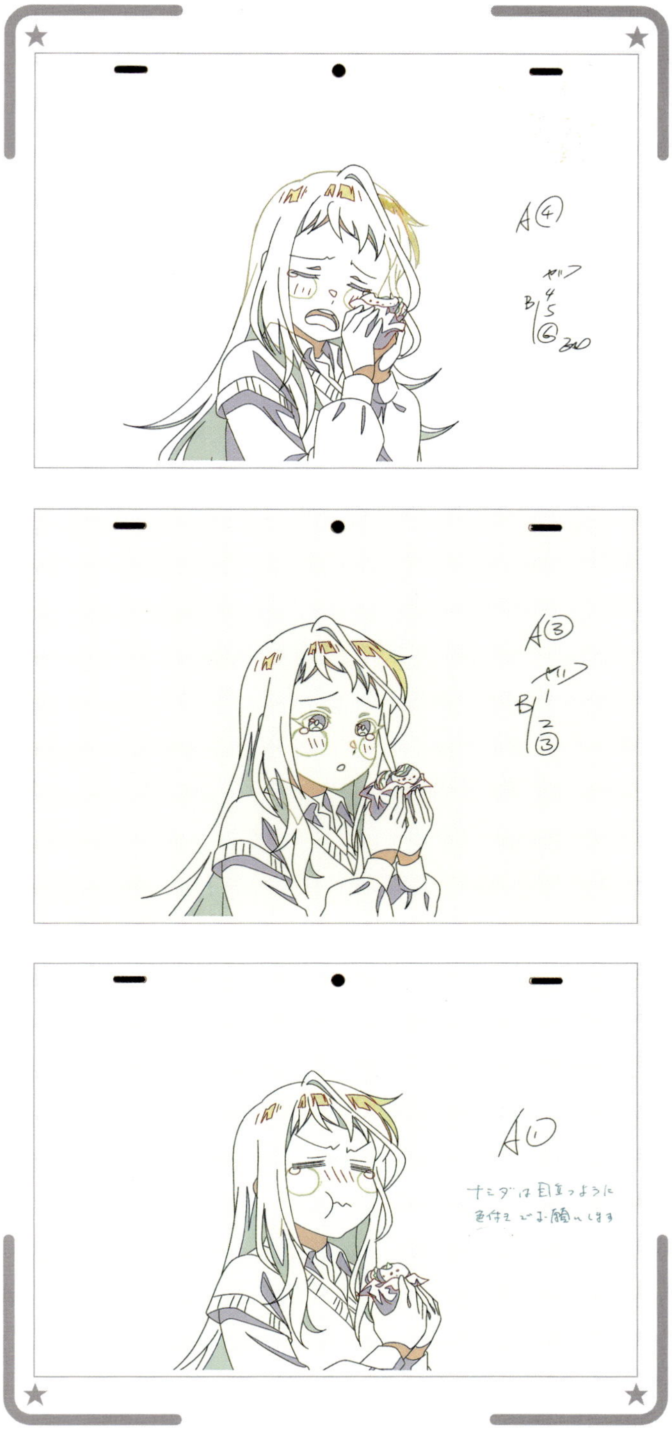


✦C 168

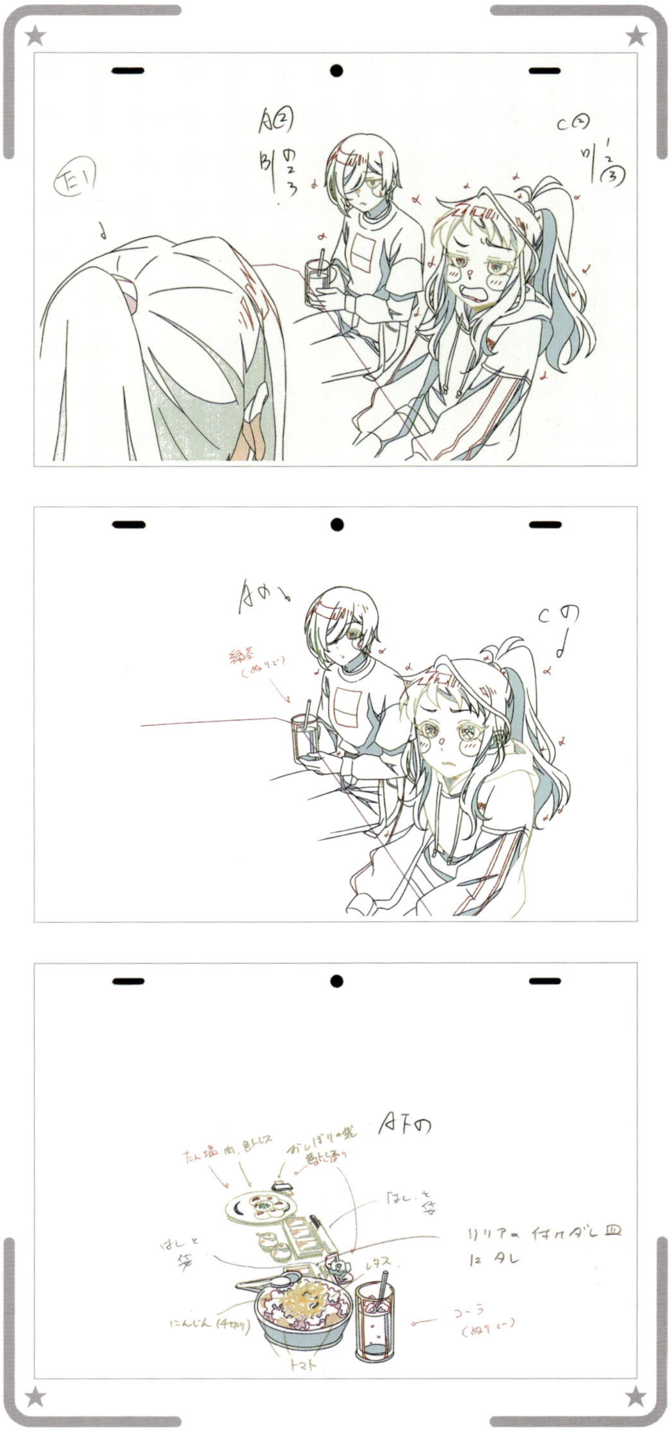


Animeoriginal Picture

## ✦C 225

## ✦C 232A

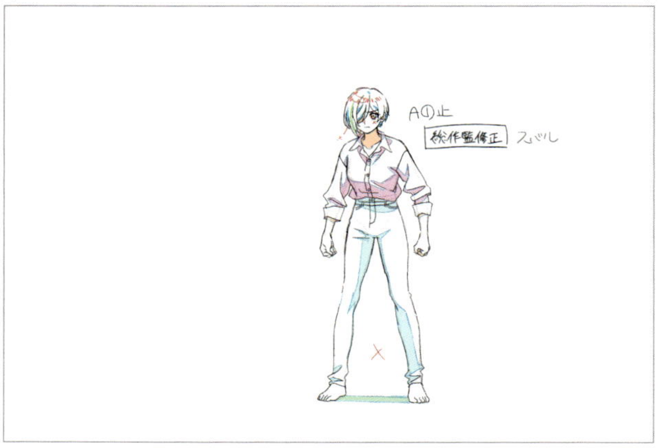

## ✦C 258

✦C 274

絵作監修正
B②END

※直動してます
絵作監修正


✦C 275

B①
絵作監修正
直動してます


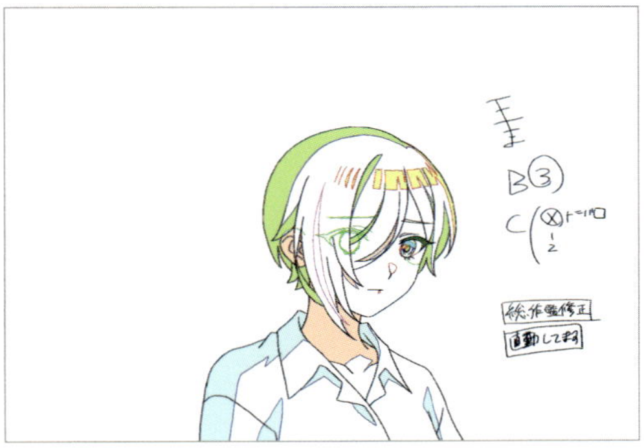

B③
絵作監修正
直動してます

B①
絵作監修正
直動してます

B④
絵作監修正
直動してます

B②
絵作監修正
直動してます

B⑤END
絵作監修正
直動してます

## ✶C 283

絵作監修正
C① スバル
※連動してます

絵作監修正
E① リリコ

絵作監修正
C②

絵作監修正
E② END

絵作監修正
C③ END


## ✶C 289

B① スバル

C① リリコ 止

口元
ホクロ有
Aの止 アズミ
総作監修正

スバル手
※直動してます
原画として使用
Bの止
リリア
ポール
Book

B② END

B②

## ✦C 336

※直動してます
原画として使用
総作監修正
歯口

スバル
B① 止メ

原画として使用
総作監修正
A② END

## ✦C 398

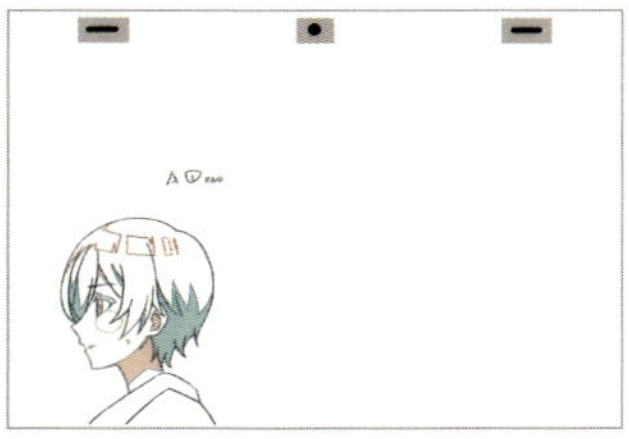

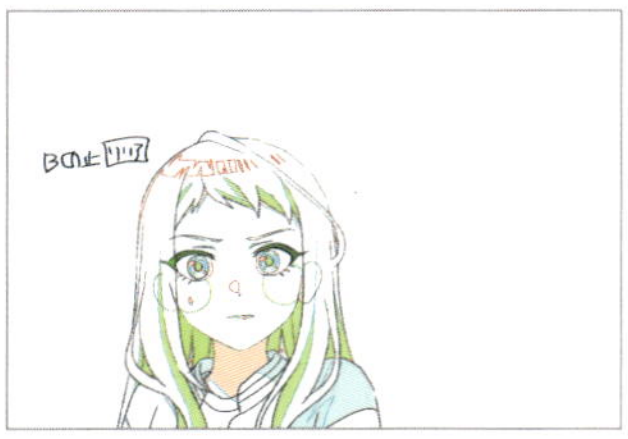

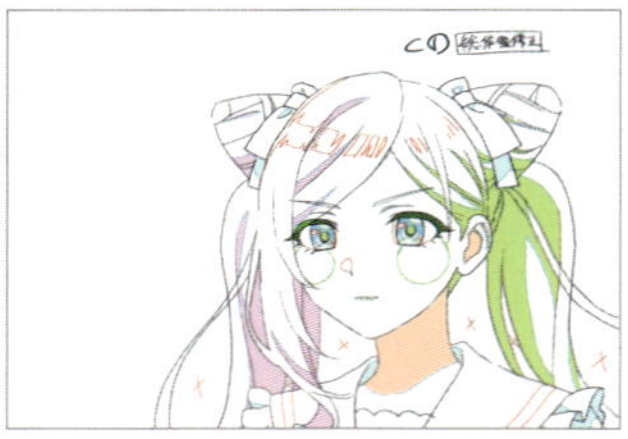

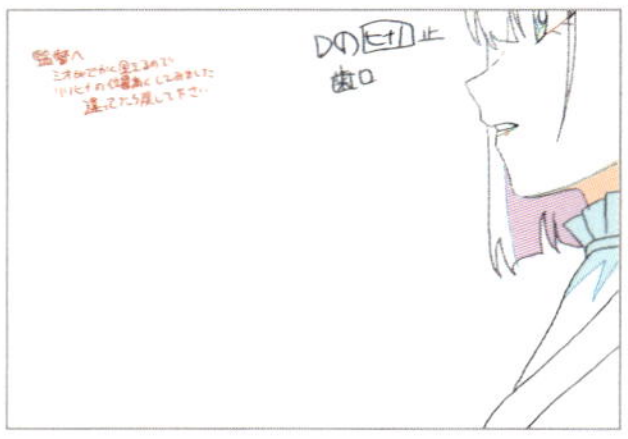

C② 総作監修正

STAGE 04

# SPECIAL CONTENTS

ステージ 04

## スペシャルコンテンツ

制作陣の皆様に『ポールプリンセス!!』について語っていただきました。さらに、SNSで公開されたイラストや版権イラストをまとめたギャラリーも必見です。

INTERVIEW 01

監督

# 江副仁美

えぞえ・ひとみ／アニメーション監督、演出家。ＯＶＡ『スタンドマイヒーローズ　WARMTH OF MEMORIES』で監督を務める。演出としてＴＶアニメの『アオのハコ』、『30歳まで童貞だと魔法使いになれるらしい』などに参加。

## スタッフみんなの力で完成した映像

**——本作の監督を手がけられることになった経緯を教えてください。**

今回企画とＣＧディレクターをされている乙部（善弘）さんから声をかけていただいて、携わることになりました。以前、『KING OF PRISM』の（如月）ルヰくんというキャラクターがポールダンスをしているのを見て綺麗だなと思っていて、乙部さんにも「あれすごいですね」みたいな話をしたこともあったんです。新しい企画では、女の子で、しかも何人もいろんなパターンを作るっていうのを聞いて、すごく面白くて、新しいものができるだろうなと思って、受けさせていただきました。

**——待田堂子さんに脚本をお願いしたというのは？**

待田さんが書かれていた『SHOW BY ROCK!!』での、女の子の友情ストーリーがすごく良かったんですよね。笑いあり、涙あり、感動あり、すべての要素が詰まっていて。それで、女の子の青春ストーリーをやるなら待田さんにぜひお願いしたいなと思って声をかけさせてもらったら、もともとタツノコプロさんとも関わりがあってするすると決まりました。私としては本当にドリームチームができたなという感じでしたね。上がってきた脚本も想像以上のものでしたし、本当に待田さんにお願いして良かったです。

**——ご自身でも少しポールダンスを体験されてみたそうですね。**

1時間ぐらい、待田さんや他の女性スタッフと一緒にやらせてもらいました。先生の教え方が上手だったということもあると思うんですけど、そんなに筋肉バキバキじゃなくても、コツさえ掴めば誰でもできるダンスなんだなって。実際にやってみるまではハードル高く感じていたんですけど、もっと入りやすいものでしたね。その、「誰でもできる」っていうことは、作品にも反映させたくて。それで、スポーツをやっていた子だけではなく、「オタクで運動が得意じゃない」とか、バラエティーに富んだキャラクター作りを心がけました。

**——チームものにするというのは最初から決まっていたのですか？**

やっぱりお話を作るためには、誰かと一緒に挑戦して勝利を目指すみたいなところが必要かなと思ったので。自然に主人公チームとライバルチームという感じで作り上げていきました。最初から、基本7人で行きたいっていうのは、何となく決まっていましたね。7という数字は割と鉄壁というか、バランスがいいので。

**——最初はこの子が主人公側だったとか、そういうのはありますか？**

サナは最初はどちらかといえばユカリのライバルキャラみたいな感じで想定していたんですけど、いつの間にかただのファンみたいなことになっていましたね（笑）。でも、最初は誰がどっちとか、チーム分けもそんなに明確に決まっていなくて。とりあえず7人出揃ったところで、こことここが相性良さそうだな、みたいな感じで各チームにはめていきました。

**——ユカリは最初からヒナノのライバルとして設定されたキャラクターだったのですか？**

そうですね。ユカリは、主人公の最大のライバルとして、いちばん強い女王様みたいなキャラが欲しいね、ということで、最初のほうから決まっていたキャラクターでした。みんなが憧れる存在として君臨してほしいなという思いがあって、ポールダンスで有名な方のお名前をいただいてたりもします。

**——ちなみに、ほかのキャラの名前って、由来があるのですか？**

最初は「星関係でいきましょう」ということで。スバルなんかはその名残りですね。ＮＡＳＡの反対でサナになったりとかしたんですけど（笑）、やっぱり限界があって。ヒナノは星絡みはやめて語感のいい候補をいろいろと出した中から、一緒に成長していくということで、（鳥の）ヒナから取ってこの名前になりました。

**——主人公の成長もそうですし、本作は、ポールダンスというものの一般的なイメージからは意外に感じられるほどのスポ根感がありますよね。**

見学に行かせていただくと、皆さんアザだらけだったりするんですよ。自分でやってみたときも摩擦ですごく痛かったりして、プロになったら痛くなくなるのかな、と思ったんですけど、プロの方でも痛いらしくて。なのにそんなことは1ミリも感じさせないすごく魅力的な笑顔を振りまいていらっしゃるので、本当に根性があるんだなと。あとは、体だけで表現するっていう、そこにもストイックさを感じましたね。生で見ると、とくに筋肉の躍動感がすごいんですよ。ダンスだけどスポーツっぽさもあって面白いなと思ったのが物語を作る際にも活かされていると思います。

**——ポールダンスの監修を務められたＫＡＯＲＩ先生は、アズミ先生とどこか似た雰囲気をお持ちですが……。**

アズミ先生は、最初にヒナノが出会う、「ポールダンスをやっている憧れの存在」というものを作りたいということで、できたキャラクターだったんですけど、ＫＡＯＲＩ先生に出会ってから、どんどんＫＡＯＲＩ先生に寄っていきましたね（笑）。打ち合わせのときも、みんな間違えてアズミ先生のことを「ＫＡＯＲＩ先生」って言っていたりして（笑）。

**——当初に予定していたアズミという人物がそのまま現実に現れた、みたいな？**

そんな感じですね。最初にポールダンスのショーを見に行ったとき、ＫＡＯＲＩ先生が白のパンツスーツで迎えてくださったんですけど、それがめちゃくちゃかっこよかったんですよね。アズミ先生が最初、黒のパンツスーツみたいな衣装で踊っていますけど、本当にあんな雰囲気でした。

**——ポールダンスを発注するときはどのような手順でされていたのですか？**

こちらからはイメージだけを伝えて、ＫＡＯＲＩ先生から具体的にご提案をいただいて、そこからブラッシュアップしていくようなかたちでした。基本的には、息が切れてしまうのでショーでこんなに動くことってないらしいんですよね。この技からこの技は本当はできないとか、そういうのもあったんですけど、うまく繋いでもらって。

**——ポールダンスのショーというもの自体、アニメのみならず実写でもなかなか映像作品がないですよね。そういった新しいものを作るにあたって、カメラワークなどのように工夫されたのでしょうか。**

基本的にポールダンスのＣＧはコンテとかはなくて、乙部さんとＣＧチームの方たちでカット割りやカメラワークをつけていただいたのを私のほうでチェックさせてもらって、なにかあれば「ここはもうちょっとこうしたほうが良くなるんじゃないか」みたいな提案をさせていただいた感じなので、どちらかというとＣ

# 私としては本当にドリームチームができたなという感じでしたね。

Ezoe Hitomi

Gチームの努力の結晶という感じです。私も最初はわからなかったです。回るものをどうカメラフォローしていったらいいのかとか……見ている人が目が回っちゃうんじゃないかとか（笑）。でも、第1稿として出してもらったものがすごく見やすくて、ポールダンスのいいところも活かされていたんですよ。実際のポールダンスは定点でしか見たことがなかったので、上から見たり下から見たりするとこうなっているんだっていうのがわかって面白かったですね。

**――モーションキャプチャーの撮影に立ち会われたときは、江副監督からダンサーさんにお願いしたことはあったのですか？**

いえ、皆さんプロで、問題なくやってもらったので、私は本当に見ているだけという感じでした。正面で見させていただいたんですけど、ダンサーさんが、手前のほうにくるときにすごく私のほうを見てくれて、めちゃくちゃファンサを浴びているような贅沢な時間でした。心の中でうちわを振っていましたね（笑）。

**――ショーを見ているかのような臨場感だったのですね。**

そうですね。モーションキャプチャーなんですけど、皆さん本当にショーを意識してくださっているのか、ずっと笑顔だし、決めのところでは決めの顔をしてくれていたし、そういうところも映像に反映されていると思います。本当にダンサーさんたちのプロ意識が素晴らしかったですね。こっちでOKを出しても「納得いかないのでもう1回やらせてください」みたいなことを申し出てくださったり。とてもありがたかったです。

**――ご自身がもっとも思い入れがあるシーンはどこでしょうか？**

いろいろあるんですけど、映像を見て自分の想像以上になったなと思ったのが、リリアとスバルのダブルスのポールダンスシーン。音楽と映像のシンクロ率がすごくて、こんなにぴったりくることがあるんだという感動がありました。ダンス中に入るモノローグシーンのコンテを描いているときは、まだ曲ができていなくて、何となく「ここにこういうのが挟まったらいいかな」みたいな感じで描いていたんですよ。

**――音楽がない状態でコンテを描かれていたのですか。**

そうなんです。だから、どうなるのかすごく心配していたんですけど、編集の力とCGの力と音響の力でそれがすごくガチッとハマってめちゃくちゃ熱い映像になりました。私も完成したものを初めて見たときにグッときましたね。やっぱり編集の三嶋（章紀）さんがずっと『プリティー』シリーズをやられていて、入れどころをわかっていらっしゃるので、バッチリなところに入れていただいて、すごく気持ちがいい映像になっていました。インサート部分のCGカットはモーションキャプチャーでなく手付けなのですが、スバルがぶら下がっている重みとかリアルに感じられましたし、表情もすごく良くて、そこは本当にお気に入りのシーンですね。

**――ちょっとしたところにもキャラクターの個性が出ているとファンの間で話題になっている本作ですが、日常のシーンなどで、こだわったところはありますか？**

尺がなかったのであまりがっつりは見せられなかったんですけれど、ストレッチしているところなんかでも、やっぱりそれぞれに個性があって。ヒナノがいちばん柔らかくて、スバルがいちばん硬いみたいな。止め絵ではありますけどそういう描写を入れていますね。焼き肉のシーンの、それぞれのおしぼりやお皿の上だったり……。いろんなところに尺が短いなりの情報量というのをちょこちょこ入れさせてはいただいたので、そういう細かいところも見ていただけると嬉しいです。あと、アニメーションキャラクターデザインの櫻井（琴乃）さんから私服のパターンの案をいっぱい出していただいて。アニメだとみんないつも同じ格好というのがわかりやすくていいとは思うんですけど、私服ってやっぱりその子の個性が出ると思うんですよ。作画の方は大変だったと思うんですけど、いろんな服を着ていることによって、いまどきの女の子としておしゃれにも興味があるんだよ、っていうのが出せたのが良かったなと思います。

**――尺のお話が出ましたけど、短くするためにカットされたエピソードなどもあるのですか？**

予選のところでもっといろいろあったんですけど、そこはちょっとカットせざるを得なかったですね。あと、チーム名を決めるときにリリアがゴネるところがあって。これを始めると尺が足りないなと思って、そこも泣く泣くカットしました。ヤンキー気質があるリリア的には「もっとかっこいい名前がいい」っていうことだったんですけど、そこは飲み込んでもらいましたね（笑）。

**――とても長く深く愛される作品になりましたが、ファンの方々の反響をご覧になって感じることは？**

実際にポールダンスを始めた方もいると聞きますが、そういうのは本当に嬉しいですね。新たに行動するのってすごくパワーがいることで、そのきっかけを作れたというのは、作り手としては本当にありがたい話だなと思います。

**――劇場でその熱気を感じることも多かったのではないでしょうか。**

本当にそうですね。イベントで何度か登壇したことがありますが、皆さん応援グッズを持って集まってくださって。手作りのぬいぐるみとか、本当に愛を感じます。

**――江副監督もぬいぐるみを作られたそうですね。**

WEBでポールダンス講座をやろうというアイデアが出たときに、最初は紙人形でやることになっていたんですけど、さすがにペラペラの紙人形はちょっと悲しいなと思って。ちょうどその頃、ぬいぐるみ作りがちょっと気になっていたので、自分で作ってみようかなと思ってチャレンジしてみたんです。それこそ小学生以来くらいの裁縫だったんですけど、チクチク作って……出来上がったものは動画撮影で使っていただいて。でも、よく見ると素人クオリティでお恥ずかしいのですが、まあ手作り感があっていいかなと（笑）。

**――ファンの方も制作者の皆さんも、本当に作品を愛していらっしゃるのが伝わってきます。**

たくさん応援していただいて本当にありがたいですね。この作品でちょっと生活が変わったり、人生が変わったりしたということを聞くと本当に作り手側としてはこれ以上ない喜びです。なので、これからも皆さんに何かをお届けできるようなものを作っていきたいと思いますので、引き続き『ポールプリンセス!!』をよろしくお願いします。

INTERVIEW 02

CGディレクター／企画プロデューサー

# 乙部善弘

おとべ・よしひろ／タツノコプロ所属。『プリティーシリーズ』、『KING OF PRISM』シリーズ、『The Legend of Heroes 閃の軌跡 Northern War』などのCGディレクターを担当。本作では企画プロデューサーを兼任する。

## CG班から出た企画だからこそのこだわり

**――まずは本作の企画が立ち上がった経緯をお聞かせください。**

2019年に僕が妄想のメモみたいなものを書いていたのが始まりですね。そのときはメモをCGスタッフに見せて「こんなのどう？」という話をしていたぐらいだったのですが、翌年、2020年の頭にちゃんと企画書を作って会社に出して。それが通って、その夏ぐらいから作品が本格始動することになりました。

**――江副さんに監督をお願いすることになった理由を教えてください。**

『ポールプリンセス!!』を作ると決めた時点では、「格好良い」とか「美しい」を前面に押し出そうという気持ちでした。でも、「こういう企画を考えてて」っていう話をすると「セクシーなやつですね」って言われることが多かったんです。そんな中、江副監督は「格好良い」の方向にバチっとハマったんですね。スッとそっちに入ってくれたので、監督とだったらうまく表現できるなと思い、お願いしました。

**――そもそも、乙部さんがポールダンスを初めてご覧になったのは？**

世界一のポールダンスがすごい、みたいな動画があって、それをたまたま見たら、格好良いなと思ったんです。セクシーなんだけどめちゃくちゃ格好良くて、自己表現のツールとしてポールダンスを使っているのがいいなと思って。いろんな人に見せたりして、それで『KING OF PRISM -PRIDE the HERO-』に採用されたんですけど、そのあとこの「自己表現」というのをもっと深掘りできるんじゃないか、と。それで、やっぱり自分でやらないと前に進まないなと思って、企画書を書いたんです。

**――企画書の段階から、キャラクターの原型はあったのですか？**

原型はありました。初め僕の妄想の中ではスバルが主人公だったんです。運動神経が良かったんだけど、過去に事故があって引きこもりになっちゃったという……その設定のほとんどはいまのスバルにも生かされていますね。でも監督と話したときに、「こういった女の子より、もっと等身大の女の子を主人公にしたほうがいいんじゃないか」となって。スバルの原型だった子に友達がいて、それがヒナノっぽかったんです。それで、ヒナノが主人公になり、「主人公の友達」というもともとのヒナノの属性が、リリアに移ったような感じです。

**――改めて、このプロジェクト全体での乙部さんの役割というと？**

発案者ですね。みんなで一緒に考えたので原作者ではないんですけど、「こういうものをやりたい」「CGでこういうことができますよ」ということを最初に言った人。結果的に、企画プロデューサーという肩書きがつきました。

**――実際にWEBドラマや劇場版の制作に入ってからはCGディレクターとして、どのような役割を担っていましたか？**

アニメ制作でいうところの演出ですかね。ダンスシーンに関しては、僕がおもに「こういうのをやりたいんです」っていうのを提案して、監督と話し合いながら決めていきました。ポールダンスシーンでは監督でもあるし、芝居シーンでは演出だし、っていうふうに、役割が行ったり来たりしている感じでした。

**――ダンスシーンは大体のイメージを作ってからダンサーさんに振り付けを依頼しているのですか？**

僕らはポールダンスに関しては素人なので、やっぱりダンサーさんに聞くのが一番いいだろう、と。なので、「こういう曲でこういうキャラクターで綺麗なシーンを作りたいんですけどどうでしょうか」というふうにダンサーさんに頼んで。それに対して、ダンサーさんが「こういう技をやりたいんです」とか「こういう雰囲気でどうでしょうか」と提案してくださるので、話し合って細かいところを詰めていく流れでした。

**――ダンスシーンの撮影で苦労したことは？**

テストでは歌がない状態でどんな技ができるかを撮ったりはしていたんですけど、歌が入るとタイミングを取るのが難しくなりました。例えば、歌の盛り上がったところで回転して、終わったらスッと止まってほしいんですけど、回転しだすと急には止まれなかったり。曲に合わせて強弱をつけていくところで苦労しました。しかも、普段と違ってモーションキャプチャースーツを着用している。それでもみなさんうまく表現してくれました。

**――歌とポールダンスの組み合わせはどういう経緯で？**

最初はBGMとして流れているぐらいで考えていたんですけど、エイベックス様から「歌わせたい」という声が上がって。実際に歌いながら踊ったのを見たときに「こういうことか！」と。歌は、キャラ自身の本当の思いや、裏の感情を込めることができる。それはBGMだけでは全然伝わらないんですよね。僕は最初そこに気づかなくて、「これ歌わないとダメだわ」と、考えが切り替わりました。実際にポールダンスの発表会を見たときも、歌がある楽曲に合わせて踊っている方が何人かいらっしゃって。歌詞に合わせた振りをしていて、「これはエモいな」と。歌詞に合わせた振り付けをつけると、見ている人にもキャラクターの心情も伝わりやすいんですよね。

**――WEBドラマのあとに劇場版が公開されました。この展開は当初から予定していたんですか？**

いえ。まずは、とりあえずストーリーを作ってみましょう、という感じでしたね。最終的に劇場版にしたい思いはあったので、そこに繋げるものとして、最初は、ホームページ上で各キャラクターの話を小説で展開したらどうか、ドラマCDはどうか、という話がありました。それとは別に、キャラクターは3DCGで作って、ダンスシーンを出そうっていう話をしていたんです。そしたら、お話もあって3Dモデルがあるんだったらちょっと芝居をさせてみたいとなり、「ピクチャードラマみたいなのができそうだよね」と。でも、それでいこうと思ったら、監督が本格的な絵コンテを描いてきて（笑）。いいものを見てしまうと再現したくなるので、それでWEBドラマができました。セリフも絵コンテに合わせて結構変えましたね。最初はドラマCDのつもりだったからヒナノのモノローグが多かったんですけど、そういうものは全部カットになりました。

**――そんな試行錯誤があったのですね。**

結果的に作り方も特殊になりました。普通のやり方は、絵コンテがあって、それをもとにした（モーションキャプチャーの）役者さんの動きがあって、最後に音声を録りますよね。でもこのWEBドラマでは、先に声優さんの音声を録って、それをもとに監督が絵コンテを切って、最後に役者さんに演技をやってもらうという。

**――絵コンテがあまりにもしっかりしていたから。**

# ダンサーへのリスペクトが大事

Otobe Yoshihiro

「簡単に絵コンテ切ってください」でお願いしたんですけど、ガッツリカット割りがある絵コンテがきたので（笑）。飲み物を持って飲むとか、ドラマCDだったらありえないじゃないですか。そういうシーンがいっぱいあって、どうしようって（笑）。でも面白かったので、頑張ってやらせてもらいました。

**――CGでの作品というのは前の作品から連なってきたものですが、本作ならではのCGの使い方などはありますか？**

CGの中で、一番難しいのが「接触」なんですよね。なにかに触ったりするのがとにかく苦手で、みんな避けるんですよ。というのも、面倒だしうまくいかないんです。そんな中、ポールダンスは、常にポールに触っているのでみんなやりたがらないんですよ。でも、こっちはもうコストを考えずに「逆にみんなやらないんだったらうちらでやろうぜ」と（笑）。WEBドラマはスケジュールが予想より全然足りなくて、久々に地獄を味わいましたね。その反省を生かして、劇場版では専用のツールを作ったりして、とにかくソフトランディングしたいという思いでやっていました。

**――ソフトランディングできたんですか？**

できました。とは言っても、マスコミ試写からまた差し替えをしましたけど……。試写でのミオは全然違うものでした（笑）。最終版では後ろでちっちゃいミオが踊ったりしていますけど、試写ではその辺が全然なかったんですよ。でも、自分としてはやっぱり入れたくて。社内のCGスタッフにダメ元で「描いてくれない？」って頼んだら描いてくれたので、無理やりねじ込みました（笑）。

**――ポールとキャラクターの位置がずれているみたいな話もお聞きして、かなり苦労されたんだなと。**

やっぱり回転が速いとその分だけズレが起きちゃうんです。ポールが揺れると揺れた分だけノイズが出るんですけど、キャプチャーデータもどんどんずれてそのノイズがひどくなっていく。あと、リアルな人間の体のサイズとアニメの人物のサイズって違うんですよね。だから、ダンサーの方の脚がポールに絡んでいるところでも、アニメのキャラクターに置き換えたときに絡んでいなかったりってことがたくさん起きるんですよ。それをいちいち直していくのが本当に大変で、一番苦労しました。で、さっき言った劇場版での専用ツールは、その修正をしやすくするツールなんですね。どうやったって直しは発生するんだけど、直しやすくしようっていう（笑）。おかげで、劇場版ではだいぶ負担を減らせて、キャラクターが2人で絡んだりするような難易度の高い方向に行けました。知り合いのCGの人に聞いても「こんなメチャクチャなことやってるのあんたらぐらい」って言われるほど、相当なことをやっていました（笑）。ただ、自分たちも大変、大変と言いながら、じゃあやりたくないかと言われればそんなことはなくて、ここにちゃんと価値があると信じてやってきたんです。

**――衣装も豪華で、そのあたりにもご苦労があったのではないでしょうか。ユカリがマントを着けたままのポールダンスシーンは大変だったと思います。**

ユカリのショーの中で、「みんな私についてきなさい」みたいなイメージで、旗振り役として上を目指し続ける自分を見せる、っていうのをやりたいと思っていたんですよ。そうするとマントは脱げないですよね（笑）。監督からは、「本当に大変だったら途中で脱いじゃって、都合のいいところでまたパッと出してきてもいいですよ」って言われたんですけど、それだと逃げた感じがしちゃう（笑）。振り付けでももちろんすごいっていうのは出せていたんですけど、もうひとつ、「このキャラクターじゃないとできないこと」を入れたいと思って、最後の最後まで頑張らせてもらいました。

**――ヒラヒラするものはやはり大変ですか？**

スカートも袖もないほうが助かります（笑）。でもこれは『ポールプリンセス!!』で大事にしていたことだったんです。例えばアニメやマンガの表現でボールを蹴ったら炎が出る、みたいなものがあるじゃないですか。あれって大嘘ですけど、面白さでもあるんですよね。で、『ポールプリンセス!!』でも、そういう大きな嘘をひとつつきたいな、と。それが「衣装がちゃんとしている」っていうことだったんですね。だから『ポルプリ』では、大きな嘘として、服が可愛いとか格好良いっていうのを特色にしたんです。

**――衣装のデザインはキャラクター原案のトマリさんからいろいろ案を出してもらったのですか？**

「こういうのがいいんじゃないか」っていうのと、「こういうのを着せたい」っていう2案がいつもきていて。トマリさんはもともと『KING OF PRISM』のファンで応援上映とかも来てくださっていたらしくて、話を持っていったときに二つ返事で「やりたい」と言ってくれたんです。それもあってか、どんどん提案してくれて。それがいいのばかりなので迷いましたね。

**――ダンス中の背景もとても凝っていますが、こちらは乙部さんの案ですか？**

そうですね。WEBドラマのステージのイメージはコンセプトアートの方に描いてもらったんです。けれど、僕の方で改造して結構別物になっちゃいました（笑）。とくにユカリは、最初はポールと円盤のステージぐらいしかなかったんです。実際のポールダンスも、ポールがあって、スポットライトがあって……っていうのが多いので、ユカリも多少キラキラを足すぐらいでいけるかなと思っていたんです。けれど、それだとかなり画的に寂しいことがわかって。どうするってなったときに、もう時間がないから僕が作りますってことで、ものすごい勢いで作りました（笑）。もともと背景が好きなので、そんなに苦ではなかったんですけど、それでもやっぱり時間との戦いでしたね。

**――お話をうかがっていると、スタッフの皆さんの熱量の高さを感じます。**

タツノコプロのCG班から出た初の企画だし、思い入れも強いので、できることはやっておきたいっていう気持ちがありました。ほかの作品でできないことをやっているという自負もあったので、「なんでこんなことやらないといけないんですか」じゃなくて「やります！」っていう感じでみんな取り組んでくれていましたね。

**――最後に、『ポルプリ』ファンの皆さんにメッセージをお願いします。**

今回、僕はスタッフに「ダンサーさんが嫌がるものはやめよう」「リスペクトがないものを作ってはダメだ」とずっと言っていたんです。その思いがお客さんに伝わってくれたから、多くの方が盛り上がってくれたんじゃないかと思うので、今後もそういう気持ちは大事にしていきたいです。次があったとしても『ポルプリ』らしさをちゃんと出したものにしたいです。『ポルプリ』は、まだ進化の余地があります。やりたいこともたくさんあります。それを実現できる日が来るように、引き続き応援よろしくお願いいたします。

Q&A CORNER

# 江副仁美と乙部善弘のQ&A

『ポールプリンセス!!』に深く関わっている江副さんと乙部さんに聞いてみたいことをSNSでファンの皆様から募集。集まった質問に答えてもらいました。

## Questions for Ezoe

### sue445

『ポルプリ』はスパイラルガールズ含めて各チームで名字に由来があって好きです〈例：ギャラクシープリンセスは東西南北（アズミ先生は中央？）、エルダンジュは色、スパイラルガールズは華鳥風月〉。設定考察が好きなオタクなのでこういうのに弱いですw。各キャラの下の名前に何か由来やこだわりはあるのでしょうか？　教えてください。

Answer　Ezoe

下の名前はギャラプリとエルダンジュは当初星関係にしようとして一部その名残がある感じです（アズミ、ミオ、スバル、サナ〔NASA〕）。ユカリはポールダンス界の方からいただきました。ヒナノはポールダンス１年生ということで雛から、他は語感が良かったりでつけてる感じです。スパイラルガールズはこの先出るかわかりませんが他のキャラクターと頭文字がかぶらないよう、苗字と合わせたときに語感がいいものにしました。

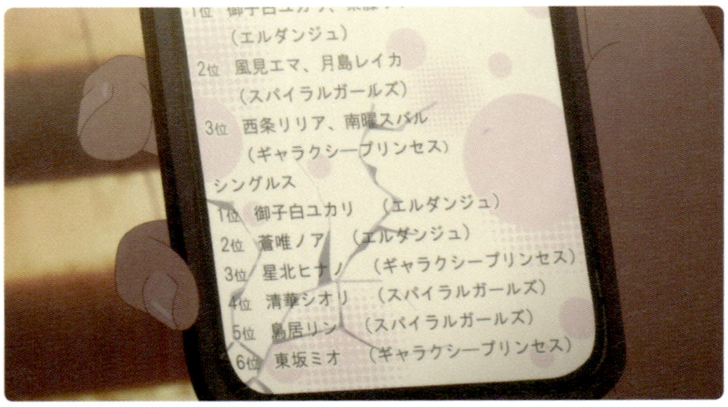


### にわかわかめ

フルCGWEBアニメや60分の劇場アニメなど、異なるフォーマットで作品を表現されてきましたが、両方の経験から『ポルプリ』にはこういうメディアだったら相性がいい、次はこういう表現に挑戦したい、といった展望はありますでしょうか？

Answer　Ezoe

まだまだキャラクターを語り切れてないのでテレビシリーズとかでそれぞれにスポットを当ててあげられたらいいなあと思ってます。

### 一福

登場人物の家族構成について、現在はヒナノのおばあちゃんだけが出ていますが、他のキャラクターも設定は決まっていますか？　また今後の展開の中で家族について描写する予定はありますか？

Answer　Ezoe

細かくは詰められてないのですがキャラクター作成時にある程度家族構成などバックボーンが決まってる子は決まってます。ちなみにヒナノはおばあちゃんと二人暮らしの設定です（両親海外赴任で事情があってヒナノは連れていけなかった）。なのでヒナノはすごくおばあちゃんっ子です。

### セヲン

ユカリ様は大学でちゃんと単位を取って卒業できるんでしょうか？　ドラマCDのうっかり加減を聴いて心配になりました…（笑）。

Answer　Ezoe

多分ノアがしっかり管理してくれてるので大丈夫だと思います（笑）。

## ヒロタロン

『ポールプリンセス!!』を通してポールダンスを実際に観て改めてすごい競技で驚きました。制作にあたって監督もポールダンスを観られたかと思います。その中で好きな技、またもしできるならどんな技をしてみたいなどありましたら教えてください。

Answer　Ezoe

劇場版でユカリとサナがやってる「バレリーナサポート」は見たとき美しすぎて衝撃を受けました！　人間って人の足の中に入れるんだなって（笑）。自分ではやれる気はしませんがポールにつかまったところから一気に落下して止まるドロップの恐怖を味わってみたいです！

## めふ餅

ヒナノが自身の過去を話し、「今度は1人じゃないみんなが一緒にいてくれるから！」と正面を向いて言うシーンがあります。ギャラプリのみんなだけでなく私たちにも言ってくれているように感じて好きなシーンなのですが意図的なものでしょうか。

Answer　Ezoe

引っ込み思案だったヒナノが仲間たちとのふれあいで得た自信によってまっすぐ前を向けるようになった、という決意を表現したかったので正面のカットにしましたが、ご覧いただいてる方に向かって言ってるようにも見えるので、「みんな」はファンの皆様も含まれてるのかもしれませんね。

## 空色トシ

ＷＥＢアニメと劇場版では１本の作品としての総尺をはじめ、いろいろ違う部分もありますが、それぞれのフォーマットだからこそできたことは何ですか？

Answer　Ezoe

ＷＥＢアニメは尺が決まってなかったのでそこは自由だったのですが、ＡＬＬ３Ｄということで表現が難しかったりという制約がありました。劇場版は作画という表現の幅が広がりましたが尺に制限があったので本当に見せたいところだけぎゅっと濃縮した感じです。それぞれメリットデメリットがありその中でどう表現するか考えるのも面白かったです。

## ピヨ

登場キャラクターたちの家族構成や出身地、通っている学校等のまだ描かれていない部分はすでに設定が決まってるのでしょうか？　また今後、作中内でそれらについて描写する予定はありますか？

Answer　Ezoe

キャラクター設定の時に何となく決まってる子もいれば、ふんわりの子もいます。ノアなんかは日舞の家元の生まれだったりするので何かしがらみとかありそうですよね。ＷＥＢドラマや劇場では出すタイミングはなかったですがこの先出せる機会があったら出していきたいです！

## 謝罪ラップ

『剣爛業火』などの曲は劇中世界にある曲を使って歌っているのか、エルダンジュによるオリジナル曲のどちらなのでしょうか？　もしオリジナルな場合、劇中世界ではエルダンジュはダンスだけでなく歌でも活躍してるのでしょうか？

Answer　Ezoe

エルダンジュのオリジナル曲の想定です。エルダンジュはショーを作り上げるのに世界観を大切にしてると思うので、曲発注から世界観作りが始まってると思います。ただ、あくまでポールダンスで表現することを前提にしているのでポールダンスなしでは歌うことはないのではないかなと思います。

## 東川りつ

蒼唯ノアさんが『眩暈の波紋』の落ち着いた曲調から全く異なる『剣爛業火』を演じることとなったエピソードは考えられているのでしょうか？

Answer　Ezoe

はい。ユカリが「大会ではこれまでのイメージを一新したいと思います」と言っているので、ノアなりに自分のカラを破りたいと思って考えたのが『剣爛業火』です。歌詞やダンスの端々にノアの思いが込められていると思うので感じていただけたら嬉しいです。

### なにかな

ギャラプリの子たちの普段の生活スケジュールが気になっています。朝何時起きとか、レッスンを終えて家に帰るのは何時だとか、彼女たちはどのように日々を過ごしているのでしょうか？

Answer　Ezoe

普通の女子高生、大学生なので学校に通いつつ放課後にスタジオに来て練習する感じだと思います。普段は週２くらいで発表会などが近くなると週4とか毎日になるのかなと。未成年なので20時くらいには帰宅する感じかなと。帰りにバーガーショップに寄ったりするともう少し遅くなるかもしれません。

### 和田みさき

ミオちゃんのヘアスタイル、髪をほどいてセットし直すときに色でわけるの大変だなー、っておもってたら時々左右に別色が混じってる上に日によってその乱れが変わってたりと描写がこまかくて感心しました。あの乱れは意図的だったのでしょうか。また他にも「気づかれないかもしれないけどここはこだわった」というところがあればお聞かせください。

Answer　Ezoe

た、多分作画さんの意図的かなと（笑）。ミオの髪はトマリ先生のキャラクターデザインの時から後ろの分け目は交互になっていたりと作画が難しいですが面白いデザインだと思います。

### 悶絶チュパカブラ

焼き肉屋でズームアウトして店の照明を写したあとエルダンジュサロンのシャンデリアを写していました。これを意識すると他のギャラプリ⇔エルダンジュの場面切替時にも映像的に韻を踏んでるように見えました。意図があれば知りたいです。

Answer　Ezoe

似たようなものでシーンを繋ぐのは割とよくある演出方法ですが、ギャラプリの庶民感とエルダンジュのブルジョワ感の対比にもなったのではないかなと思います。

## Questions for Otobe

### おかだ

３ＤＣＧショーを観ていて「自由なカメラワークでポールダンスのショーを撮れるのは本当に素晴らしいなぁ」といつも感慨に耽っています。３ＤＣＧだからこそできる表現や、作っている時の面白さなどがあればぜひ教えてください！

Answer　Otobe

完成するまでは苦労の連続で面白いとはとても思えませんが他では見ない映像を作っているという部分でやりがいはかなりあります。

### なにかな

ポールダンスショーシーンの映像については乙部さんにお任せされている認識なのですが、ポールダンスシーンを作るにあたって絵コンテのような設計図などは作成されるのでしょうか？　全体の工程など、企業秘密でなければお聞きしたいです。

Answer　Otobe

ダンスシーンでは絵コンテはなく脳内でイメージをまとめて直接ＣＧカメラ作業に入ってます。とりあえずいったんザっと作成してみて気になるところをどんどん修正していく感じですね。その中で監督とも相談します。

## ゆう

サナ姫が作中で「まさか……これをやるんですか？」とユカリ様に尋ねていましたが、スタッフ陣の中で「まさか……これを作るんですか？」となったトリックはありますか？

Answer　Otobe

サナがユカリが作った輪の中に入っていくトリックはまさにそう思いました。2人とも回転速度を合わせて行ってるので予想以上に難易度があったと思います。

## しめんそ〜か

劇場版でユカリ様の分身が出た時、ここまでやるんだ！　と驚きました！　乙部さんの中で、『ポルプリ』ならここまでならやっていい、という演出のラインはありますか？

Answer　Otobe

エンタメに制限は無いと思ってますがアイディアが浮かぶかどうかだと思いますので明確なラインはありません。可愛く美しくカッコ良ければなんでもアリだと思います。

## ジャス

『ポールプリンセス!!』では髪が短めのヒナノちゃん、長めでツインテールのミオちゃんなど、見た目にもそれぞれ特徴がありますが、キャラクターによって作りやすいキャラクター、逆に大変なキャラクターはいますか？

Answer　Otobe

リリアやユカリのような肩や背中にかかる髪があるキャラが一番大変です。楽なのはスバルですね。ただ楽だからといって全員ショートにすることはしないようにしてます。

## 九条水音

ヒナノのポールダンスが好きなのですが、終盤の羽が広がる演出はどのようにして生まれたのでしょうか。また、他のキャラクターのポールダンスで、「ここに注目して見てほしい」という箇所を教えてください！

Answer　Otobe

ＷＥＢドラマ版のラストショーでヒナノのキメポーズの背景の星雲に翼が浮かぶ演出をしてますが、劇場版の布石にしてました。とはいえ実際に出すかどうかはギリギリまで悩みましたが、監督がＧＯサイン出してくれました。

## TT

ポールダンスにはセクシーなイメージがありますが、『ポルプリ』でもセクシーさを意識したことはあるのでしょうか？

Answer　Otobe

女の子が踊っている時点である程度のセクシーさは画面に出るものかと思いますのでそれを上回る美しさやカッコ良さが印象に残るように演出しました。

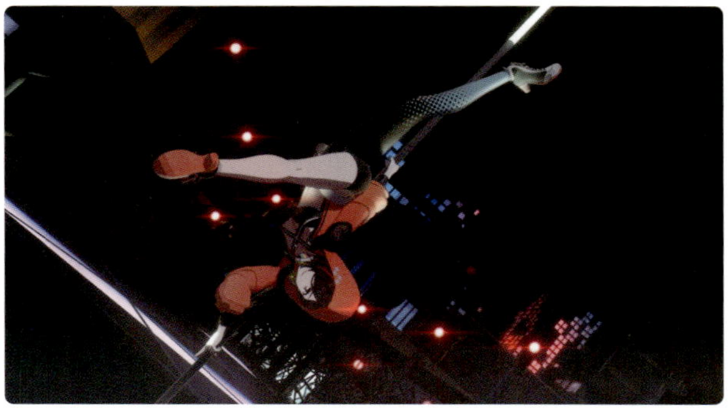

## ジャス

『ポールプリンセス!!』はダンスシーンのクオリティがものすごく高いですが、このクオリティで１曲分のダンスシーンを作るのに具体的にどれくらいの時間がかかるのでしょうか？

Answer　Otobe

１曲大体４か月前後はかかります。振り付け修正、めり込み修正などずっと修正してる感じですね。

## CUG

バレエだったり舞踊だったりポールダンスだったり芸術表現が好きそうにみえるので好きになったきっかけがあればきいてみたいです。

Answer　Otobe

もともとは美術方面に進みたかったのですがCGの方が自分に合っていたということだと思います。ポールダンスも他にはない独特の美しさがあると思ったのでCGを使って表現したいと思いました。

## おこめ

CG制作中にここメチャクチャ難航したみたいなエピソードがあれば教えていただきたいです。また作品中焼き肉が出てきますが、乙部さんが焼き肉で絶対に頼むメニューは何ですか？

Answer　Otobe

ポールとの接触点にあるリボンやパーツをどう逃がすかが大変でした。カット切り替えで誤魔化したりと瞬間移動するパーツがあちこちにあります。

焼き肉は何でも食べます。

## りげるぐ

以前のインタビューで男性キャラクターも出してみたいという野望があるとおっしゃられていましたが、もし出すとするならどのようなキャラクターにしたいですか？

Answer　Otobe

実際に見たうえでですが上下ともビシッとフォーマルな格好で踊る男性はカッコ良かったですね。

## CAT

ポールダンスシーンはモーションキャプチャーも使われてますが、キャラクターとアクターの等身が違ってるのに調整とかしてるんでしょうか？　アニメーション本編も含めて等身の設定とか考えられてるのか気になります。

Answer　Otobe

アニメ表現でポールダンスが一番映える身体バランスにしてますが脚がやや長いので調整は入れることが多いです。例えば劇場版のユカリのラスト付近の足首を手でつかむときバレないように徐々に足を短くして手が届くように調整し、離したらまたバレないように元に戻していくようにしてます。

## ウマカツ！

乙部さんが今まで手がけてきた作品で生まれたアイデアや技術がポールダンスを表現するにあたって意外にも活かされたこと、逆にポールダンスだからこそ今までの作品と対比して困難だったこと、それぞれあれば教えていただきたいです！

Answer　Otobe

派手で自由な表現の作品に関わることが多かったため、そこで培われた感性は活かせたと思います。ポールを掴んでからはCGの難易度が跳ね上がりますね。

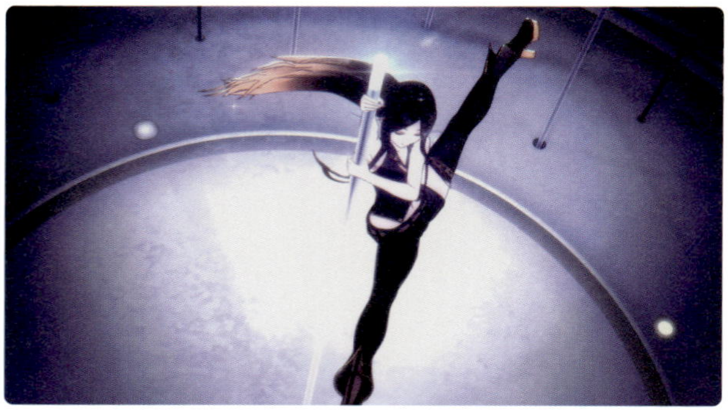

## リノアキ

ダンサーの方はモーションキャプチャーの際にシンプルな衣装を着て演技していますが、各キャラの衣装はマントやスカートなど多くの装飾があります。ダンスシーン制作の際にこれらの違いによって苦労された点、工夫された点はありますか？

Answer　Otobe

キャプチャースーツは基本滑るのですが摩擦係数の高いシリコンポールを導入することで解決してます。シリコンポールがこの世になかったらポルプリは作られなかったと思います。衣装は今回歌と合わせてファンタジー要素として扱ったつもりでしたがKAORI先生は綺麗な服着てもやるのでファンタジーではなかったですね（笑）。

## TO《てぃーおー》

劇場版で作成された各曲のうち、ＣＧのデータ量がもっとも多い曲と少ない曲はどれでしょうか。また１曲平均どのくらいのデータ量(ＧＢ［ギガバイト］かＴＢ［テラバイト］かあるいはさらに上か)なのでしょうか。

Answer　Otobe

データ量でいうと背景が一番重いのであまり参考にならなそうです。意外とキャラはデータ量が多くないのですが、とはいえユカリはマントの計算データも入るので多かったですね。

## ピヨ

劇場版の制作にはYouTube版での苦労の経験が活きた。とお話しになっていましたが、今回の劇場版での制作で得た経験や今後に向けて活かしていきたいＣＧのノウハウ、更にブラッシュアップしていきたい部分などはありますか？

Answer　Otobe

ＷＥＢ版の経験と反省を経て『ポルプリ』に特化したツールを開発しました。ブラッシュアップしたいのは表情ですね。もっといろんな表情を見せたいです。

## じんじゃあ

ダンスモーションをＣＧ化されるにあたってどのような動きや技が難しかったでしょうか。また、ポールの回転（スタティックとスピニング）によってＣＧ化の難易度は変わるでしょうか。

Answer　Otobe

ヒナノやユカリのようなバレエ系で足を柔軟に大きく広げるシーンが結構大変でした。太ももをアニメーションで細くしてスカートが入り込む隙間を作ったり……回転中が一番大変でしたね。１コマ単位で修正をしないといけなくなるので……。

## 緑風ふわりちゃんのヤギのうり

乙部さんが『ポルプリ』の企画を立ち上げた当初、女の子だからこそやりたかった表現などはありますか？

Answer　Otobe

髪型の豊富さやきらびやかな衣装を着ながらのダンスですね。

INTERVIEW 03

脚本

# 待田堂子

まちだ・とうこ／脚本家。2025年は『真・侍伝 YAIBA』『しゃばけ』『雨と君と』等のシリーズ構成・脚本を担当。

## ポールダンサーから感じた熱いスポーツ魂

**——本作に携わることになった経緯をお聞かせください。**

以前に私が脚本を書いていた『SHOW BY ROCK!!』で、江副さんが演出を担当した回があったんですけど、そのときに気に入っていただいたみたいで。それで江副さんが声をかけてくださったと、あとから聞きました。そのとき、ほかのスタッフの皆さんのお名前も聞いたのですが、皆さん別作品でご一緒したことがあったので、心強いなと。そういうことならぜひということで参加させていただきました。

**——そこでポールダンスを描く作品だとお聞きになったんですか？**

はい、乙部さんが企画案を考えられた、ポールダンスが題材の作品だとお聞きしました。乙部さんが別作品でポールダンスを取り上げたことがありましたけど、それがすごく面白かったし評判もよかったんですよね。それで、この段階で乙部さんから「こういうものがあるんですよ」って動画を紹介されたので見てみたんですけど、自分が思っていたポールダンスとは全然違うんだなと痛感。新しい世界を知った瞬間でした（笑）。

**——内容的にはまだ固まっていない段階だったのですか？**

そうですね。CGでポールダンスをやるということは決まっていたので、2Dでやるときとは違って、無尽蔵にキャラクターは出せない。主人公側が大体4～5人、プラス相手側が3人くらいかな、みたいなところからのスタートでした。

**——どういうふうにキャラクターの配置を決めていったのですか？**

乙部さん、江副さん、プロデューサーの依田健（タツノコプロ）さんと西浩子（エイベックス・アニメーションレーベルズ）さんとみんなで話し合いながら、まず主人公のヒナノについて決めて。そこからキャラがかぶらないように考えていきました。

**——意見のぶつかり合いみたいなものはあったのですか？**

いえ、意外と楽しくやっていました（笑）。「こういうのがいいよね」ってお互いのイメージするものを出し合って……それはアイドルの女の子だったり、アニメの主人公だったり。いろんなキャラクターの「この子のこういうところがいいよね」っていうところを抽出して、いいとこ取りをしていったような感じです。でも、そこに時間をかけたのが、あとから効いてきましたね。ステレオタイプにはめこむというよりは、順番に「この子にこういうところがあるからこっちの子はこうしよう」みたいな感じで微調整していって。すごくいいキャラクター配置になったなと思います。

**——最初の舞台となるプラネタリウムというのは、どういうところからの発想だったのですか？**

「綺麗な場所がいいよね」ってみんなで言っていて。それで、プラネタリウムだったら天井が高いからポールを立てられるんじゃないか、みたいな話になったんです。そうしたら、西さんが、熊本のちょっと変わったプラネタリウムを見つけてきて、みんなで「いいビジュアルだね」って。それをベースにしたので、物語の舞台も熊本になりました。

**——ポールダンスをしている中高生ぐらいの年齢の子たちにも、事前に取材をされたそうですね。**

やっぱり皆さんからうかがったお話がかなりシナリオに活かされていますね。皆さんしっかりされていて、ポールダンスに真摯に向かい合っていました。達成できなくても向き合っていく過程もお聞きして、お若いながらスポーツ魂みたいなものがあって。そのあたりはヒナノたちがポールダンスに向き合う姿勢を描く際に反映したところです。のちにユカリのモーションキャプチャーをやっていただくことになるyuuriさんにも話を聞いたんですけど、彼女は特にハイレベルな実力の持ち主で、まだお若いんですけど、もう年齢関係なくアスリートでありアーティストであり。真摯にポールダンスに向き合っているということがひしひしと伝わってきました。

**——ユカリに反映された部分もあるのですか？**

何でもポールダンスに役立てようとしているストイックさですね。彼女には、誰かとの勝ち負けというより、自分との戦い、みたいな雰囲気がありました。「いままでと同じことをやっていたら、他人には負けないんだけど過去の自分には負ける」というような……。そういった姿勢はユカリのセリフを書くときに意識しましたね。

**——ダンスシーンに関して、脚本上で細かく指定されたところはあるのですか？**

リリアがスバルの手を掴むとか、そういう物語上必要なところは書いていますが、それ以外は乙部さんやダンサーさんにお任せでしたね。

**——では出来上がったものをご覧になって、「こんなふうになっていたんだ」という驚きがあったのでは？**

そうですね。私は、劇場公開される前のイベントで初めてヒナノのダンスシーンを見たんです。脚本の作業が終わったあと、CGができていたら見たいなとは思っていたんですけど、「どうなってますか」って聞くのもプレッシャーになっちゃうかなと思って、進捗状況を全然聞けなくて（笑）。順調にできているときは「できました」って送ってくるので、それがないっていうことは、時間をかけてこだわって作られているんだろうなと。それで、イベントで初めて見たんですけど、もう顎が外れるくらいびっくりしました（笑）。それまではちょっとずつ出てはいたんですけど、あのヒナノのダンスシーンには衝撃を受けましたね。本当にびっくりしたときって、声があんまり出ないんですよね。私もそうですけど、会場の皆さんも一瞬ハッとなって、しばらくしてからどよめくような感じでした。驚くといえば、そもそもWEBドラマのときもですね。「そんなに（キャラを）動かさないから」と言われていたので、あまり動きが出ないように頑張ってシナリオを書いていたんですけど、蓋を開けてみたら結構動いていてびっくりしましたから（笑）。

**——改めて、キャラクターを描く際に意識されたことはどんなことですか？**

全体でいうと、取材で若いダンサーさんたちの思いを聞いて、みんなそれぞれに思いを持ってポールダンスに向き合っているというところが大事だなと思いました。なので、いじわるなライバルチームを打ち負かす、みたいな話は単純でわかりやすいと思うんですけど、そうはしたくないなと。スタッフみんな割とそういうふうに思っていらしたので、性格が悪い子はまったくいなくて、みんなある意味いい子になっています。

**——ではギャラクシープリンセスの方から一人ひとりについてお聞かせください。**

ヒナノはユカリにトラウマを植えつけられていますけど、それはヒナノ自

# やっぱり皆さんからうかがったお話がかなりシナリオに活かされていますね。

Machida Touko

身にもちょっと悪いところがあるからで。失敗を恐れたり、一度失敗したらそこから逃げてしまったり……。ユカリにしてみれば、そういうのはちょっと違うでしょっていうことなんですよね。それで、ヒナノは、ひとりだったらまた逃げてしまったかもしれないけど、今回はリリアやミオやスバルがいたからクリアできたと。そういうお話にしたかったので、ポテンシャルがあって才能もあるけど、自己肯定力が低いという女の子にしました。せっかくいいもの持っているんだから頑張ればいいんだよ、って思われるような、応援したくなるような女の子。そんな子がようやく自分の力で一歩を踏み出すという感じになればいいなと。そして、ヒナノが前へ前へ行くタイプではないから、自分でグイグイいくようなリリアを友達にして。本当は劇場版で少し描きたかったんですけど、尺が足りなくてちょっと諦めた描写としては、リリアはさして努力しなくても何でも小器用にこなせてしまうタイプなんですね。だから、いままで「できなくて悔しい」とかそういう思いをあまりしてきていないんです。そういう子が努力しないとクリアできないことに直面するというお話を、実はちょっと入れたかったんですけど、そこは泣く泣く尺の都合でカットしました。劇場版ではリリアとスバルのペアのエピソードにしました。あのくだりは私としてはかなりお気に入りです。

**――ミオは？**

ミオは、みんながまっすぐだったり、グイグイいったりすると観てる側もちょっと息苦しくなってしまうので、一般人に近い性格にしました。コスプレにすごくハマっていて、やりたいことがはっきりしているタイプではあるんですけど、ポールダンスには巻き込まれるようなかたちで参加して。そんな中でサナという憧れの存在がいて、サナがいることでどんどんポールダンスにハマっていく。最初はスポーツというものがあまり得意ではなかったんだけど、ポールダンスの中でも自分のやるべきことをちゃんと見つけてみんなの衣装を作っていくという……ひとつのことにグッとハマって、それに対して一生懸命になれるタイプの子ですね。

**――スバルはいかがですか？**

スバルは、一度大きな挫折を味わっていて、物語のスタート時は、もうスポーツから離れてしまっているんですけど、同じような体験をしているアズミ先生から「ひとつがダメだったからって全部諦めることないんじゃない」っていう言葉をもらって、それが胸に刺さって。もともとすごくストイックでずっと体操に向き合ってきているから、ポールダンスも一生懸命やるという、一番アスリート的な感覚の人だと思います。

**――エルダンジュはいかがですか？**

ユカリはもう本当に完璧主義者で、小さい頃から自分にも他人にも厳しい人。だから、せっかく才能があるのにちょっとしたミスでステージから逃げ出したヒナノのことが許せなくて、きつい言葉を投げかけてしまったりする。でも、決して意地悪で言ったわけではなく、それがユカリにとっての正義なんですよね。でも、完璧主義者だけだと面白くないので、日常生活はちょっとダメっていうところを強く出して、ポールダンス以外はたいしたことない人っていう、可愛い部分を描きました。その日常生活のうっかりのおかげで、愛すべきキャラになったんじゃないかなと思います。サナはあざといキャラなんですけど、実力も伴っているし、ユカリと一緒にやっているだけあって、常に努力を惜しまない人ですね。やっぱり、ずっとポールダンス界の王者として君臨しているエルダンジュの一員ということで、自分の本当の魅力を最大限に出し切れるし、それだけの努力を積み重ねている人、という感じですね。一方のノアは、ユカリの理解者で、ユカリのことを一番わかってくれているし、ノア自身もユカリと同じような高い能力を持っている。ほんわかした優しい性格で、ユカリとサナの間のバランサーみたいな感じですね。この3人の話って、まだあんまり描けていないので、本当はもっといろいろと描けたらいいなと思っています。

**――全編通して、ご自身がもっとも思い入れのあるセリフやシーンはどれですか？**

自分の書いたドラマパートより、やっぱりダンスシーンがすごく好きで。とくに、リリアがスバルの手をバシッと掴むところが一番好きですね。ここがCGでどう仕上がっているのか気になっていたんですけど、見事に作ってくれていて嬉しかったです。夜の公園で「私がついているから」っていうリリアのセリフが有言実行になっているのがすごく好きなんですよね。あと、江副さんが「これいいですね」って言ってくれたのは、アズミ先生がスバルを説得するときに言った「山はひとつじゃないじゃない」っていうセリフ。これは自分でも気に入っていますね。

**――待田さんはスポーツの経験ってあるんですか？ ご自身で身をもって実感されたことがこのセリフに繋がったのかなと思ったのですが。**

それがまったくないんですよ。自分に照らして考えるなら、一生のうち1回ぐらいは富士山に登りたいけど、ハードル高そうだからとりあえず高尾山に登っておくか、みたいな感じ（笑）。今回は、取材させていただいたことが大きかったですね。皆さんのお話を聞いていると、いろんなことをやっていたりするんですよ。ポールダンス以外にも、うまく回転できるようにアクロバットや体操の教室に行ったり、体を柔らかくするためにバレエを習ったりしていると聞いて、その一生懸命さに感銘を受けました。ひとつのことだけやっていればいいっていうわけではなく、視野の広さが必要なんだっていうことを、皆さんのお話で知ることができました。

**――まだまだ描けることはたくさんありそうですね。**

劇場版の公開から1年以上経っていますが、皆さんがまだまだ応援してくださっているのがとても嬉しいです。雑談レベルで話していることがいろいろあるので、今後、どこかで披露できたらいいなと思っています。引き続き応援よろしくお願いします。

INTERVIEW 04

キャラクター原案

# トマリ

とまり／イラストレーター、キャラクターデザイナー。ライトノベル『スパイ教室』シリーズ、『友達の妹が俺にだけウザい』シリーズ（いずれもイラスト）、TVアニメ『おにぱん!』（おにっ子デザイン原案）などを担当している。

**——ポールダンスを題材にした本作の企画を聞いて、どのような感想をお持ちになりましたか？**

最初にお話をいただいたときはセクシーなアニメになるのかな？　と思いました。ただ企画書を見る限りはスポ根やアイドルものに近いし、なにより元々ファンだったタツノコプロの乙部さんからいただいたお話だったので安心して二つ返事でお受けしたのを覚えています。

**——ポールダンスというものに対して、どんな印象をお持ちでしたか？**

正直ポールダンスについてはあまり明るくなかったので、正式にお受けすると決まってからYouTubeやいただいた資料映像で初めてしっかりと見ました。やはりセクシーではあったのですが、それだけじゃない熱量を感じましたし、すさまじい運動量や筋肉から織りなされる美しいポーズに見惚れてしまいました。

**——江副監督や乙部さんたちと、各キャラクターについて話し合いをし、案を出し合ったとうかがいました。そのやり取りの中で印象に残っていることはございますか？**

「仕事の会議」というよりは「友達同士の萌え談義」のようなフランクさだったのを覚えています（笑）。このキャラはこういうギャップがあったらいいよね！　だったらこういう衣装を着せたいよね！　と初対面のはずなのにスルスルと意見を出せる現場でした。今でもそうですが『ポールプリンセス!!』に関わっている人たちはみんな優しくてたくさんお話ししてくださる方ばかりなのでとても嬉しいです。作品愛を感じます。

**——各キャラクターデザインを作成するときに意識したことや、こだわった箇所などを教えてください。**

**【ヒナノ】**　王道可愛いキャラクターデザインを目指しましたが芯の強さが出たらいいなぁと顔のバランスを何度も見直していました。劇場版衣装をデザインする際には、WEBドラマでユカリ様が着ていた紺色の衣装と色味をリンクさせるのを意識していたのと、WEBドラマ版ヒナノの衣装が明け方の空で劇場版の衣装は深夜の空をテーマにしています。

**【リリア】**　リリアは元気ギャルというのが大前提にあったのですがWEBドラマ版衣装のアラビアンバニーありきでデザインしているところが大きいキャラです。この衣装だとこういう髪型でこういう髪色が一番映えるだろうな、というように作っていきました。私服のデザインはアニメスタッフさんたちにお任せしていますがなるほどー！　かわいい！　と毎回うなるぐらい似合っていて嬉しいです。

**【ミオ】**　ミオは一番自分の「好き」を全部詰め込んだ盛り盛りのキャラです。実際、会議でも盛っちゃってください！　と言われ、最初に提出したときより髪のボリュームも増しました（笑）。コスプレが好きなキャラなので、髪のツートンカラーはポールダンスをするときだけウィッグをかぶっている設定でもいいかも？　と思いましたがミオは普段から「好き」を諦めないキャラだと思っているのでそのままになっています。

**【スバル】**　スバルはボーイッシュでスポーティーなイメージになるようにデザインしました。ボーイッシュではあるのですが、体のラインを女性的にしてかっこいいけどそれだけじゃないキャラになるよう意識しました。劇場版の衣装はリリアと対になるようにデザインしたのですが、体形もスレンダーなリリアとボリューミーなスバルで対比が好みな感じになったのでとても良かったです。

**【ユカリ】**　ユカリは主人公サイドの大きな壁にならなくてはならない存在だったので、圧倒的強者に見えるようデザインしました。脚の長い女は強いです。全体的な課題としてWEBドラマ版衣装をデザインしたときに考慮できずにいたローアングル・脚を開くようなアングルでのスカートの中が見えたときに、見えちゃいけないものが見えてしまったように感じるのをなんとかしたくて、劇場版の衣装はそもそもスパッツを大っぴらに見せていたりパンツルックを多めにしたり…という工夫をしています。ユカリも2種類衣装がありますが両方パンツルックになっています。

**【サナ】**　見た目はあざとくて、ライバルを裏工作でいじめているようなキャラに見えるのですが実は熱くて真正面から向かっていくというギャップを感じさせるキャラクターです。WEBドラマ版ではTHE小悪魔風衣装だったので、劇場版では色味もデザインも清楚風にイメージを変えています。髪型もどんどん変えていけるキャラクターだと思うので、いろんなヘアアレンジをさせてあげたいです。

**【ノア】**　顔の印象を優しくするのと、和風衣装ということで一番悩んだキャラクターです。WEBドラマ版では青い衣装でやわらかく踊るのが印象的ですが、劇場版では胸に宿した熱さを前面に出したかっこいい衣装を意識してデザインしています。3Dでぐるんぐるん回って踊るノアを見るたびに悩んだ甲斐があったー！　と思える大好きなキャラクターです。

**【アズミ】**　アズミ先生は明確にモデルがいるキャラクターなので（笑）、ほとんど悩むことはなく楽しくデザインできました。美しくパワフルでエネルギッシュな印象になっていれば嬉しいです。

**——完成した映像をご覧になった感想と、お気に入りのシーンを教えてください。**

劇場版を初めて見たときはあまりの迫力にショーが終わるたびに拍手がしたい衝動に駆られました。アニメパートも私服デザインや冒頭の写真がとても可愛くてスタッフさんたちに感謝しかなかったです…！　お気に入りのシーンはリリアとスバルがお互いの思いを言い合う公園の場面が大好きです。ヒナノとミオの表情もやわらかくて慈悲を感じます。

**——もしも続編が制作されることになったら、誰にどんな衣装を着せてみたいですか？**

ありすぎて描き切れない…!!　ですが、私のところに発注が下りてくるときにはすでに皆さんが考えられた大まかなイメージがあって自分はそれを最高の形で出力するという役割なのでどんな衣装が来ても頑張って描きます!!

**——ファンの皆さんにメッセージをお願いします。**

『ポールプリンセス!!』はたくさんのファンの方やこの作品を愛しているスタッフに支えられてできている作品だと日々痛感しております。SNSでもこっそり皆さんの感想を見ながらニコニコしていますが、これから先も続いていく『ポールプリンセス!!』の物語を一緒に追っていきましょう。応援よろしくお願いします！

Tomari

# 初期キャラクターデザイン案

WEBドラマでのポールダンス衣装デザインの初期案。
未公開デザイン案も、特別に公開します。

★ミオ

★リリア

★ヒナノ

★サナ

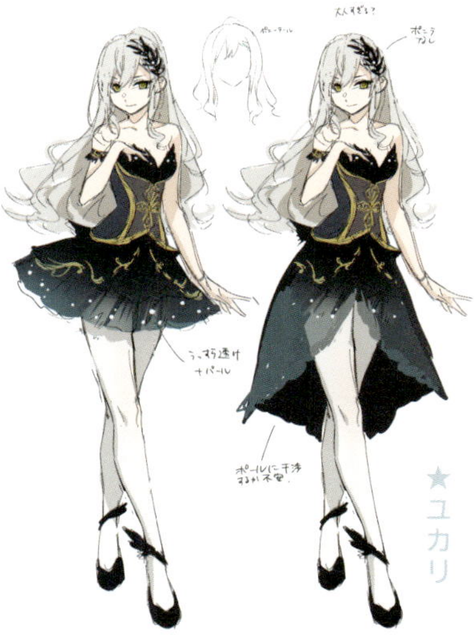


★ユカリ

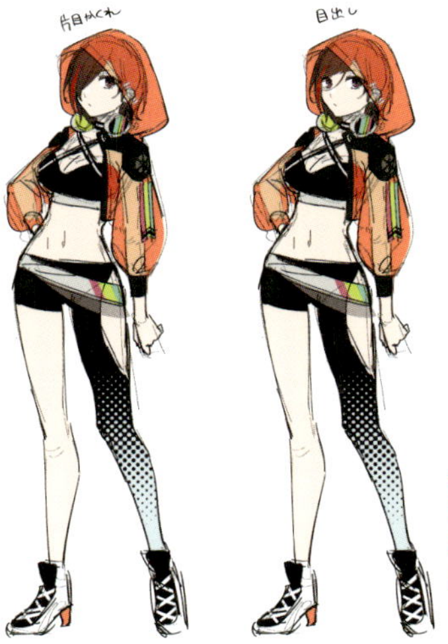


★スバル

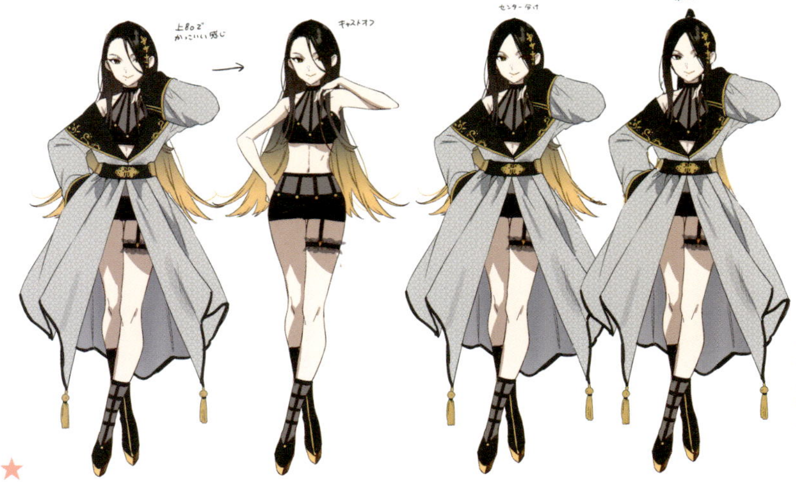


★アズミ

★ノア

# INTERVIEW 05

## アニメーションキャラクターデザイン

# 櫻井琴乃

さくらい・ことの／タツノコプロ所属。アニメーター。参加作品に『プリティーシリーズ』、映画『僕が愛したすべての君へ』（いずれも原画）、タツノコプロのアニメーション制作レーベルBAKKEN RECORD作品などがある。

**——ポールダンスを題材にした本作の企画を聞いて、どのような感想をお持ちになりましたか？**

おお〜〜！　『KING OF PRISM -PRIDE the HERO-』で培った技術だ！　と思いました。

**——ポールダンスというものに対して、どんな印象をお持ちでしたか？**

ポールダンスというものに対してのイメージは特にありませんでした。単語だけ知っていた感じです。作業を通して、すごく肉体表現が豊かで美しいダンスだなと思うようになりました。アニメーターとして人体は身近な対象なのでず〜っと見ていられちゃいます。

**——トマリさんの原案イラストを見たときの第一印象をお聞かせください。**

元々pixivでよく見る絵師さんでした。淡い色合いと透明感あるコントラストに湿度がありながら爽やかな空気感を感じますし、デジタルだけど水彩画のようにも見えてとても美しいですよね。女の子たちの青春を描くのにもポールダンスの健全な面を描くのにもぴったりだと思いました。

**——アニメーションキャラクターデザイン時に、江副監督や乙部さんからどのようなオーダーがありましたか？**

監督からは3Dモデルが原案イラストの完全再現というわけではなかったので2つの間をとるようなデザインをお願いされました。その兼ね合いでやったこととして、両者で違いが出やすいのが斜め顔、横顔なのですが、斜め顔の時はトマリさんの絵に寄せて、正面と横顔は3Dに寄せてます。そしてトマリさんの絵に寄せた斜め顔は、より手描きならではの外連味を活かせるように調整させていただきました。

**——各キャラクターデザインを作成するときに意識したことや、こだわった箇所などを教えてください。**

【ヒナノ】　純粋さ、ナチュラルさをすごく意識しました。「初恋の女の子」みたいなイメージで描いてます。服装は最初もう少し甘めで、監督からミオとかぶるとご指摘いただいたので少しスポーティーな要素を入れてバランスを取りました。わかりにくいけど劇中ではいてる白のニーハイは40デニールくらいで透けてます。幼少期は前髪を短くしたり下まつ毛を無くしたり等おぼこい感じが出るようにしました。勝手に星のヘアアクセはリリアとお揃いで買ったと妄想してます。

【リリア】　リリアは学校でよくつるむ、いつメン女子みたいな気持ちで描きました。私生活がちょっと雑で、ズボンはいてたら胡座かくし足完全に閉じないで座ったりもするけどさすがにスカートはいてたらちゃんと閉じるぐらいのところで考えて、そういうパーソナルな部分が出るよう意識しました。リリアやミオは表情豊かなので表情集でかなり遊べたのが楽しかったです。昔好きだった少女アニメ特有のギャグ顔とかやりたくてたくさん詰め込みました。

【ミオ】　ミオは一番共感したキャラクターで、ヒナノに衣装づくりを手伝わせないあたりクリエイター気質が強めのタイプだなと思いました。ミオのプロップはミオの常日頃持っているこだわりがにじみ出ています。スバルとミオの私服が一番難しくて、ミオのめちゃくちゃフリフリ甘々だけどあくまで私服、衣装に見えないようにするのが難しかったです。

【スバル】　突出して長身、大人っぽい見た目なのでリップがあると色っぽすぎるしギャラプリの中だと浮くかなと思ってスバルからは引いて、爽やかな印象になるようにしました。少〜しだけ幼くできたと思います。リップと肌の色差ってイラストだとあんまり気にならないんですけどアニメだとかなりパッキリしちゃうのでギャラプリは全員ナチュラルな印象になるように撮影処理でぼかしていただいてます。スバルの私服デザインは、案出しの段階ではもっとメンズっぽい感じで格好良さに振り切っていたんですが、監督から男の子すぎると言われ中性的で爽やかな仕上がりになりました。

【ユカリ】　ユカリ様は冷たさが気品として表れていると感じて、通常時はとにかく凛々しくなるよう意識しました。監督からちょっと抜けてるところがあって可愛さも出るようオーダーされたので、プライベートな場だけで見られる柔らかい表情も追加しました。私服はめちゃくちゃ線少ないのに格好良さと上品さを表現できたので、思いついたときは「勝った！！！！！！（制約に）」と思いました。

【サナ】　MVのミニスカートのイメージが強かったので最初はもっとギャルっぽい服を想像してたのですが監督から「サナは男受けを狙って女子アナみたいな服を着るのでミニスカートははきません」と言われかなり衝撃でした。でも実際の女子アナ的だと清楚すぎるので色はイメージカラーだったり、若干露出してたり小悪魔な感じも出るようにしてみました。

【ノア】　サナ姫はフリル、ユカリ様はカッチリパンツスタイルでノア殿はどうしようかな…そうだ、『眩暈の波紋』の衣装でプリーツが使われているしキャラ印象の統一の意味でもプリーツにしよう！　と思ってこのワンピースになりました。襟の葵の花レースがこだわりで、この襟と白百合のピアスを合わせられたのが個人的お気に入りポイントです。

【アズミ】　アズミ先生はギャラプリ視点で描いていて、良い感じに厳しさと慈しみのある表情にできたと思います。ある程度人にだらしなさを晒せる人なのかなと思って表情集（P97参照）ではっちゃけています。私服は初見で絶っっ対に革ジャン着てほしい——!!　と思って革ジャンにしました。

**——総作画監督として、意識したポイントを教えてください。**

トマリさんの絵柄だってわかることと、感情表現と身体の個体差です。作画ならではのゆるさも楽しめるようにしつつ、後にリアルめの3Dモデルのダンスが控えてるので違和感ないように身体のシルエットやデッサン、個体差はかなり気を遣っています。楽しかった点は、結構表情のアップで感情が見えるカットが多いので微妙な感情をリッチに表現できたところです。難しかったのはユカリ様で、心中では熱い想いを持っているんだけどあまり表に感情を出さないので冷たく見えるという表情を描くのが難しかったです（出さないのか、出せないのかそこんところどうなんでしょうか監督！）。

**——完成した映像をご覧になった感想と、お気に入りのシーンを教えてください。**

初めて見た時は見たことない映像すぎてなんだこれは!?　となりましたし、CGパート含む本編を通しで見たのは試写会の時が初めてで、何度も絵コンテを見たはずなのに『ポールプリンセス!!』ってこんな作品だったのか…！！！！　とその時やっと理解しました。絵コンテ描かれる演出さん、監督さんって本当にすごいですよね…。お気に入りのシーンは夕焼けをバックにユカリとヒナノが和解するシーンです。夕焼けに照らされる2人がきらめいてて、撮影さん、色彩さん、美術さんのおかげで本当に美しいシーンになっていてジーンとしました…;;

**——ファンの皆さんにメッセージをお願いします。**

本気で作られたものはちゃんと伝わるんだということを参加させていただいた作品で実感できてとても得がたい経験になりました！　これからの『ポールプリンセス!!』もよろしくお願いいたします！

Sakurai Kotono

# 私服案

櫻井さんが作成したキャラクターの私服案をお披露目。
私服は何案も作り、そこから決定されている。

INTERVIEW 06

ポールダンス監修

# KAORI

かおり／ポールダンサー。日本POLE DANCE協会（JPDA）理事。ポールダンスの魅力を広く普及するために立ち上げたポールダンススタジオTRANSFORMの代表を務める。ほかにモデル、アーティストとして幅広く活躍する。

## 制約の中で納得いくポールダンスを作る

**——まずは本作に携わられることになった経緯をお聞かせください。**

私の生徒さんのお知り合いがエイベックスさんのダンスのお仕事をされていて、その方からの紹介でした。2020年〜2021年くらいに話をもらってはいたんですが、「本当にやるのかな」って思っていたのが発足した頃の思い出です（笑）。

**——そのときは「ポールダンスをテーマにしたアニメができます」くらいのお話だったんですか？**

そうですね。映画化されるということも知らなかったですし、YouTubeなのか何なのかも全然知らない状態でした。でも、ポールダンスを題材にしてくださったというのがすごく嬉しくて。それまで、テレビでポールダンサーが取り上げられることがあっても、一瞬は広がるんですけど、そこで終わることが多かったんです。だから、こうしてアニメ作品になると、一体どうなるんだろうと思っていました。

**——そこからお話が進んで、打ち合わせが始まってからは、制作側とどのようなやり取りがあったのですか？**

まず設定資料をいただきました。プラネタリウムを盛り上げたくてそこでポールダンスをしていく女の子たちのお話だとか、どんな町が舞台なのかとか。キャラクターのイラストと性格などもいただいたので、タツノコプロさんとWEBミーティングで「このキャラはどういう踊りがいいですか？」という話をしました。可愛いキャラなのか、綺麗で強めなキャラなのか？　とか。タツノコプロさんにも実際にこういう雰囲気もだせますよ、というお話をしたほうが早いなと思って。こちらから「お話しする機会を作ってくださいますか」とお願いしたのを覚えています。そして、そこから曲をいただいて、さらに細かく詰めていきました。

**——初期の段階でどういうお話をされましたか？**

各キャラの個性に合うポールの技の選定だったり、キャラが使う小道具の話だったり。私がいちばん気にしていたのは、空中にいる時間とフロアにいる時間の配分をどうするか？　という部分でした。

**——ユカリとサナのダブルスはフロアにいる時間が長いですね。あれはそういう振り付けを提案されたということなのですか？**

振り付けを作る際にまず指示書をいただくんです。「ここからここまではフロアで、ここからはポール。何秒で降りてここからまたフロアです」みたいな感じで細かく指示があることもあれば、「お任せします」ということもありました。

**——そんなにも違いがあったんですね。**

そうなんです。画的に、「ここは絶対正面で捉えたい」とか「ここは全身を入れたい」となるとフロアの動きになることが多いですね。もちろんこちらで考えて提案させていただくこともありましたけど、逆にタツノコプロさんが本当に構成をよく考えていらっしゃるな、とびっくりしました！　もちろんCGを作る上での制限もあるので相談しながらでした。

**——「こういうのはCGでは作りづらい」みたいな？**

はい。床に寝たり、でんぐり返しはNGでした。例えばWEBドラマのノアのダンスで、最後座りポーズにしたところは、「これぐらいの立膝なら大丈夫ですか？　これより下に下がらない方がよいですか？」みたいなやり取りをして作りました。

**——指示書以外でのオーダーなどはあったんですか？**

劇場版のノアはビデオでした（笑）。ビデオの中に「ここで目の色が変わります」とか、「炎が出ます」とか「ここでキツネの面を取ってください」とか。秒数も指定してくださっていたのでわかりやすかったです。

**——炎などの演出も来ていたんですね。**

演出で最初に私が知っていたのは炎だけで、ほかのものは出来上がって初めて知りました（笑）。指示書の時点では衣装はわかっているのですがステージの背景とかは知らなくて、先ほどお話しした細かい指示がどのように映像に組み込まれていくのかは完成するまでわからないのでワクワクでした。私は興味深々で「刀はどうやってしまうんですか？」って聞いたら、「何となく消えるので大丈夫です」って資料映像まで見せてくださいました（笑）。

**——（笑）。「目の色が変わる」という情報があると、振り付けも変わったりするんですか？**

そうですね。目の色が変わってそこから場面が切り替わる、感情が激しくなる様を表現するために、技や振り付けや回るスピードを激しくすることでドラマティックにしたいと思っていました。

**——そういった数々の指示を反映させながら振り付けを作られていくわけですね。**

まずいただいた指示、私たちの考えた振り付け、技、そして歌詞をもとに強弱をつけて振り付けを作り提出します。そしてタツノコプロさんから「ここはもうちょっとこういう感じがいいです」とか「ここはこのままでいいです」という指示をいただき、それをもとに再度作り直して第2稿を提出します。そのままでよければ完成で、やり取りが続く場合は第3稿、第4稿のやり取りを繰り返して完成させています。

**——普段のポールダンスはインストゥルメンタルが多いイメージなのですが、こういうポップソングに振りを付けてみていかがでしたか？**

ポールダンスで使う音楽は演歌でもK-POPでも、ロックも何でもありなんです。今回のような邦楽のポップソングはこれまで踊ったことがないわけではなかったのですが、ただ、こういうザ・アニソンは『魂のルフラン』しか経験なくて（笑）。でも実際やってみると、歌詞がわかりやすい分、振りは作りやすく、感情を身体の表現に合わせやすかったです。洋楽でも一度和訳して、あまり内容とかけ離れていないような振りを作るので。

**——逆に難しかったのはどんなところですか？**

やはり、あらかじめ指示があるからこそ、そこは苦労した点でした。ダンサー的には、「できればこの技はもっと伸びていたいけど、降りなきゃ間に合わないー！」みたいな場面が多かったです。一定の制限の中で、歌詞と雰囲気と技を一番良い形にしないと！　という大変さがありました。

**——今回、5人のダンサーさんが携わっていらっしゃいますが、皆さんはどうおっしゃっていましたか？**

うーん、やっぱり難しいって言っていましたね。と言うか、私も含めてこういう過程でSHOWを作る経験がなくて。いつも私たちは誰かに制約されることなくSHOWの構成を作るので。今回は

# 作品をきっかけに、一歩踏み出して変われた人がいらっしゃることが、本当に嬉しいですね。

KAORI

そこにフロアとポールの動き、秒数の制約、小物、衣装の制約が入っているので毎回パズルを解くような感じでした。「刀持ってどうやって回る？」とか、「ステッキ持ってどうやって登る？」とか（笑）。大変だけどみんなが「おっしゃ！」みたいな感じになっていて、絶対にやり切りたいし、良いものを作りたい！　って気合で作ってました。それが今回の作品の熱量にも繋がっているのかなと思います。

**——ノアの刀はKAORI先生が提案されたそうですね。**

最初、傘はどうかなと思ったんですけど、他の作品とかぶるなと思って。それで刀にしようと思いつきました。ノアちゃんは今回炎で目の色変わるし、強めの網タイツはいているし、その強めな演出なら、刀が一番似合う！　って（笑）。

**——ご自身は使われたことは？**

私は、傘や扇子以外の小物だとドス（短刀）を使うSHOWをよくしていたんですね。演出の中で最後に刺されてしまったり、刺したりする設定でやっていて（笑）。なので、短刀なら持てる自信はあったんですけど、長い刀で、それを持ちながらポールをするのはちょっと大変でしたね。

**——モーションキャプチャーの撮影も、いつもとは違うご苦労がありそうですね。**

ポールって階段の手すりと同じだと考えてもらうとわかりやすいんですが、あの手すりって手で持って滑らないように皮膚の摩擦で止まるので、布だと滑ってしまいますよね。それと同じで本当は布がある状態でポールはできなくて。今回はシリコンポールを使いキャプチャースーツを着て撮影しています。体のほとんどが布で覆われているので身体の動きに制限がやはり出てきて、慣れるまでは大変でした。あと、普段の感覚とポールと皮膚のダイレクトの痛みには慣れているんですけど、キャプチャースーツを着ていると皮膚と布の間で摩擦がおきるんです。例えると、カーペットで擦ったみたいな感じです。だからいつもとは違う痛さがありました。あとはペア技では普段素手で手首と手首を持つんですけど、キャプチャースーツが布な上にさらに手首のあたりにセンサーがついているので、握ったときの感覚が全然違うんです。なので離れちゃうんじゃないか？　という恐怖があり、いつもよりかなり握力を使って演技をしてくれています。

**——1キャラの撮影にはどれぐらいの時間がかかるんですか？**

2時間くらいです。それ以上は体力的にもたない（笑）。

**——でも皆さん本当に熱心で、監督からOKが出ても自ら「撮り直したい」と申し出たりされていたとお聞きしました。**

はい。私もノアちゃんのダンスで撮り直してもらったことがありました。1回撮り終わっていたんですけど、フロアでの刀さばきが何だか納得がいかなくて、技ももうちょっとキレというか速さがほしいと思ったんです。それで、乙部さんにお願いしてもう一度やらせていただきました。撮り直したあと皆様が「全然こっちのほうがいいよ」と言ってくださって、ホッとした思い出があります。自分の中でその時にできる最高を踊りたいという気持ちがどうしてもあきらめきれないのがダンサーのさがですね（笑）。

**——そんな撮影を経て、実際に完成した映像をご覧になっていかがでしたか？**

劇場版はYouTube版より動きが滑らかすぎて、とても驚きました。そして豪華な舞台背景や布の制限のない素敵な衣装を着て、自分の分身がそのままキャラになって踊っているのが不思議な感覚でした。あと、ダンサーの中ではあの舞台は実際に作ったらいくらかかるんだろう？？　とか「いいなぁ！　羨ましいなぁ」って！

**——やっぱり実際はああいう衣装では踊れないですか？**

布がある状態だと、シリコンポール以外は無理かなと。肌が出ているか、本革かエナメルやビニール、ゴム素材ならできます。

**——ご自身でも何回も劇場に行かれたそうですけど、客席の反応などご覧になってどう感じられていますか？**

最初、劇場で私に気がついてくださった皆様が「ありがとうございます」って言ってくれたんです。そのあと、こっそり応援上映に行ったときにも、皆さんが「タツノコプロありがとう」「エイベックスありがとう」に続いて「TRANSFORMありがとう」って言ってくださっていて!!　それがすごく嬉しかったです。上映後に話しかけてくださり「ポールをやってみたいんです」って。それからスタジオに通ってくださる生徒さんが増えて、私のスタジオの発表会にも挑戦してくれました！　もうキャラのやっている技をできるくらいに上達されていて。今まで運動をしてこなかったのに、実際やってみたらできたーって！　そしてポールダンスのためにダイエットをしたり、身体作りをしたり、おなじ趣味を共有出来る仲間ができて良かったって言う方もいて。それぞれがいろいろ今までと違う自分に出会って変化していて。私がSTUDIOの名前をTRANSFORMにした理由が、別の自分にトランスフォーム（変身）するっていう意味を込めていたんです。だからみなさんが作品をきっかけに、一歩踏み出して違う自分に出会えたのならそれも本当に嬉しく感じています。

**——ポールダンスの魅力はどういうところにあると思いますか？　本作に参加してみての感想をお聞かせください。**

普通のダンスと比べると、できたか、できなかったか？　がわかりやすいので、挑戦が続けやすいところもあると思っています。○か×かがわかりやすいというか、できた時の達成感が強いんです。あとはやはり皮膚の摩擦の痛みが最初はあるのですがそれを乗り越えて「どうしてもやりたい！」っていう強い気持ちが心まで強くするっていうか、負けない気持ちも強くなると思います（笑）。あとはスタジオでは鏡で自分の体型を見ることになるので、自分を知って変わりたい！　こうなりたい！　っていう気持ちが美容を含め自分自身の向上にもいいですね。そして曲を選ばず、演技の幅、表現の幅が広くて自由に踊れるというのも大きな魅力だと思います。この作品をきっかけに徐々にポールダンスは広まりつつあると思いますし、これからもさらにより多くの人にその魅力が伝わるといいなと思っています。

INTERVIEW 07

音楽

# 東大路憲太

ひがしおおじ・けんた／イマジン所属。作曲家、編曲家。参加作品に『帰還者の魔法は特別です』、『英雄王、武を極めるために転生す』（いずれも劇伴）、『ウマ娘 プリティーダービー Season2』（オープニング曲）などがある。

## 作品イメージを表現する楽曲作り

**——この作品に携わられることになった経緯をお聞かせください。**

エイベックスの西（浩子）さんから声をかけていただきました。西さんとは、以前子供向けアニメの仕事でご一緒していまして。それがきっかけで、僕がYouTubeに上げている演奏動画を見て興味を持ってくださって、「こういう企画があるよ」という話をうかがいました。最初に主題歌の発注書を貰ったんですけど、そのときにはヒナノのキャラデザの立ち絵ができていたので、それを見ながらイメージを膨らませていきました。

**——発注書にはどういうことが書かれていたのですか？**

ポールダンスって「上に登っていく」のが特徴的な動きのひとつだと思うんですけど、それに合わせて「上昇していく感じ」を曲の中に入れ込みたい、と。発注書でそれが自分の中では印象的でしたね。なので、ベースの音がドレミファソラシドって上がっていくようにコード進行を作りました。サビはメロディが少しずつ上がっていくようになっているんです。

**——ポールダンスの振り付けについてはすごく細かい指示書があったとKAORI先生が話していらっしゃいましたが、曲に関してはどうでしたか？**

曲の指示書も結構はっきりしたものをいただきましたね。このキャラがこういうストーリーをたどっていったからこういう曲にしたい、みたいな。キャラごとにバックグラウンドを踏まえた発注をしてくださいました。

**——そういうある種の制約があると、曲は作りやすいのでしょうか？**

制約があったほうが断然作りやすいです。たぶん、モノを作る人はみんなそうだと思います。漠然と発注されるより、選択肢が狭ければ狭いほど、「この中でなにをやろう」という考えになって、やりやすいんですよね。

**——曲のアイデアはすぐに湧きましたか？**

いえ、結構時間をかけて作りました。メロディを書いては、ああでもないこうでもない、と試行錯誤して絞り出しました。やはり主題歌なので、ほかのキャラソンとは一段違った存在感が必要です。曲の仕上がり度みたいなものは一番高いところに持っていかないといけないので、時間をかけて丁寧に作らないといけないと思っていました。

**——出来上がった楽曲はすぐOKが出たのですか？**

はい、最初からほぼOKをいただいて。アレンジ的なところで少しキラキラさせたり、キーを上げたりという微調整はあったんですけど、大枠は最初に作ったものがそのまま採用されました。

**——主題歌以外の曲はそのときはまだ？**

まずは主題歌ありきで、キャラソンはあとからの発注でした。まだ作品自体、そこまで固まっていない時期だったので、スタッフみんなのイメージ共有のもとになるものを作らなきゃ、みたいな気持ちでした（笑）。

**——主題歌『Starlight challenge』で皆さんイメージを高めていったそうです。**

逆に言うと、僕はトマリさんの立ち絵があったから曲が書けたところがありますね。あのヒナノちゃんの立ち絵がすべてのスタートラインになっています。

**——その立ち絵を最初にご覧になったときの印象は？**

めちゃめちゃ可愛いなと思いました。すごくベーシックなのに個性もあって、こんな声のこんなキャラなんだろうな、ってのが見えてくるようなイラストでした。

**——オーディションの課題曲が『Starlight challenge』で、ヒナノ役の土屋李央さんは、「落ちたらこの曲が歌えなくなる」と思って頑張ったとお話しされています。**

この間、全然違う現場で「ヒナノのオーディション受けたけど落ちちゃった」という方にお会いしましたね。「『Starlight challenge』めっちゃ歌いたかったんですけど」って。自分が想像していないところに、曲の影響みたいなものが出ていると思うと面白いですね。

**——WEBドラマで初めて曲とポールダンスが合わさっているのをご覧になっていかがでしたか？**

とにかくやられました。ポールダンスシーンでぶん殴られましたね。印象的だったのはノアの曲。自分の曲にダンスがつくとこんなふうになるんだな、って思いました。クオリティのすごさが、自分の曲だとよりわかりやすかったですね。

**——曲を作られるときに、踊りやすくするための楽曲にしよう、と意識されていましたか？**

ポールダンスならではの曲調がこの曲たちにあるかっていうと、そうではないような気がしていて。作品のロケーションだったり、この子たちのキャラの年齢だったりとか、そういうところから自然に出てきた曲とポールダンスが出会うことで、新しいものができる……というのが、全部の曲に起きていることだと思いますね。なので、踊りやすくしようとか、ポールダンスだからこうしよう、みたいなのは全然考えていなかったです。主題歌の、登っていくようなコード進行に関しては意識しましたけど、それ以外で曲調に影響を与えるようなことは、なかったかなと思います。

**——リズムを複雑にしないようにするとかについてはいかがですか？**

そこは踊りやすくするため、というよりは、お客さんが覚えやすいようにするため、というのが大きいです。例えば繰り返しのところひとつとっても、音楽やってる人だと変化をつけた繰り返しをしたくなるんですけど、あえてお客さんがわかりやすいようにシンプルな繰り返しにしたりとか。

**——それはほかの作品でも同じスタンスですか？**

仕事でやる作曲は、とくに歌に関しては、「複雑にしすぎない」ってことを意識していますね。独りよがりにならないというか、複雑なことをやってやろう、とか、こんな難しい作曲ができるんだぞ、みたいなのはある程度抑えています。そうしないと、仕事としての作曲ではバランスが悪くなってしまうと思っています。

**——作業してみていかがでしたか？**

今回、主題歌とキャラソンと劇伴の3つをやらせていただいたんです。おかげで、主題歌のメロディを劇伴のテーマのメロディとして使うみたいな感じで、作品に統一感を持たせることができたのが嬉しかったです。WEBドラマのソロ曲のアレンジも、劇場版の劇伴として使ったりしています。作曲家が一緒だからこそできるギミックですよね。

**——すごく効果的な演出ですよね。**

ですよね。それは音響監督さんのアイデアだったんですけど、自分でもそうしたいな、と最初から思っていたんです。だから「そうそう、一緒一緒！」と思いながら打ち合わせしたのを覚えています

# メロディを書いては、ああでもないこうでもない、と試行錯誤して絞り出しました。

Higashioji kenta

(笑)。

——『Wish upon a polestar』は、みんなが応援したくなるようなヒナノ。『Making Shine!』ではみんなを応援してくれるヒナノ、という曲になるように心がけたとのことでしたが、その違いをどう曲に反映されたのですか？

まずは曲のテンポですね。『Wish～』では落ち着いたテンポだったのを、『Making～』ではにぎやかに楽しげにという方向の、前向きなテンポにしました。あと、『Making～』は、劇場版の最後の曲でお客さんがたくさんいる会場でやっているので、自分の中では、曲調こそ違うけど、宝塚歌劇みたいな豪華なステージをイメージして作っています。落ち着いた『Wish～』に対して、『Making～』はストリングス（複数の弦楽器）が入った豪華で華やかなアレンジになっていますね。

——『Wish～』のほうは、応援しやすい楽曲ですよね。

そう感じてもらったなら、まさに狙い通りですね。ああいう、華やかじゃないけど、いろいろ含みがある曲調って自分的にも好きで。だから『Wish～』は気に入っていますね。ファン目線で見ても、ヒナノちゃんのキャラに合っている感じがするんです。

——乙部さんはあの曲を最初に聞いたとき、涙が出たようで、「これは頑張って作ろう」と思ったとおっしゃっていたとお聞きしました。

嬉しいですね。ポールダンスシーンは素晴らしい仕上がりになっていますよね。初めて自分の曲に踊りがついたのはノアのポールダンスシーンで、それを見て感動しました。けれどヒナノちゃんのは、話が公開されていく流れとか、ストーリーの流れを順に追っていて、最後の最後、ヒナノはどうなるんだ、って期待が上がってるところで、めちゃめちゃすごいものを見せられて。まさに神々しいっていう感じで、これはこれでまた別の感動がありました。

——土屋さんの歌声はいかがでしたか？

土屋さんの声に関しては、もともとはクール系なキャラで歌われていたものしか聞いたことなくて。でも、ヒナノとしてのセリフサンプルを最初にいただいて、聞いたらめちゃめちゃ柔らかくて可愛らしかったんです。『Wish upon a polestar』はそこから想像して作っていったんですけど、実際に歌声を聞くと、本当にヒナノだな、っていうのが一番の印象ですね。もう土屋さん以上にヒナノにぴったりな子はいないんじゃないかっていうような、それくらいキャラクターとの親和性がある歌声だなと思いました。エアリーで優しい感じの質感がすごく良かったので、それを曲の中で目一杯感じられるように、コーラスをたくさん入れました。土屋さんは、僕の曲はコーラスが多いのが特徴なんだ、と思っていたらしいんですけど、全然そんなことなくて。ヒナノちゃんだからだよって(笑)。ノアの曲はコーラスがほとんどなくて、歌の上手さ1本勝負で聴かせたかったので、ハモリも最小限にしています。それに対しヒナノは、やっぱり質感を大事にしたかったので、コーラスを多くしているんです。

——どれぐらい重ねているんですか？

3人編成のコーラスの三声だったら、ダブルっていう録り方をするんですね。3つの和音の下のパート2本、真ん中のパート2本、上のパート2本で録って、その6人が右と左から歌っているような感じにする。四声のコーラスだとそれだけで8人いて、メインがいて、メインに対してのハモリも左右で録っていたから……11人いますね。だからヒナノの楽曲は、土屋さんがめちゃめちゃ歌っているんですよね(笑)。

——ヘッドホンで聞いたら良さそうですね。

それを狙っています(笑)。

——『Making Shine!』のクラップは、難しいけど、観客も一緒にクラップして楽しんでいますよね。

こちらとしては難しくしたかったわけではないんです。自分としては、入れられる部分には入れよう、くらいな気持ちで入れていたんです。作ってるほうは何回も聞いてるんで、余裕でしょ、と思っていたんですが(笑)。次回クラップがあったらもうちょっと難易度を下げてもいいのかなと思いました。

——難しいからこそ覚える楽しさもある気がします。

それは思ってもいなかった。そういうふうに感じてもらえたなら、良かったです。

——ほかに、完成した曲を聞いて印象に残っていることはありますか？

早見(沙織)さんの歌はいろんなところですでに聞いていて、曲を書くときも早見さんの歌声を自分の中にインストールして「この声が歌ったらどうなるかな」っていうのを考えながら、100％イメージした上で書きました。でも、レコーディングでは自分の想像を遥かに超えた仕上がりになって。自分もできる限り早見さんの音域とか歌い回しが活きるように、と考えた上で作ったんです。けれど、それを超える歌を早見さんが入れてくださったので、本当にプロの人はすごいなと思いました。ほとんどこちらからディレクションすることはなかったです。

——本作を劇場に観に行かれたそうですね。

僕は新宿バルト9に行ったんですけど、一番大きなスクリーンが満員になっているのを見ると、すごく反響がある作品なんだな、って感じました。応援上映は行ったことがないんですけど、皆さんの反応を聞くと、一度体験したいと思いますね。ファンの皆さんのポールダンスに対するリスペクトは、SNSでも感じます。実際に体験している人も結構な人数いらっしゃるみたいですよね。ポールダンスに興味を持って実際に体験した人を見ると、この作品の影響力の大きさを感じますね。

——最後にファンの方にメッセージをお願いいたします。

皆さんと一緒にこれからも『ポルプリ』を盛り上げたいですし、そのためにできることは何でもやりたいと思っています。延長上映がありましたが、ああいうのを見ていると本当に感謝しかないです。この作品を作り続けたいし、皆さんに作品の続きをお届けしたいと思っていますので、引き続き応援しながら楽しみに待っていていただけると嬉しいです。

# ILLUSTRATION GALLERY

イラストギャラリー

★ファーストビジュアル・ロング　ヒナノ

★ファーストビジュアル・アップ　ヒナノ

★ギャラクシープリンセス

★「ポールプリンセス!! -Solo Pole Song Album-」

★WEBドラマED　ヒナノ

★WEBドラマED　リリア

★WEBドラマED　ミオ

★WEBドラマED　スバル

★WEBドラマED　ノア

★WEBドラマED　サナ

★WEBドラマED　ユカリ

★WEBドラマED　スター

★ 劇場版公開カウントダウン

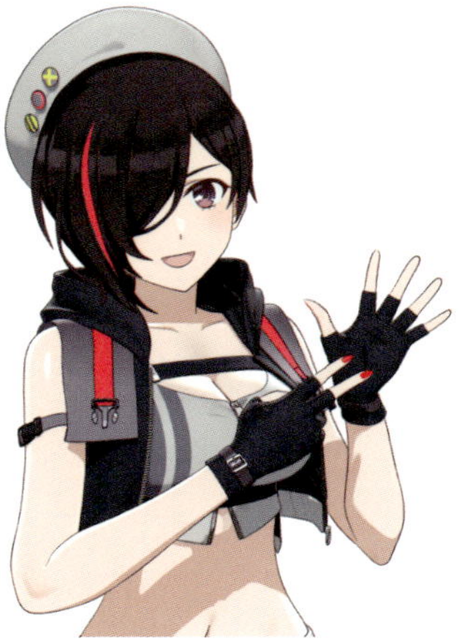

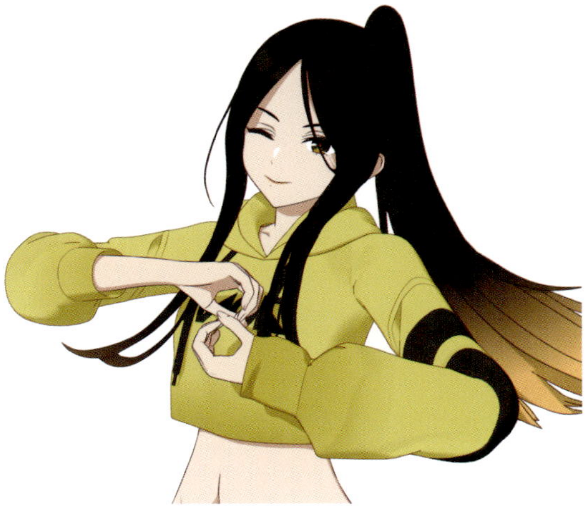

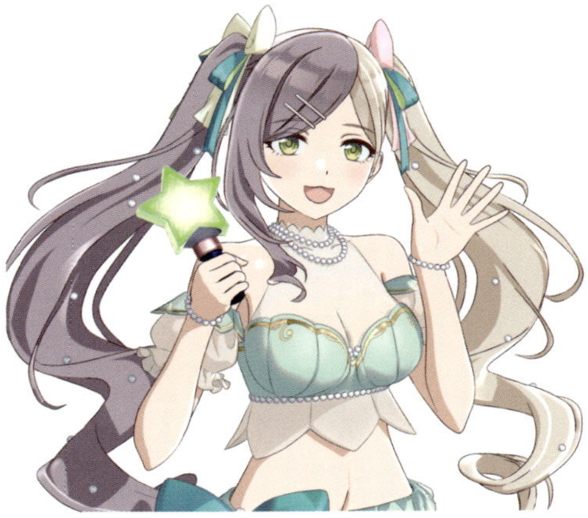

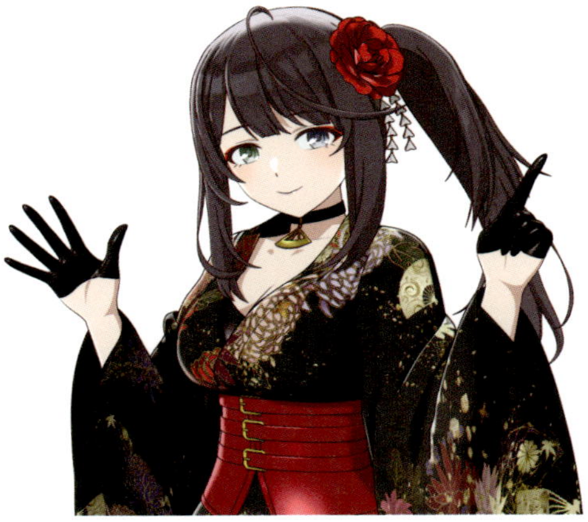

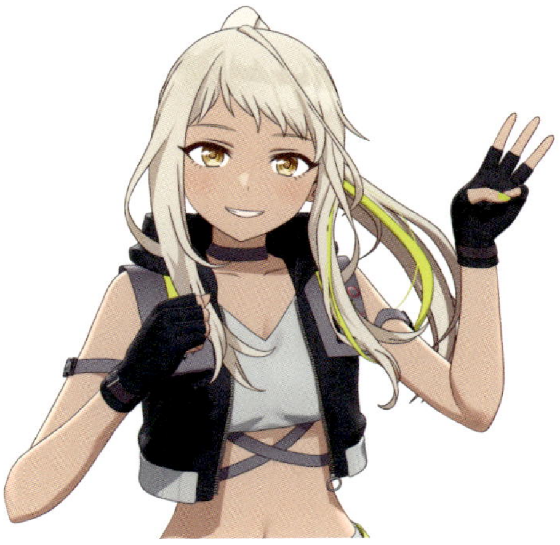

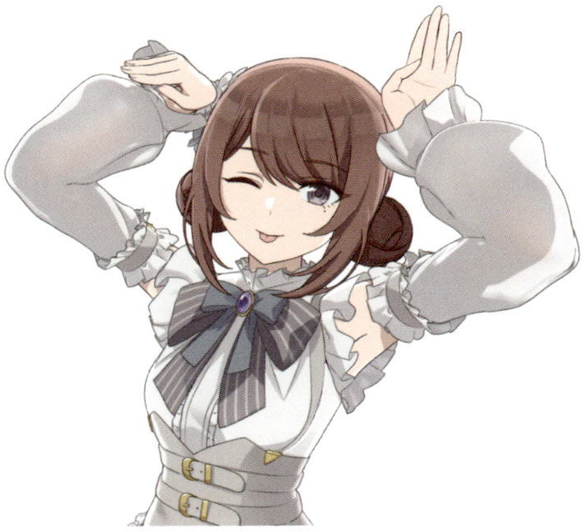

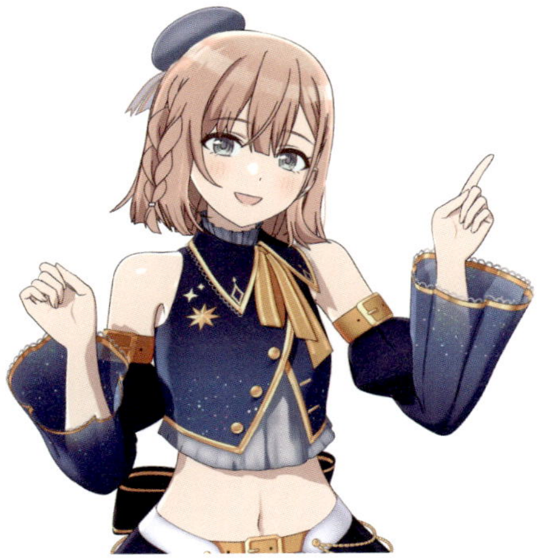

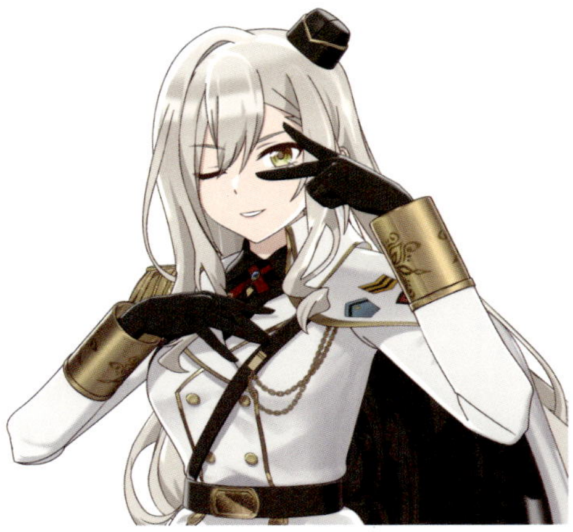

★劇場版ティザービジュアル

★劇場版ラストカット

★劇場版キービジュアル

★ダンスビジュアル　ユカリ

★お出かけエルダンジュ

★お出かけギャラクシープリンセス

★ダンスビジュアル　ノア

【ワークスコーポレーション】CGWORLD 2024年2月号表紙 初出

★ダンスビジュアル　ヒナノ&アズミ

【徳間書店】アニメージュ 2023年12月号 初出

★DUO　ユカリ&サナ

★マジカルプラネット　ギャラクシープリンセス

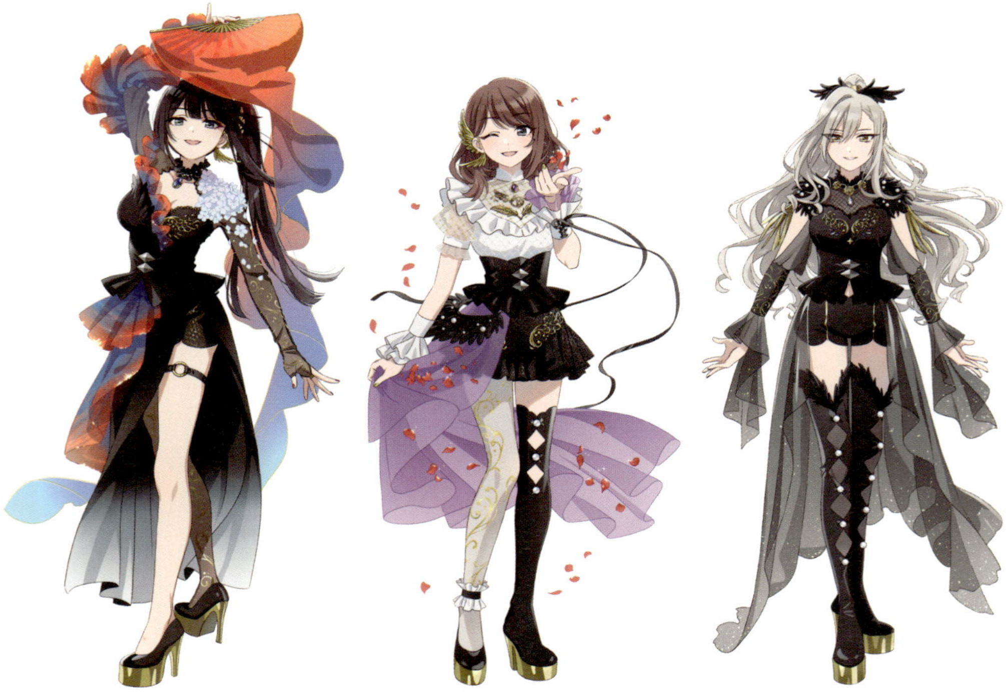

★ailes d'immortalité ー不死の翼ー エルダンジュ

★アズミ先生

★南国　リリア

★プラネタリウム　ヒナノ

★南国　スバル

★マーメイド　ミオ

★花火　ギャラクシープリンセス

★ナイトプール　エルダンジュ

★月夜と金魚　ノア

★着物　ヒナノ&ユカリ

★うさ耳　ヒナノ&リリア

★劇場版観客賞1位お礼イラスト　ユカリ

★着物　ユカリ

★着物　エルダンジュ

★バレンタイン　ミオ&スバル

★バレンタイン　サナ

★ハート　サナ

★ホワイトデー　リリア&スバル

★バレンタイン　ミオ&サナ

★サマービーチ　ユカリ1

★サマービーチ　ユカリ2

★サマービーチ　ユカリ3

★サマービーチ　サナ1

★サマービーチ　サナ2

★サマービーチ　サナ3

★サマービーチ　ノア1

★サマービーチ　ノア2

★サマービーチ　ノア3

★サマービーチ　エルダンジュ

★ハロウィン　ヒナノ&ミオ

★ハロウィン　スバル

★クリスマス　エルダンジュ

★クリスマス　サナ

[CG]
タツノコプロ
伊藤明仁、小原彩子、國武亮佑、平泉 晃、三木綾乃、笠永祥文、
朴 美佐、川崎春香、岩井聡美、久保田 篤、鈴木遥夏、本田瑛里子、
鴨 翔子、鈴木 渉、坂本奈央
大釈竜彦

[衣装デザイン協力]
鈴木遥夏、川崎春香、鴨 翔子、岩井聡美

[ステージコンセプトデザイン]
北澤 勉（ゲーングラフィックス）

[色彩設計]
のぼりはるこ（緋和）

[美術設定]
比留間 崇

[美術ボード・背景]
王 抱沖、出村美奈

[レイアウト]
櫻井琴乃、小松達彦、青木優衣

[動 画]
武田理加、千葉紗也

[仕 上]
緋和
長谷川美穂、吉田真由、大西萌華、山崎安紀

[２Ｄ撮影]
竹本義人、小澤篤史

[２Ｄデザイン]
首藤耕輔、河合真理子

[編 集]
三嶋章紀（三嶋編集室）

[音響監督]
濱野高年

[モーションキャプチャーアクター]
岡田帆乃佳、志賀愛咲、吉川真世

[音楽制作協力]
竹下充彦（イマジン）

[音響効果]
倉橋裕宗

[録音調整]
小笠原 頌

[録音助手]
関俣莉桜子

[音響制作担当]
斉田陽平

[音響制作]
マジックカプセル

[宣伝プロデューサー]
宇佐美 梓

[公式ＳＮＳ]
大倉裕子、須永りま、勅使河原未来

[パブリシティ]
青野小春

[宣伝デザイン／公式サイト制作]
樫原康典、壷井なぎさ

[宣伝協力]
幸徳 希、多田洋佑、田中慎太郎、長屋圭井子、池田純貴

[ダンサー・アクターキャスティング]
坪野真紀

[ロケーション協力]
熊本県、八代市

[デジタル制作]
本田莉菜

[設定制作]
當麻由乃

[プロダクトマネージャー]
吉田昇一

[アニメーションプロデューサー]
金子未来

[プロデューサー]
西 浩子、依田 健

[アソシエイトプロデューサー]
牧野哉帆

【ゲスト】

[プラネタリウム観客]
元井健雄、川瀬颯馬、奈良坂俊季、大塚琴美、向坂美菜実、綾乃なつ

POLE PRINCESS!!

# STAFF LIST

## ＷＥＢドラマスタッフリスト

[監督・絵コンテ・演出]
江副仁美

[脚 本]
待田堂子

[企画プロデューサー・ＣＧディレクター]
乙部善弘

[キャラクター原案]
トマリ

[ゲストキャラクター／プロップデザイン]
櫻井琴乃

[音 楽]
東大路憲太

[音楽制作]
avex pictures

[ポールダンス監修]
KAORI（STUDIO TRANSFORM）

[アニメーション制作]
タツノコプロ

[原 作]
エイベックス・ピクチャーズ、
タツノコプロ

## ＷＥＢドラマサブタイトル

Ep.00 「プロローグ」
Ep.01 「ポールダンス、教えてください！」
Ep.02 「魔法少女を仲間に!?」
Ep.03 「山はひとつじゃない」
Ep.04 「アズミスタジオ、始動」
Ep.05 「最強の覇者、エルダンジュ」
Ep.06 「初ステージへ向けて」
Ep.07 「北極星に願いを」

POLE PRINCESS!!

# STAFF LIST

## 劇場版スタッフリスト

[監督]
江副仁美

[脚本]
待田堂子

[企画プロデューサー／ＣＧディレクター]
乙部善弘

[キャラクター原案]
トマリ

[アニメーションキャラクターデザイン／総作画監督]
櫻井琴乃

[音楽]
東大路憲太

[音楽制作]
avex pictures

[ポールダンス監修]
ＫＡＯＲＩ（STUDIO TRANSFORM）

[アニメーション制作]
タツノコプロ

[原作]
エイベックス・ピクチャーズ、
タツノコプロ

[絵コンテ]
江副仁美、小松達彦
[演出]
江副仁美、伊藤 浩
[美術監督]
竹田悠介（Bamboo）
[色彩設計]
のぼりはるこ（緋和）
[美術設定]
比留間 崇
[美術ボード]
Bamboo
長島孝幸、大貫賢太郎、垣堺 司、益城貴昌、平林いずみ
[プロップデザイン]
櫻井琴乃、佐藤綾花、児玉和子
[撮影監督]
神木正士（タツノコプロ）
[作画監督]
斉藤里枝、川島 尚
[第一原画]
オグロアキラ、小松達彦、菅原正視、大町 生、雨宮英雄、
髙山好治、清水由紀子、杜山涼香
株式会社由夢カンパニー
蔡 寅愷、張 誠雄
あんきち工房
おいら、きゅっぷいたびい、鈴木蘭梨

[原画補助]
杜山涼香、ロダ
[第二原画]
タツノコプロ
原 南月、鎌田友理、中岡真誉、弓削愛直己、安倍由羽花、徳元 愛
桑添真由、森田沙彩、岩永遼太、白井 雲、杜山涼香、
清水由紀子、鵜瀬英里、小田満里奈、三谷健太
あんきち工房
きゅっぷいたびい、齋藤智紀、志村ねね、永瀬のるる、ほそぬまあおい
エクラアニマル
神名真由里
スタジオリングス
市村龍星、外山喜子、孫 美玲、勝吉聖人、
浜田美咲、藤野優華、真田さな、小林海里
STUDIO CL
雪夜野ノノ、久野さち、高橋こう平
seed、RadPlus
[動画検査]
金子由紀江、武田理加
[動画]
タツノコプロ
千葉紗也、岡野英一、林 ひかる
スタジオリングス、STUDIO CL、seed、RadPlus
[色指定検査]
緋和
長谷川美穂、平塚のぞみ
[検査補佐]
緋和
北村さら、大西萌華
[仕上げ]
緋和
山崎安紀、星野美矢子
CloverWorks
岩渕里菜、鞠川未来、梶山 翼、平井綾乃、廣澤ちひろ、井畑 拓
えりある
岩谷ほのか、小野友輝、中村里沙
スタジオリングス、RadPlus、seed
[背景]
佐藤 紋、加藤美紀、須藤 岳、山田那央子、小椎尾佳代、西村 健
Bamboo
長島孝幸、大貫賢太郎、中嶋友美、垣堺 司、平吹千佳、平林いずみ
MAPPA
山本亜沙美、藤岡誠一、陳 治潔、廖 奕樂
[ＣＧ]
タツノコプロ
伊藤明仁、小原彩子、國武亮佑、平泉 晃、三木綾乃、笠永祥文、
朴 美佐、川崎春香、岩井聡美、本田瑛里子、坂本奈央、
鈴木遥夏、久保田 篤、鈴木 涉、鴨 翔子
大釈竜彦
[ステージコンセプトデザイン]
高橋麻穂、王抱沖
北澤 勉（ゲーングラフィックス）
[モーションキャプチャーアクター]
岡田帆乃佳、志賀愛咲、吉川真世
[撮影]
タツノコプロ
竹本義人、笠嶋由貴子、小澤篤史
スタジオトゥインクル
小西庸平、大河原遼太
[２Ｄデザイン]
首藤耕輔、河合真理子
[編集]
三嶋章紀（三嶋編集室）
[音響監督]
濱野高年
[レコーディング＆ミックスエンジニア]
渡辺佳志
[レコーディングスタジオ]
サウンドイン、Sync Studio
[ミックススタジオ]
Sync Studio
[ストリングス]
室屋光一郎ストリングス
[１stヴァイオリン]
室屋光一郎、徳永友美、浮村恵梨子、武田桃子、榊 渚
[２ndヴァイオリン]
小寺里奈、戸原 直、桐山なぎさ、氏川恵美子
[ヴィオラ]
馬渕昌子、菊池幹代、島岡智子
[チェロ]
堀沢真己、水野由紀
[コントラバス]
一本茂樹
[フルート]
坂本 圭
[オーボエ]
最上峰行
[クラリネット]
亀居優斗

## 楽曲リスト

【ＷＥＢドラマ】

「Wish upon a polestar」
作詞：マイクスギヤマ
作曲・編曲：東大路憲太
振付：Ayaka (STUDIO TRANSFORM)
歌：星北ヒナノ（ＣＶ.土屋李央）

「とびきり上等☆Smile！」
作詞：マイクスギヤマ
作曲・編曲：石塚玲依
振付：MANABIN ／ KAORI (STUDIO TRANSFORM)
歌：西条リリア（ＣＶ.鈴木杏奈）

「マジカル☆アイデンティファイ～３・２・１の魔法～」
作詞・作曲・編曲：マスティ（mustie=DC）
振付：るんたった・えっか（STUDIO TRANSFORM)
歌：東坂ミオ（ＣＶ.小倉 唯）

「リメイン」
作詞：マスティ (mustie=DC)
作曲・編曲：塚越 廉
振付：HARUNA (STUDIO TRANSFORM)
歌：南曜スバル（ＣＶ.日向未南）

「Queen of Fairy Sky」
作詞：マイクスギヤマ
作曲・編曲：田山里奈
振付：Ayaka (STUDIO TRANSFORM)
歌：御子白ユカリ（ＣＶ.南條愛乃）

「Avaricious Heroine」
作詞：マイクスギヤマ
作曲・編曲：マスティ（mustie=DC）
振付：Ayaka (STUDIO TRANSFORM)
歌：紫藤サナ（ＣＶ.日高里菜）

「眩暈の波紋」
作詞：マイクスギヤマ
作曲・編曲：東大路憲太
振付：KAORI ／るんたった・えっか（STUDIO TRANSFORM)
歌：蒼唯ノア（CV.早見沙織）

エンディングテーマ「Starlight challenge」
作詞：マイクスギヤマ
作曲・編曲：東大路憲太
歌：星北ヒナノ（ＣＶ.土屋李央）、西条リリア（ＣＶ.鈴木杏奈）、
東坂ミオ（ＣＶ.小倉 唯）、南曜スバル（ＣＶ.日向未南）

【劇場版ポールプリンセス!!】

「Just the two of us」
作詞：マイクスギヤマ
作曲・編曲：石塚玲依
振付・ダンサー：MANABIN & Ayaka (STUDIO TRANSFORM)
歌：御子白ユカリ＆紫藤サナ（ＣＶ.南條愛乃＆日高里菜）

「剣爛業火」
作詞：マイクスギヤマ
作曲・編曲：中村 博
振付・ダンサー：KAORI (STUDIO TRANSFORM)
歌：蒼唯ノア（ＣＶ.早見沙織）

「Saintly Pride」
作詞・作曲：吉村彰一（TRIFRONTIER）
編曲：西野将哉（TRIFRONTIER）
振付・ダンサー：MANABIN ／ yuuri (STUDIO TRANSFORM)
歌：御子白ユカリ（ＣＶ.南條愛乃）

「Burning Heart」
作詞・作曲：吉村彰一（TRIFRONTIER）
編曲：西野将哉（TRIFRONTIER）
振付・ダンサー：MANABIN＆るんたった・えっか（STUDIO TRANSFORM)
歌：西条リリア＆南曜スバル（ＣＶ.鈴木杏奈＆日向未南）

「トキメキ・まぁ～メイド」
作詞：マイクスギヤマ
作曲・編曲：中村 博
振付・ダンサー：るんたった・えっか（STUDIO TRANSFORM)
歌：東坂ミオ（ＣＶ.小倉 唯）

「Making Shine!」
作詞：吉村彰一（TRIFRONTIER）
作曲・編曲：東大路憲太
振付・ダンサー：Ayaka (STUDIO TRANSFORM)
歌：星北ヒナノ（ＣＶ.土屋李央）

主題歌「Starlight challenge」
作詞：マイクスギヤマ
作曲・編曲：東大路憲太
歌：星北ヒナノ（ＣＶ.土屋李央）、西条リリア（ＣＶ.鈴木杏奈）、
東坂ミオ（ＣＶ.小倉 唯）、南曜スバル（ＣＶ.日向未南）、
御子白ユカリ（ＣＶ.南條愛乃）、紫藤サナ（ＣＶ.日高里菜）、
蒼唯ノア（ＣＶ.早見沙織）

［ファゴット］
石川 晃
［ギター］
東大路憲太
［ミュージシャンコーディネーター］
シャングリラ
里見 勉、春山あき
［音楽制作協力］
イマジン
齋藤裕二、當眞 一、竹下充彦
［音響効果］
倉橋裕宗
［録音調整］
小笠原 頌
［録音助手］
関俣莉桜子
［音響制作担当］
斉田陽平
［音響制作］
マジックカプセル
［編集スタジオ］
qooop
［オンライン編集］
田中康輔
［オンライン編集補佐］
石川心吾、櫻井理恵
［ＤＣＰマスタリング］
市原道宏
［スタジオコーディネーター］
髙松 希
［配給］
エイベックス・フィルムレーベルズ
［配給営業］
和田智子、柴崎夏樹、今泉洋子、前田智子
［宣伝プロデューサー］
サーティースリー
青野小春
［公式ＳＮＳ］
サーティースリー
大倉裕子、須永りま、勅使河原未来
［宣伝デザイン・公式サイト制作］
サーティースリー
樫原康典、壷井なぎさ
［宣伝協力］
サーティースリー
田中慎太郎、田口 航、小北汐音、荒木千鶴、栗須千奈、小林萌香、
坂口 空、前木理花、幸徳 希、多田洋佑

長屋圭井子、池田純貴
［タイトルロゴデザイン］
BALCOLONY.
［ダンサー・アクターキャスティング］
坪野真紀（avex proworks）
［ロケーション協力］
熊本県、八代市
［企画］
勝股英夫、伊藤 響、坂井智成
［エクゼクティブプロデューサー］
飯泉朝一、渡邊季之
［国内ライセンス］
柏原雄太、田中豊基、三枝千紘、小谷茂実、渡辺麻貴子
［海外ライセンス］
田中さと子、野部真悠、劉 楚晴
［ポールプリンセス!!製作委員会］
大山 良、佐藤 雄、会田佳奈、瀬戸貴美子、松田琢摩

［SPECIAL THANKS］
アイムエンタープライズ、アクセルワン、ApolloBay、
エイベックス・ピクチャーズ、Ncreation、大沢事務所、StarCrew、
スタイルキューブ、ボイスキット、リマックス、
すべてのポールダンサーの皆さん、
ポールプリンセス!!を応援してくださる皆さん

［制作デスク］
佐野正衛
［制作進行］
長澤悠士
［制作協力］
合同会社 ZynX
［デジタル制作］
磯邉信彰
［制作設定］
當麻由乃
［アニメーションプロデューサー］
金子未来
［プロデューサー］
西 浩子、吉田昇一、依田 健、内山祐紀
［アソシエイトプロデューサー］
牧野哉帆、塩谷尚史
［製作］
「ポールプリンセス!!」製作委員会

【キャスト】
司会：小野絵梨／女の子：吉武千颯／
歓声：奥山敬人、北村和真、大月玲奈、天音ゆかり、折原くるみ、悠月春乃

# ポールプリンセス!!

POLE PRINCESS!!

## 設定資料集

2025年4月30日 初版第一刷発行

監修
ポールプリンセス!!製作委員会

発行者
山下直久

編集人
大山曉子

発行
株式会社KADOKAWA
〒102-8177 東京都千代田区富士見2-13-3
0570-002-301（ナビダイヤル）

編集企画
キューン編集部

編集
朝倉佑太（SUNPLANT）

インタビュー
野村 文、渡辺砂織、脇 美智子（SUNPLANT）

アートディレクション・ブックデザイン
伊藤ユキノブ(RICOL)

デザイン
佐相妙子（SUNPLANT）

DTP
森岡利明（SUNPLANT）

カバーイラスト
原画／特効：櫻井琴乃
色彩設計：のぼりはるこ（緋和）
仕上げ：星野美矢子（緋和）

営業
粟山英香

印刷・製本
TOPPANクロレ株式会社

ISBN 978-4-04-684193-3 C0076